이주와 다문화총서 1

이주와 글로벌 가족

Migration and Global Family

이 책은 2019년 정부(교육부)의 재원으로 한국연구재단의 지원을 받아 수행된
연구임(NRF-2019S1A5C2A04083298).

이주와 다문화총서 1

이주와 글로벌 가족

Migration and Global Family

장미야 지음
CHANG, MIYA

세계화의 영향으로 초국가적 네트워크가 나타나고, 교통과 통신수단이 급속히 발달하면서 이주노동자와 학생, 난민 등을 포함한 다양한 형태의 국제 이주가 끊임없이 늘어나고 있다. 국내외 이주를 포함하여 전 세계 이주자의 수가 10억 명에 이르렀고, 이는 지구상에 살고 있는 사람의 7명 중 1명이 이주자라는 것을 의미한다.

최근 세계인들은 인류 역사상 가장 큰 규모의 재앙이라고 할 수 있는 COVID-19 팬데믹으로 인해 갑작스러운 인구 이동 제한을 경험하고 있다. 인류가 겪고 있는 수많은 일 중에 이 대유행은 세계 경제의 기본적이고 필수적인 요소가 된 국제 이주에 큰 영향을 끼치고 있다.

세계는 현재 이주에 있어서 가장 폐쇄적인 세계를 경험하고 있다. 국경 폐쇄 이후, 국가들은 바이러스의 확산을 막기 위한 추가 조치를 취했다. 이러한 조치에는 상업시설의 의무 휴업, 격리소 운영, 휴교령, 사회적 거리두기 등이 포함된다. 이로 인한 경제적·사회적·정치적 영향은 이주를 매개로 한 수입에 의존하는 국가에 즉각적이고 비극적인 결과를 가져왔다. 많은 이주자와, 그 가족 및 그들의 공동체는 실업으로 힘들어했고, 이러한 경제적 위기를 해결하기에 그들이 처한 상황은 너무나 취약했다. 그러나 코로나바이러스 대유행으로 인한 여행 제한이 분쟁, 폭력, 위험하고 비인간적인 환경에서 탈출하고자는 사 람들을 막지는 못했다.

미래 인구 증가의 대부분은 개발도상국에서 일어날 것이다. 아프리카는 금 세기 중반까지 10억 명 이상의 인구가 증가할 것으로 예상되는 반면, 유럽의 인구는 향후 30년 동안 4천만 명 감소할 것으로 보인다. 12개 이상의 아프리카 국가의 인구는 향후 30년 동안 적어도 두 배가 될 것이다. 이와는 대조적으로 많은 선진국들은 급속한 인구 고령화뿐만 아니라 저출산으로 인한 인구 감소를 경험하게 될 것이다. 그러므로 많은 선진국이 줄어드는 노동력과 증가하는 노인 수를 해결하기 위해 이민으로 눈을 돌리는 것은 놀랄 일이 아니다.

빈곤한 나라에서의 국제이주는 지역사회, 국가, 국제조직뿐만아니라 이주자 자신에게도 발전할 기회를 제공하는 인도주의적 도전이 될 것이다. 출신국, 환 승국, 목적지 국가, 국제기구, 비정부기구들은 늘어나는 이주자, 망명 신청자에 의해 야기되는 문제들을 어떻게 처리해야 이들을 현명하게 관리할 수 있을지를 놓고 계속 고군분투하고 있다.

그동안 한국 사회에서 국제이주는 자국의 국민이 해외로 나가는 것만 강조 하였다. 우리 국민의 해외 이주는 1980년대 초반까지 증가하다가 1980년대 중반부터 감소하였는데, 그 이유는 1980년대 말부터 외국인노동자들이 국내로 들어오는 새로운 현상이 생겨났기 때문이다. 한국 사회 역시 전 세계적인 이주 현상과 더불어 많은 변화를 맞이하게 되었다. OECD 회원국 중 가장 낮은 출산율을 나타내고 있는 한국 사회는 한국의 경제성장과 맞물려 지금보다 많은 외국인이 지속적으로 유입될 것으로 전망된다.

이 책은 대구가톨릭대학교 다문화연구원에서 한국연구재단의 인문사회연구소 지원 사업의 참여로 시작되었다. 본 연구원은 그간 축적된 다문화 연구를 기반으로 특성화·전문화를 지향하며, 본교의 기초 교양 교육 교과과정에 '글로컬 다문화 리더 양성과정'을 신설하여 실제성 높은 지역 밀착형 교과과정의 개발, 관련 교재의 개발, 혁신 교수법을 통한 지역사회의 변화에 부응하는 창의·융합 인재를 양성하고자 한다.

이 책의 제목인 『이주와 글로벌 가족』은 다문화에 대한 기초적 이해를 목적으로 하는 대학교의 교양 강좌 교재로서 개발된 것이다. 다문화사회로 이행되어가는 한국 사회의 현실에서 국제이주와 관련된 다문화 현상에 대한 이해와 논의는 시대적 흐름에 부응하는 일이다.

이주에 따른 글로벌 가족의 특성을 고려한 교재를 집필하기 위하여 노력하였지만 미흡한 부분은 앞으로 좀 더 연구하여 수정 보완하도록 하겠다. 이 책을 집필할 수 있는 기회를 준 한국연구재단, 연구책임자 김동일 교수, 저자의 기획에 자문을 주신 김용찬 교수와 김남경 교수께 감사를 표한다. 또한, 책 표지디자인 및 오류를 교정하는 번거로운 작업을 수행한 안현경 전임연구원과 이선옥 박사수료 연구보조원에게 고마움을 전한다. 이 책의 출판을 위해 수고하신 한국학술정보 출판사에게 감사드린다.

2022년 7월
장미야(Chang, Miya)

·········· **목차**

제4장 이주와 결혼

제5장 결혼이민자

제6장 이주노동자

제7장 북한이탈주민

제8장 재외동포의 귀환이주

제9장 해외거주 재외동포

제10장 유학생

제1장

⋮

국제이주의 흐름

이주는 21세기 메가 트렌드라고 일컬어진다. 세계화의 영향으로 초국가적 네트워크가 나타나고 교통과 통신수단이 급속하게 발달하면서 이주노동자와 학생, 난민 등을 포함한 다양한 국제이주자가 끊임없이 늘어나고 있다. 국내외 이주를 포함하여 전 세계 이주자의 수는 10억 명에 이르렀고, 이는 지구상에 살고 있는 사람의 7명 중 1명이 이주자라는 것을 의미한다. 현새 전 세계적으로 2억 7천만 명의 국제이주자가 있다(International Organization for Migration, 2020). 국제이주는 선진국의 단순 노동력 부족 현상과 저개발국의 노동력 과잉 현상의 분산 작용을 가져다 주었다. 국가 간 노동력과 자본의 불균형을 해소하는 데 필요한 이주 노동시장의 변화는 중요한 요인으로 작용하고 있다.

이주는 경제성장을 돕고 일자리를 창출하여 지속 가능한 개발에 기여하고 있다. 그렇기에 세계화에 기인한 국제 노동이주(International Labor Migration)를 국내 개발과 취업 전략의 중요한 부분으로 여기는 나라들도 늘어나고 있다. 국제이주는 외화 송금뿐만 아니라 귀환 이주자를 통한 기술이나 정보, 아이디어 획득과 활용의 측면에서 출신국의 발전에도 긍정적인 역할을 한다.

이주노동자들이 전 세계에서 벌어들인 자원의 대부분은 송금으로 개발도상국에 유입된다. 노동이주는 이주자와 고용자뿐 아니라 이주 수용국과 송신국 모두를 이롭게 한다고 볼 수 있다. 이주 수용국은 노동력 부족을 해결하게 되고, 송신국의 실업률은 낮아지게 되므로, 이주 수용국과 송신국은 송금, 지식 유입, 사업 및 무역 네트워크, 정보획득 등의 개발 이익을 얻을 수 있다. 즉 이주 관리가 일관된 방식으로 원활히 이루어질 경우, 이주 현상은 이주자 개인뿐 아니라 수용국과 송신국의 경제적 번영과 성장에도 기여할 수 있다. 덧붙여 밀입국이나 인신매매와 같은 비합법적 이주 문제도 줄어들게 된다. 한편, 국제이주와 개발의 관점에서 귀환 이주에 대한 역할도 중요하게 여겨지면서 노동이주를 통해 획득한 인적, 경제적, 사회적 자본이 이주자 본국의 경제개발에도 긍정적인 영향을 미치고 있다. 그러나 이러한 기여에도 불구하고 현실적으로 많은 이주노동자가 취약계층에 속해 있으며, 이주 과정에서도 매우 위험한 상황에 처하곤 한다.

국제이주를 통해 아시아와 아프리카 도시는 빠르게 성장하고 있다. 아시아 국가 중에서 싱가포르와 쿠알라룸푸르는 고숙련 전문 기술을 지닌 외국인 거주자와 유학생 및 저숙련 이주노동자로 인해 급성장하고 있으며, 아프리카 도시들도 남미 등지에서 이주하는 사람들이 늘어나고 있다(Huang, Yeoh, & Rahman, 2005). 아프리카 지역에서는 콩고 민주공화국 루룸 바시, 모로코 페스, 가나 아크라, 나이지리아 라고스 지역으로의 이주가 활발하다. 이와 동시에 아프리카는 중국의 광저우와 같은 다른 신흥 경제로의 이주 원천 지역이기도 하다(International Organization for Migration, 2015).

국제이주를 역학적으로 볼 때, 앞으로 가장 성장할 도시는 아프리카와 아시아가 손꼽힌다. 특히 앞으로 35~40년 사이에 중국과 인도가 전 세계 도시 성장의 3분의 1 이상을 차지할 것으로 전망된다. 아시아 이주자의 영구적인 정착 이주가 크게 증가하지 않은 것은 아시아 국가의 이주정책이 제한적이기 때문이다. 그러나 동남아시아 국가연합(ASEAN)과 아시아 · 태평양 경제공동체(APEC)를 통해 국가 간의 경제적, 정치적 협력이 증대되고 있으며, 국제 이주에 대한 장벽을 제거하기 위한 노력도 지속되고 있다. 이러한 노력의 결과로 국제이주는 아시아로 집중되고 있다.

예를 들어, 중국의 외국 출신 이주자 규모는 비교적 작은 편이지만, 다국적 기업이 도시로 이전하게 되면서 다국적 이주자가 중국 안팎으로 유입되고 있다. 특히 2000년에서 2013년 사이에는 해외 전문가를 유치하면서 이주가 50% 이상 증가했다(Hugo, 2015). 이는 더 나은 삶과 일자리를 창출하기 위한 다국적 기업의 투자 및 기업가 정신이 직업을 가질 수 있는 기회를 제공하였기 때문이다.

해외에서 훈련받은 사람들이 중국으로 돌아와 일할 수 있도록 격려하려는 중국의 독특한 노력의 특징은 정부 및 단체들이 귀향자들을 적극적으로 환영하고 홍보한다는 사실이다. 국가 정부가 정책에 대한 광범위한 지침을 정하고 전반적인 사회경제적 정치적 풍토를 형성하는 동안, 많은 기관들은 적극적으로 이주자 복귀 파동을 일으키는 데 참여하였다. 또한, 지난 수십 년 동안 상이한 관심사를 지닌 귀환자를 살피고 이를 토대로 복귀를 모집하는 방식을 바꾸어 왔다. 그 결과 중국에서 과학기술을 발전시키는 가장 좋은 방법은 사람들을 자유롭게 해외로 내보낸, 이후 다시 본국으로 끌어들일 수 있는 국내 환경을 조성함으로써 국제 시장에서 경쟁할 수 있게끔 하는 것이라는 점을 인식할 수 있게 되었다(Zweig, 2006).

이와는 달리, 인도 정부는 숙련된 이민자를 규제하거나 노동이주의 흐름으로부터 이익을 얻는 일관된 정책을 지시하고 있지 않았다. 한국, 대만, 남아프리카 공화국과 같은 나라들이 인재를 본국으로 끌어들이기 위해 특별한 인센티브를 제공해왔던 것과 달리, 인도에서는 인재의 귀환을 유도하기 위한 어떠한 일관된 노력도 없었을뿐더러 일부 간접적이고 제한적인 방법 외에 특별히 내놓은 방안도 없었다(Zweig, 2006).

유럽의 경우, 재정위기 이후 유로존 내 이주 흐름이 급격하게 단편화되었다. 2009년 발생한 동유럽 위기에 이어 이후 유럽 전반에 걸친 재정위기가 겹치면서 이주의 흐름은 독일로 집중되었다. 2010년 이후 EU 전역에 찾아온 유로존 국가의 재정위기는 공동체의 정치, 경제, 사회 등 각 영역에 변화를 가져왔다. 대규모 이주 행렬은 공동체가 압도적 위험에 처할 수 있다는 극도의 불안을 조성하였다. 이로 인해 EU는 각국의 개별적 노동이주 유예 기간을 설정하여 대처하기에 이른다. EU 내 위기가 지속되고 있는 원인은 공동체 내 노동이주 흐름의 변화에 의한 구조적 문제점에서 찾을 수 있다. 이러한 경험은 2012년 노동이주를 크게 증가시키는 원인이 되었으며 이후에도 꾸준히 증대되었다(김현정, 2015).

또한 이주는 인간의 가난과 척박한 환경, 그리고 갈등이나 사회적 변동을 피해 이동하려는 본능을 바탕으로 한다. 인류의 역사와 함께 시작된 이주는 원래 살던 곳에서 벗어나 새로운 장소에 자리 잡는 것이다. 이주는 근본적으로 지리적인 이동 현상의 하나이며, 국제이주의 유도와 방향성에 영향을 미치는 복합적이고 상호작용적인 요인이라고 할 수 있다(Castle & Miller, 2013).

이주란 개인이나 집단이 단기적 체류나 영구적 정착을 위하여 주권국가의 영토 내에서 다른 지역으로 이동(국내이주)하거나, 국경을 넘어 다른 국가로 이동(국제이주)하는 모든 행위를 지칭한다. 그러므로 이주란 국내이주와 국제이주로 구분할 수 있는데, 국제이주는 사람들이 다른 국가로 이동하여 임시적 혹은 영구적으로 정착하는 것을 의미하며, 국내이주와 달리 더 어렵고 많은 문제점과 복잡한 결과들을 야기한다. 공간이 달라진다는 점에서 지리적인 특성은 매우 중요한 요소이며, 이러한 공간 이동을 통해 인간의 삶은 다양하고 복잡한 정치·사회·문화·경제적 현상에 직면하게 된다. 국제이주의 근대역사(김용찬, 2006)를 살펴보면 다음과 같은 시기로 구분할 수 있다.

1. 근대 국제이주

1) 16세기-18세기(1500-1800)

이 시기의 이주는 스페인, 포르투갈 등 유럽 각국의 상인들로 인한 경제 성장과 식민지화의 영향으로 인해 아메리카, 아프리카, 아시아, 오세아니아 지역 등으로 전개되었다. 15세기 말 지리상의 발견은 식민지 정복과 유럽 팽창을 통해 이주의 새로운 장을 열었다. 흔히 근대 초기라 불리는 이 시기에는 왕조 국가(dynasty state)가 발달했고, 비유럽 세계에 대한 정복과 식민은 국가를 넘어선 이주에 박차를 가함으로써 여러 유형의 이주를 촉발하였다.

유럽의 높은 인구밀도로 인한 대규모의 자발적인 이주는 인구가 적은 지역으로 향했다. 이에 따라 북미, 호주, 오세아니아, 남미, 아프리카 지역으로 이주한 유럽인 중에서 6천만 명 정도가 자발적 이주로 추정된다(De Haas, Castles, & Miller, 2019). 유럽인들은 선원, 군인, 농부, 교역자, 행정관 등의 신분으로 일시적 또는 영구적으로 이주했고, 이들의 이주는 유럽 국가들과 식민지 경제 구조와 문화에 커다란 변화를 가져왔다(De Haas et al., 2019).

특히 1,600년 이후 종교 전쟁은 유럽 내의 문화와 종교의 변화와 함께 이주를 촉진시켰다. 덧붙여 이 시기는 자본주의가 발달했던 시기이기에 그 과정에서 이주는 사회 · 정치 · 경제적으로 매우 중요한 결과를 가져왔다. 국가의 보호를 받는 상인들은 자발적으로 이주했고, 중상주의 국가들은 자국민 중 노동자, 불만을 품은 군인, 범죄 기소자들, 고아를 해외에 정착시키고자 독려하기도 했다(Koser & Wilkinson, 2007). 근대 국민국가의 건설과 자본주의 세계 경제의 성립이 이루어지면서 유럽인들은 신대륙으로 진출하기 시작했다는 것이다. 자본주의의 시초 축적체제는 국가, 그리고 원격지로 이주한 상인의 이해관계가 일치한다고 볼 수 있다(Schwartz, 1994).

2) 19세기 – 산업화 시기

유럽의 경제 발전과 전 식민지 국가들의 산업화가 진행되면서 유럽인들의 대규모 이주는 다시 시작되었다. 이 시기의 이주는 주로 미국, 오스트레일리아, 캐나다, 아르헨티나, 뉴질랜드의 5개국에 집중되었다. 특히 18-19세기 이주의 가장 특징적인 점은 노예의 강제이주로 여겨진다(Cohen, 1995). 1,500만 명으로 추정되는 노예들이 주로 서아프리카에서 신대륙으로 강제이주 되었고, 그보다 적은 수이기는 하나 일부는 인도양과 지중해를 건너서까지 강제이주 되기도 하였다(Cohen, 1995). 그러나 노예제도가 종식되자 노예노동력이 계약노동자로 대치되었고, 상당수는 중국, 인도, 일본으로부터 미국, 유럽 등지로 이동하였다. 이들은 주로 유럽 식민지의 대규모 농장과 광산, 철도 건설 현장 등에서 일하기 위해 계속 이주하였는데, 식민 당국은 엄격한 규율로 이들을 통제하고자 하였다. 계약노동자들과 맺은 계약을 지키지 않았으며 그들의 노동력을 착취하고 임금을 제대로 지불하지 않았다. 이러한 환경에도 불구하고 계약노동자 중 상당수는 계약이 끝난 후에도 모국으로 돌아가지 않았다(Saunders, 1992).

19세기 내내 유럽에서 아메리카 대륙으로 향하는 이주는 이어졌으나 19세기 말에 이르러 반식민주의 세력에 힘입어 유럽 팽창과 관련된 이주는 막을 내렸다. 그 후 약 50여 년 동안은 다시 유럽으로 되돌아오는 역이주 현상이 발생했다(황혜성, 2011).

3) 제1차 세계대전–제2차 세계대전(1914–1946)

제1차 세계대전 시작과 함께 약 40년 동안 유럽인들의 국제이주 현상은 크게 감소하였다. 또한 1920년대 경제 대공황과 제2차 세계대전이 국제이주를 더욱 위축시키면서 이민자 수는 지속적으로 감소하였다. 1880년대 이후 신대륙의 인종차별적인 배제법과 이민 쿼터제, 1930년대 대공황과 신대륙의 이민자에 대한 적대감 증가 등은 특정 이민집단의 유입을 감소시키는 현상을 가져왔다.

그러나 산업혁명의 영향으로 저개발 국가와 개발도상국가에서 선진 지역으로의 이주가 다시 발생하였다. 또한 1850년부터 1920년 즈음까지 미국이 산업국가로 부상했던 시기이므로 유럽에서 수많은 노동자들과 하층 농민들이 새로운 자유와 무상분배의 개척지를 찾아 북미 대륙으로 향하기 시작하였다. 이 시기 1,200만 명에 달하는 이주자들이 뉴욕의 엘리스 섬(Ellis Island)에 도착하였는데, 이들 중 대부분은 동유럽과 남유럽에서 빈곤, 지주의 착취, 폭력과 같은 고난을 피해 더 나은 삶의 기회를 찾아 떠나온 것이었다. 이처럼 산업화 시기의 노동이주는 자본주의 세계시장 건설에 결정적인 요인으로 작용하였음을 알 수 있다.

제1차 세계대전의 영향은 19세기 중반부터 시작된 북미대륙으로의 대규모 이주에 걸림돌이 되었으나 유럽대륙내에 많은 군인을 이주시키는 현상을 일으키기도 했다. 제2차 세계대전을 겪은 후에 유럽, 북미, 호주는 경제적 호황을 유지하기 위해 노동력이 필요했다. 이러한 상황을 바탕으로 유럽에서 북미대륙으로 향하는 이민은 급격히 감소했으며, 저개발 국가에서 투자와 생산이 증대된 선진 산업국가로 향하는 이민 규모가 대폭 커지게 되었다.

4) 1960년대-1970년대

　1960년대부터 시작된 탈산업화 시기 이주는 과거의 국제이주 양상과는 큰 차이를 지닌다. 1960-1980년대까지 약 1,300만 명의 사람들이 유럽으로 이주했고, 1,000만 명 이상의 사람들은 미국으로 이주했다(Oderth, 2002). 이들은 대부분 초청 노동자(guest-workers)로 이주했으나 계약이 끝난 후 모국으로 돌아간 사람은 많지 않았으며, 여기에는 과거 식민지 국가의 노동자들이 포함되어 있었다. 또한 이 시기에 수많은 터키인들은 독일로, 북아프리카인들은 프랑스와 벨기에로 노동자로서 이주하였으며, 100만 명 정도의 영국인들은 호주로 이주하였다. 같은 시기 지구상 다른 지역에서는 여전히 탈식민화로 인한 이주가 일어나고 있었다. 식민지에서 독립전쟁이 일어나자 수많은 난민이 생겨났고, 이로 인해 과거에 식민지 개척자로 이주했던 사람들은 모국으로 향하였다. 이들 중에는 이주국을 떠나 본국으로 이주한 과거 식민지인들도 많이 포함되어 있었다. 이외에도 탈식민화의 영향 하에 발생한 1947년 인도의 분할은 수백만 명의 힌두교인과 무슬림을 이주자로 만들었고, 이스라엘이 건설되자 유대인과 팔레스타인들의 이주가 이어졌다(Koser & Wilkinson, 2007).

　이처럼 이때는 다른 시기와는 달리 비자발적인 이주자인 난민과 추방자가 많은 시기였고 이들 수는 수백만 명에 이르렀다. 그러나 1970년대에 들어서면서 유럽으로부터의 국제이주가 줄어들기 시작하였으며, 이후 경제성장의 원동력이 아시아로 옮겨지면서 아시아 내에서의 노동이주는 계속 증가하게 되었다(황혜성, 2011).

　오랜 기간에 걸쳐 국제이주는 유럽 중심에서 세계적인 수준으로 변화해왔으며 이주 송출과 이주 수용국가들은 유럽지역뿐만 아니라 더 나아가 제3

세계 국가에 이르기까지 확대되었다. 전통적으로 이주자를 수용하던 국가들 이외에도 유럽의 독일, 프랑스, 이탈리아, 벨기에, 스페인 등이 새로운 국제 이주의 이주 수용국가들로 부상하게 되었으며, 국제이주는 1970년대 중동 지역과 1980년대 급격한 경제성장을 이룩한 동아시아 지역으로까지 확대되 었다. 이러한 후발 이민국가에는 유럽 국가들과 동아시아(일본, 대만, 한국) 국가 들이 해당된다.

5) 1980년대–2000년대

1980년대 후반으로 가면서 새로운 형태의 국제이주가 본격적으로 시작 되었다. 1980년대는 경기침체와 자본의 세계적 흐름을 기반으로 시작된 경 제적 자유주의인 신자유주의의 부상을 특징으로 한다. 새로운 정책 레짐 (policy regime)은 자유시장주의 논리를 이용하여 이루어졌다. 이러한 논리는 국 제노동기준과 노동시장 규제의 사회경제적 혜택에 대한 의의를 생성해냈다. 한편 1990년대에는 1989년 베를린 장벽의 붕괴로 상징되는 또 다른 중대한 변화가 있었다. 구공산권 국가에서 중앙계획경제를 시장경제로 이행할 수 있도록 지원하는 방안이 세계적인 최우선 과제로 급부상한 것이다. 이후 이 주자의 유형은 불법 이주, 망명 신청자, 난민의 국제 이동, 과거 소비에트연 방 지역의 이주, 단기간의 국제이주 등의 새로운 유형으로 다양화되었다(김용 찬, 2006).

1973년 석유 위기로 상징되는 세계 경제의 재편기를 거쳐 1980년대에 이르면서 과거 노동 송출국에서 이민 유입국으로 변모하는 국가가 생겨나기 시작하였다. 예컨대 남유럽국가인 그리스, 이탈리아, 스페인과 동아시아국 가, 일본, 대만, 한국 등은 신흥공업국으로 부상하면서 단순노동을 담당하는 저임금 외국인 근로자의 수요가 증대되었다. 특히 1980년대 이후에는 이민의 일상화, 이주의 여성화 현상이 두드러졌으며, 동아시아 국가들은 단순노동에 종사하는 외국인 근로자뿐 아니라 가사도우미, 간호사, 결혼이민자를 동남아시아에서 지속적으로 받아들였다.

19세기 후반의 이주노동자 제도는 단기간 이주하여 노동력을 제공한 후 취업 계약 기간이 끝나면 본국으로 귀국하는 형태를 취했다(이용일, 2004). 노동력 수입국의 입장에서 볼 때, 생산요소로서 노동력만 공급받는 것이 이주노동자 제도의 기본 취지였다. 하지만 사람이 이동하며 거주하는 현상을 막을 수는 없었기에 자연적으로 이주노동자 집단이 영속하는 상황이 도래하였다. 더구나 이주노동자들이 여러 가지 사유로 처음 계약한 기간을 초과하여 머무르는 경우도 빈번하게 발생했다. 이처럼 이주노동자가 정주민으로 변화하는 현상이 늘어나면서, 외국인의 거주 신분, 자유권, 사회권, 정치권이 사회적 쟁점으로 대두되었다. 현대사회에서의 전지구화(globalization)는 국적과 실제 거주지가 다른 이주자들을 증가시켰다(설동훈, 2007). 또한 국제적으로 노동력 이동이 활발히 이루어짐에 따라 많은 사람들이 모국이 아닌 다른 나라에서 이주노동자로 취업하여 생활하는 현상이 증가하고 있다(Klusmeyer & Aleinikoff, 2000;Rajan & Kumar, 2020).

OECD 주요 회원국의 경우, 1995-2004년 사이에 외국인 노동력의 규모가 2배 이상 증가했다. 특히 스페인, 영국, 이탈리아, 스웨덴에서의 증가 폭이 가장 큰 것으로 나타났다. 과거의 국제이주 문제는 북미와 오세아니아 지역 등의 일부 전통적 이주 국가만의 문제로 간주되었으며, 현재도 여전히 영구이주자들을 받아들이는 주요 나라는 뉴질랜드, 미국, 이스라엘, 캐나다, 호주의 5개국이다. 그러나 교통, 통신 등 기술의 발달과 이에 따른 이주 비용의 감소, 이주 정보의 확대, 냉전체제 붕괴 등으로 인해 이주가 늘어나면서 이동의 자유, 국지적 분쟁 확대와 같은 문제의 요인이 되었다. 1990년대 이후 국제이주노동자는 전 세계적으로 급속도로 증가하였으며 노동이주는 꾸준히 확대될 전망이다. 이같이 국제이주 공급이 증가하는 데 비해 각국의 이민정책은 상대적으로 과거와 큰 변화가 없거나 심지어는 합법 이주 경로가 축소되기도 하였다.

현재 세계 각국에서는 자국의 인구 고령화 문제 해결 및 국가경쟁력 확보 차원에서 고급 해외인력 유치를 주요 관심사로 여기고 있다. 세계화 및 지역 경제 통합의 진전과 함께 EU를 포함한 역내 협력기구 회원국 간, 또는 다국적 기업의 본사와 지사 및 해외공장 등으로의 노동력 이동이 증가하였으며, 관광업이 각국의 주요한 수익원으로 부상함에 따라 해외 이주 인력, 관광객에 대한 서비스와 빠른 출입국 절차 역시 주요한 정책목표로 대두되었다. 이와 함께 국가와 국민의 안전을 도모하고, 자국의 경쟁력을 높이면서 이주민의 인권을 보장하는 효과적인 이주 관리 체제의 수립이 각국 이주 정책의 중요한 과제로 부상하게 되었다(김윤식, 2009).

2. 현대 국제이주

유엔 통계자료의 2020년 국제이주(international migration, 2020)에 의하면, 2020년 세계에는 2억 5천8백만 명 이상의 이주민이 자국을 떠나 생활하고 있으며, 이들 중 이주노동자들의 비율은 전 세계 노동시장의 4.7%에 달하는 것으로 나타났다(United Nations Population Division, 2017). 또한, 국제노동기구(International Labor Organization)의 추계에 따르면, 2017년 세계 이주노동자 수는 약 1억 6천400만 명에 이르는 것으로 추산되고 있다.

이주가 가장 활발하게 수용되는 대륙별로 살펴보면, 유럽 7천7백만 명(32%)과 아시아 6천7백만 명(28%), 북미대륙 순으로 그 수가 많으며 북미지역에는 약 5천7백만 명이 유입되어 전체 이주민의 4분의 1에 해당하는 24%를 차지하고 있다. 그 뒤를 이어 아프리카 1천9백만 명(8%), 중남미 9백만 명(3%)으로 집계되었다. 이 중 이민자를 가장 많이 받아들인 국가는 미국, 독일, 러시아, 사우디아라비아, 영국 순이다. 이와 반대로 2015년을 기준으로 가장 많은 사람을 송출한 국가는 인도, 멕시코, 러시아, 중국, 방글라데시, 우크라이나 순으로 나타났다.

1) 2000년대 이후-현재

오늘날 국제이주는 널리 인식되고 있다. 그러나 때때로 국제이주가 새로운 글로벌 현상이 아님을 간과하는 경우가 있다(OECD, 2020). 시대를 막론하고 자발적이든 강제적이든 간에 인간의 국제적 이동 현상은 인류와 인구통계학적 변화의 지속적이고 두드러진 특징이었다(Boghean, 2016).

최근 국제이주의 규모, 출처, 원인 및 결과에서 놀라운 변화가 일어나고 있다(Castles, de Haas, & Miller, 2014). 현재 세계 인류는 역사상 가장 큰 규모의 인구 이동을 경험해 나가고 있다. 수백만 명의 남성, 여성 및 어린이가 국경을 넘어 다른 나라에 정착했으며, 이주가 가능한 여건이거나 이동이 불가피한 상황에 놓인다면 앞으로도 수백만 명이 국외로 이주할 것이다(Esipova, Pugliese, & Ray, 2018). 이러한 놀라운 변화는 인간의 이동성을 글로벌 이슈로 변화시켰고, 일각에서는 국제이주를 21세기 결정적 이슈로 간주하고 있다(Betts, 2015). 국제이주는 세계 모든 주요 지역의 사회 및 경제 발전에 영향을 미쳤다. 그 효과로 이주에 관한 공개 토론, 입법, 정부의 개입, 많은 국제 협정이 이루어졌고 인도주의 단체와 인권 단체들의 수많은 관심을 불러일으켰다.

전례 없는 급속한 성장과 함께 제2차 세계대전 이후 이주한 인구는 1960년 7,700만 명(세계 인구의 2.1%)에서 20세기 말까지 1억 7,400만 명(세계 인구의 2.8%)으로 급격히 증가했다. 2019년에는 2억 7,200만 명으로 세계 인구의 3.5%에 달해 1960년의 거의 4배가 되었다. 국제 이주민의 비율이 3.5%로 일정하게 유지된다면 세계 인구의 증가는 반드시 이주민 수의 증가를 동반할 것이다. 이렇게 될 경우, 21세기 중반에는 국제이주민 수가 3억 4천3백만 명에 달할 것으로 예상된다(Chamie, 2020).

오늘날 2억 7,200만 명의 해외이주자 중 대부분인 약 60%의 사람들은 비교적 발전된 나라에 살고 있다(UN Population Division, 2020). 유엔 인구과에 따르면, 더 발전된 지역은 유럽, 북미, 호주/뉴질랜드, 일본이며, 덜 발전된 지역은 아프리카, 아시아(일본 제외), 중남미, 카리브해 전 지역과 멜라네시아, 폴리네시아를 포함한다. 발전된 지역에 살고 있는 이주자의 약 30%는 유럽에 있으며, 20%가 조금 넘는 사람들이 북미에 살고 있고, 3%가 오세아니아에 거주하고 있다. 또한 덜 발전된 지역에 이주한 전체 이주자의 거의 3분의 1은 아시아에 거주하고 있으며, 아프리카에 10%, 라틴 아메리카와 카리브해에는 4%의 이주자가 살고 있다(Chamie, 2020).

한편, 가장 인기 있는 이주지로는 유럽, 동아시아, 서아시아 지역이 상위권을 차지했다. 2015년, 유럽의 총 이주 인구는 7천6백만 명으로 추산되었고, 아시아에서는 7천5백만 명으로 조사되었다(UN, 2016). 그러는 동안 미국은 총 4,700만 명의 국제이주자를 받아들였고, 이는 개별 국가가 유치한 가장 많은 수치였다. 북미는 5천4백만 명에 달하는 국제이주자를 유치하면서 이민자가 세 번째로 많은 국가가 되었다. 위에서 언급한 주요 목적지별(그림 1) 국제이주자 수를 살펴보면 다음과 같다(UN, 2016).

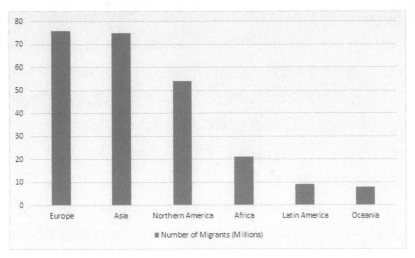

〈그림 1〉 Number of International Migrants by Major Areas of Destination − 2015

Source: UN(2016)

세계 이주민의 절반은 10개국에 살고 있었다. 미국은 5천100만 명으로 가장 많은 국제이주자를 받아들였고, 독일과 사우디아라비아는 각각 약 1천300만 명으로 미국 다음으로 많은 수의 국제이주자를 받아들인 국가이다. 또한 러시아 연방은 1,200만 명, 영국은 1,000만 명으로 그 뒤를 이었다. 2019년 상위 10개 송출국의 국제이주자 수는 전체의 3분의 1을 웃도는 수준으로 추산되며, 그 주요 발생국은 인도(1,800만 명), 멕시코(1,200만 명), 중국(1,100만 명), 러시아(1,000만 명), 시리아(820만 명) 순이었다(Chamie, 2020).

국제이주가 증가함과 더불어 이주자들이 가족을 돕기 위해 집으로 보내는 송금 범위도 지난 반세기 동안 급격히 증가했다(World Bank, 2020). 1970년대 수십 억 정도였던 연간 송금액은 오늘날 7,000억 달러로 훨씬 많이 증가했다. 2019년 가장 큰 규모의 송금액을 보이는 지역은 인도(830억 달러), 중국(680억 달러), 멕시코(390억 달러), 필리핀(350억 달러), 이집트(270억 달러)였다(World

Bank, 2020). 이민자 송금 유출의 가장 큰 원천이 된 국가는 미국(680억 달러), 아랍에미리트(440억 달러), 사우디아라비아(340억 달러), 스위스(270억 달러), 독일(250억 달러) 순이었다. 많은 국가에서 송금은 중요한 외화공급원이다. 아이티에서 2019년 외화 유입의 대부분은 미국을 통해 이루어졌으며 국내총생산(GDP)의 37%를 차지했다. 남수단에서는 송금으로 인한 외화 유입이 국내총생산의 3분의 1을 차지했다. 그 외 상위 10개 송출국 중 7개 국가에서의 송금은 GDP의 5분의 1에서 4분의 1을 차지한다(Chamie, 2020).

국제이주자가 늘어나는 현상과 함께 세계 각국의 난민 수도 최근 눈에 띄게 증가하고 있다. 2019년 말 전 세계의 난민과 망명 신청자 수는 거의 2,600만 명으로 2010년과 비교했을 때 약 1,300만 명이 증가했다. 현재 약 2천만 명의 난민들이 유엔난민고등판무관(UNHCR)의 위임 아래 있으며, 약 6백만 명의 팔레스타인 난민들이 유엔난민구호사업기구(UNRWA)에 등록되어 있다. 또한 2019년 말까지 망명 신청자 수는 400만 명 이상이었으며 그들 중 80만 명이 베네수엘라인이었다. 좌파 포퓰리즘으로 인한 경제위기로 인해 베네수엘라에서 이웃 국가로 탈출한 사람은 이미 450만 명 이상으로 추산되며, 이는 최근 이 지역 역사상 가장 큰 탈출이자 세계 최대의 피난 위기 중 하나이다(UNHCR, 2019).

난민의 약 80%가 10개국에서 국경을 넘어왔다. 이들 중 아프가니스탄, 콩고민주공화국, 에리트레아, 소말리아, 수단의 5개국은 지난 10년 동안 상위 10개국에 속했다. 2014년 이후 난민들의 주요 출생국은 시리아로 현재 약 7백만 명이 126개국에 의해 수용되고 있다. 시리아 난민의 대부분은 이 지역의 인근 국가에 있다. 터키가 가장 많은 시리아 난민을 수용했고, 레바논 91만 600명, 요르단 65만 4,700명, 이라크 24만 5,800명, 이집트 12만 9,200명 순이다. 인근 지역 외에 시리아 난민은 독일(57만 2,800명)과 스웨덴

(11만 3,400명)이 가장 많았다.

난민의 과반이 넘는 60%를 수용하고 있는 곳은 10개국이다. 이 10개국은 앞서 언급한 터키, 레바논, 요르단, 그리고 파키스탄, 이란, 에티오피아, 케냐, 우간다, 콩고민주공화국, 중앙아프리카의 차드이다. 해외 난민과 베네수엘라 난민을 가장 많이 수용하고 있는 10개국 중 9개국이 개발도상국인 것이다. 분쟁과 박해를 피해 이주하는 사람들에게 있어 지리적 근접성은 그들이 자신의 새로운 삶을 어디에서 시작할 것인지를 결정하는 중요한 요소로 작용한다. 그렇기에 대다수의 난민들은 출신국과 이웃한 나라에 머무르는 것을 선택한다. 전 세계적으로 망명을 신청한 난민 인구가 가장 많은 세 나라는 터키(360만 명의 시리아인), 콜롬비아(180만 명의 베네수엘라인), 파키스탄(140만 명의 아프간인)으로 파악된다(Chamie, 2020).

세계적 갈등을 일으키는 또 다른 이주는 바로 비정규이주(irregular migration)이다.[1] 합법적으로 다른 나라로 이주할 수 없는 수백만의 남성, 여성, 그리고 어린이들이 종종 목숨을 걸고 다른나라에 정착하고 있다. 덜 발전된 지역에서 더 발전된 지역으로 이동하려는 것이다. 비정규 이주의 근본적인 이유는 이주 수용국의 이주 수요가 해외 정착을 희망하는 잠재적 이주자의 공급보다 훨씬 적기 때문이다. 이러한 이유로 비정규이주와 밀접하게 연관되어 있는 것이 밀수와 인신매매이다. 값싸고 순응적인(compliant) 노동력을 얻을 수 있고, 위험에 대한 염려에 비해 높은 이익을 얻을 수 있으므로 범죄 집단은 세계 거의 모든 지역에서 밀수와 인신매매에 점점 더 관여하고 있다. 빚의 속박, 고문, 불법 감금, 성적 착취 및 학대와 강간, 그리고 그들의 가족과 이

---

[1] 불법이주(illegal migration), 미등록이주(undocumented migration), 비정규이주(irregular migration) 용어는 차이가 있으나 정확하게 구분되어 있지 않으며 같은 의미로 사용되기도 한다.

웃에, 대한 위협과 폭력과 같은 기만과 학대의 희생자가 갈수록 증가하고 있다(Chamie, 2020).

최근 몇 년 동안, 국제이주의 흐름에서, 비정규이주는 이주자에 대한 대중의 태도뿐만 아니라 정부 당국 및 정부 간 조직의 능력과 재정에도 심각한 문제가 되고 있다. 거의 모든 국가들은 국제이주의 수준과 구성을 엄격히 제한하여, 난민 유입을 줄이고, 망명 신청자들을 거부하고, 불법 체류자들을 본국으로 송환하고자한다. 또한 특정 이민집단에 대한 시민권을 재정의하거나 거부하는 정책을 채택하고 있다. 이러한 상황속에서 2018년 12월 국제이주 관련 협정과 난민 관련 협정 등 2개의 글로벌 협약이 유엔 회원국에서 과반수의 의해 승인되었다. '안전하고 질서 있고 정규적인 이주를 위한 글로벌 컴팩트(Global Compact for Safe, Orderly and Regular Migration)'에 찬성한 각 국의 이주자는 67%에 달한다(Appleby, 2020). 한편, 세계 난민협약에 찬성표를 던진 국가들은 전 세계 난민 인구의 89%인 약 2,500만 명을 수용하고 있다. 2019년 말까지 난민을 보호하고 이주자의 불법수송(smuggling migration) 및 인신매매을 막기 위해 고안된 기구들은 유엔 회원국들의 4분의 3이상에 의해 비준을 받았다. 그러나 이주노동자의 권리를 보호하는 법안이 가결된 것은 30% 미만에 불과했다.

2) 팬데믹 시기(2020–2022)

우리는 인류 역사상 가장 큰 규모의 인구이동을 경험한 세계에 살고 있다. 신종 코로나바이러스 대유행으로 인해 전 세계 인구가 갑작스러운 재앙의 한복판에 놓여 있는 것이다. 이 대유행은 세계 경제의 기본적이고 필수적인 요소로 자리잡은 국제이주에 큰 영향을 끼쳤다. 세계보건기구는 코로나

19(COVID-19)를 팬데믹(Pendemic)으로 공식 규정했다.

그러자 세계의 많은 나라들은 바이러스의 확산을 막기 위해, 국경을 폐쇄하고, 여행 금지령을 내렸으며, 인간이 지닌 이동의 자유를 심각한 수준으로 통제했다. 각국의 정부는 해외여행을 제한하여 비행길을 차단하는 것으로 코로나바이러스의 확산을 억제할 수 있기를 기대했다. 그러나 이러한 조치들은 바이러스의 확산을 막는 데에 거의 효과가 없었다(Bier, 2020) 몇 달 지난 후, 코로나바이러스는 세계 각국으로 빠르게 퍼지고 있다.

2020년 중반까지 1200만 명 이상의 사람들이 바이러스에 감염되었고, 50만 명 이상이 COVID-19로 사망했다(Willmer & Broom, 2020). 코로나바이러스는 전 세계 80억 명에 이러는 사람들의 평범한 일상과 행복을 무참히 침해했다. 그리고 정부의 보호로부터 가장 취약한 이주자, 난민, 망명 신청자들은 대유행으로 인해 더 큰 타격을 받았다(Chamie, 2020). 무차별적인 인간 학살, 증가하는 경제적 위기 광범위한 사회 문화적 혼란, 그리고 정부의 강압적 개입으로, 이 새로운 세계 보건 위기는 국제이주의 수준, 경향, 유형에 갑작스럽고 광범위한 영향을 미치는 결과를 초래했다. 그 결과로 수억 명의 이주자와 가족, 지역 사회와 국가에도 큰 영향을 끼쳤다. 코로나바이러스의 대유행은 전 세계가 인간의 이동권 보장 문제와 이주의 확대로 혼란스러운 틈을 타 발생했다. 이외에도 우리가 풀어나가야 할 세계적 과제들에는 기후 변화, 환경 악화, 인구 증가, 빈곤, 기아, 무력 충돌, 강제이주 등이 있다. 코로나바이러스 대유행으로 이러한 세계적 과제의 어려움은 가중되고 있다.

세계 인구의 90%에 달하는 71억 명은 2020년 4월까지 관광객, 비즈니스 여행자, 학생, 그리고 새로운 이민자를 포함한 제한하는 국가에 거주했다(Connor, 2020). 입국을 허용하는 나라들의 경우에는 보통 대개 14일의 자체 검역 기간을 부과했다(OECD, 2020). 이 시기 대부분의 나라들은 망명 희망자들의 입국을 금지했고 망명 청문회, 망명허용에 대한 주장, 보호 및 정착 프로그램을 중지시켰다. 이러한 제한에 가세해, 2020년 4월 미국은, 감염의 위험이 아니라, 일자리와 경제적 복지를 보호하기 위해, 이동권 제한을 명시적으로 정당화한 최초의 나라가 되었다(Chishti & Pierce, 2020). 이후 미국 행정부는 여행 제한을 2020년 말까지 연장하고 확대하여 코로나19 대응책을 미국 역사상 가장 광범위한 이민 금지 정책으로 만들어버렸다(Somin, 2020).

외국인 인력의 수입을 제한하는 미국의 출입국 규제 및 외국인 취업 비자 프로그램중단은 재계 지도자들에 의해 많은 비난을 받았다. 그들은 이동권의 제한이 노동자 고용을 방해하여 노동력 부족을 불러올 것이라고 주장한다. 어떤 이들은 미국 행정부가 망명, 이민, 귀화를 포함한 이민 시스템의 모든 측면에 영향을 미치는 일련의 정책 변화를 발표하기 위해 코로나바이러스의 위험성을 평계로 내세우고 있다고 믿고 있다(Herrera & Tsui, 2020).

여행 금지와 출입국 제한의 결과로, 국경을 넘나드는 사람들의 움직임은 사실상 중단되었다. 사람들은 불과 몇 달 만에, 현대 역사상 이주에 있어서 가장 폐쇄적인 세계를 경험했다. 국경 폐쇄 이후, 국가들은 바이러스의 확산을 막기 위한 추가 조치를 취했다. 이러한 조치에는 상업시설의 의무 휴업, 격리소 운영, 휴교령, 사회적 거리두기 등이 포함된다. 이러한 조치로 인한 경제적·사회적·정치적 영향은 이주를 매개로 한 수입에 의존하는 국가에 즉각적이고 비극적인 결과를 가져왔다. 많은 이주자와, 그 가족 및 그들의 공동체는 실업으로 힘들어했고, 이러한 경제적 위기를 해결하기에 그들이 처한 상황은 너무나 취약했다.

이주 노동자들은 일자리를 찾아 이동할 수 없었고 많은 사람들이 고국으로 귀환했다. 그러나 국경 폐쇄와 여행 제한으로 인해 일부 이주 노동자들은 해외에 발이 묶인 채 고국으로 돌아가지 못했다. 전염병의 대유행으로 외지인이나 외국인에 대한 두려움이 생겨났고, 그 두려움은 자신의 건강을 위협할 수도 있다는 데에서 온 것이었다. 즉 이주민에 대한 경계 범위는, 자국민의 건강을 위험으로부터 보장한다는 초점까지 확대되었다. 이로써 이주의 수사학(migration rhetoric)은 더욱 변화되었다. COVID-19라는 사건은 국제이주자의 생활과 노동 조건을 열악하게 만들었다. 어떤 곳에서는 발이 묶인 이주자들이 대피소, 야영지, 그리고 꽉 찬 호텔 방으로 떠밀려가기도 했다. 그 결과로, 이주자들은 사회적 거리를 두거나 감염으로부터 쉽게 자신을 보호할 수 없었다.

지난 2021년 5월 유엔이민기구와 비정부기구인 휴먼라이츠워치(Human Rights Watch)는 코로나 대유행 기간동안 모든 정부에게 강제추방과 비자발적 시설 이전을 중단하라고 요구했다. 그들은 추방이라는 행위가 이주자, 공무원, 보건담당자, 그리고 사회복지사를 비롯한 이민 유입국과 출신국의 모든 사람들에게 있어 건강상의 위험을 심각하게 야기한다고 언급했다.

이주자들은 지역 인구보다 젊은 경향이 있지만 사회적 거리를 허용하지 않는 혼잡한 환경에서 생활하고 일하는 경우가 많아 전염병에 걸릴 위험이 높아진다(Kluge, Jackab, Bartovic, d'Anna, & Severoni, 2020). 싱가포르에서 발생한 COVID-19 환자 중 약 40%가 저숙련 외국인 근로자였고 사우디아라비아에서는 절반 이상이 외국인이었다. 한편 이민자의 사회적 지위는 COVID-19에 대한 예방 조치를 취할 수 있는 능력과 관련될 수 밖에 없다. 의료 보험이 없거나 경제적으로 여유롭지 않은 경우에는 감염되었을 때에 적절한 치료를 받기 어렵기 때문이다. 국제이주자들 중에서, 정기적인 수입을 얻기 어려운 사람들은 종종 보험에 들지 않기도 하며, 불법체류의 경우는 단속이나 추방될 것을 두려워하여 의료시설에 들어가는 것을 꺼리기도 한다.

일부 국가에서는, 공공 의료서비스를 불법 이주자들에게까지 확대하였다. 그러나 세계의 다른 지역에서 벌어진 이주자들의 빠른 귀환과 추방은 대규모 입국에 대처할 준비가 되어 있지 않은 출신국들을 위험에 빠뜨렸다. 예를 들어, 세계에서 가장 많은 코로나바이러스 환자가 발생하고 있는 미국은, 바이러스에 감염된 수천 명의 이주자들을 가난한 계속 추방함으로써, 국경 넘어서까지 전염병을 확산시키고 있는 것으로 보고되었다. 이와 관련해 4월 하순 과테말라 정부는 자국 코로나바이러스 감염 사례의 거의 5분의 1이 미국에서 추방된 사람들과 관련이 있다고 보고했다(Montoya-Galvez, 2020).

세계 주요 국가이주자들의 경제적 위축과 실직은 국제송금을 감소시켰다. 이러한 감소 추세는 최근 역사상 가장 급격한 것으로 추정되며(World Bank, 2020), 모국에 있는 이주자 가족에게 부정적인 영향을 미치고 있다. 덧붙여 송금 감소는 식량안보를 위협하고 있으며, GDP의 상당 부분을 이주자 송금에 의존하고 있는 많은 이주 국가의 빈곤율을 높이고 있다.

COVID-19 대유행은 세계 난민들과 국내 피난민들의 취약한 생활기반을 더욱 악화시켰다. 난민들의 재정착 기회는 항공 여행의 제한으로 인해 좌절되었다. COVID-19 위기 이전부터 수십 년 동안 난민 캠프에 있던 사람들이 느끼는 감염과 재정에 대한 불안 역시 다를 바 없었다. 대유행의 확산과 결과는 다양한 형태의 이주자들의 생명과 복지를 위태롭게 하고 있다. 그러나 코로나바이러스 대유행으로 인한 여행제한이 분쟁, 폭력, 위험하고 비인간적인 환경에서 탈출하고자는 사람들을 막지는 못했다.

3) 가까운 미래

대부분의 국경이 폐쇄되고 정부가 해외에서 자국으로 진입하는 일반적인 입국자를 규제함에 따라, 바이러스가 지구 전체 인구의 이동성을 제한했음은 분명하다(Salcedo, Yar, & Cherelus, 2020). 코로나바이러스 치료를 위한 백신이 널리 이용될 때까지, 즉 적어도 가까운 미래까지는, 국제이주에 대한 제한이 유지될 가능성이 매우 높아 보인다. 세계보건기구(WHO)는 최근 발병지역이 확대됨에 따라 대유행의 위험성을 재차 경고했다. WHO는 코로나바이러스 감염 사례가 놀라운 속도로 증가함에 따라 이를 막기 위한 공격적인 조치를 지속적으로 취할 것을 각국에 촉구했다. 그러나 사람들은 집 안에만 머무는 것에 이미 지쳐 있으며 이에 크게 불만족스러워하고 있고, 일상생활과 생계로 돌아가기를 바라고 있다. 또한, 정부 역시 사회를 개방하여, 국가 경제를 다시 일으키고, 높은 실업률을 낮추기를 열망하고 있다. 그러나 일부 의료전문가들은 사람들을 빠르게 직장에 복귀시키는 것이 경제를 부흥하는 데 기여할 수 있겠지만 한편으로는 코로나바이러스 감염 사례의 상당한 증가를 불러올 수도 있다고 경고한다. 또한 코로나바이러스 대유행 때문에 악화되고 있는 많은 이주자 파견국들의 어려운 생활환경과 폭력 피해로 인해, 가까운 미래에 난민, 망명 신청자, 그리고 비정규이주자들의 수가 증가할 가능성이 높다.

인류가 역사적으로 그래왔던 것처럼, 갈등, 자연재해, 가난 등에 직면했을 때, 사람들은 안전, 구호, 그리고 기회를 찾기를 희망하며 이주한다. 신종 코로나바이러스의 백신이 2021년 초에 이용 가능하게 될 것이라는 뉴스도 널리 보도되었다. 이것이 사실이라면 COVID-19가 2021년 국제이주에 영향을 미치는 강력한 자력을 감안할 때 정상적인 생활로의 점진적 복귀가 나타나리라 예상된다.

현재 78억에 달하는 세계 인구는 21세기 중반까지 20억 명 가량 증가할 것으로 예상된다. 미래 인구 증가의 대부분은 개발도상국에서 일어날 것이다. 아프리카는 금세기 중반까지 10억 명 이상의 인구가 증가할 것으로 예상되는 반면, 유럽의 인구는 향후 30년 동안 거의 4천만 명 감소할 것으로 보인다. 12개 이상의 아프리카 국가의 인구는 향후 30년 동안 적어도 두 배가 될 것이다. 예컨대 아프리카 니제르(Niger)의 인구는 이번 세기 중반 무렵에 거의 세 배가 되어 2,300만 명에서 6,600만 명이 되리라 예상된다(Chamie, 2020). 이와는 대조적으로, 많은 선진국들은 급속한 인구 고령화뿐만 아니라 인구 감소도 겪을 것이다. 이들 중 이탈리아와 일본의 경우, 2050년이 되면 인구의 3분의 1을 65세 이상이 차지하게 될 것이라 보고되었다. 그러므로 많은 선진국이 줄어드는 노동력과 증가하는 노인 수를 해결하기 위해 이민으로 눈을 돌리는 것은 놀랄 일이 아니다(Gelin, 2020).

인구통계학적 요인 외에도, 다른 강력한 추진 요인들이 이주에 대한 사람들의 욕구에 영향을 미치고 있다. 그러한 요인들 중 두드러진 것은 어려운 생활 조건, 인권 남용, 폭력과 무력 충돌, 기후 변화, 환경 악화, 그리고 줄어드는 천연자원이다. 국제조사(Esipova et al., 2018)에 따르면, 다른 나라로 이민 가고 싶다는 의사를 나타내는 사람들의 수는 10억 명 이상으로 추정된다. 이 수치는 현재 전 세계 2억 7천 2백만 명의 이민자보다 상당히 크다. 또한 연간 약 6백만 명인 세계 평균 이민자 수도 훨씬 능가하는 수준이다. 논리적으로 보았을 때 미래의 합법적 이민 수용율은 이민을 원하는 사람들의 극히 일부조차 수용하기 어려운 수준일 것이다. 그러나 현재의 분위기로 보았을 때 비정규이주는 앞으로 증가할 것이다. 유럽의 시리아 난민들과 미국 국경의 중미 난민들의 경우를 상기시켜 본다면 사람들이 집에 아무것도 남지 않을 때 더 나은 삶을 희망하며 힘들고 위험한 여행을 시작하게 되리라는 사실이 더욱 극명해진다.

가까운 미래에 국제적인 이주 수준과 추세에 영향을 미칠 것으로 예상되는 또 다른 중요한 문제는 노동의 수요와 유형(the demand and types of work)의 변화이다. 현대 기술의 발전은 일의 본질을 계속 진화하고 있으며, 과거 산업혁명을 겪으면서 증명되어왔던 것과 마찬가지로 일부 일자리가 없어지고 새로운 일자리가 생겨나고 있다(Chamie, 2020). 자동화, 로봇 공학 및 인공지능은 제조업과 농업에서 기계화만큼 중요한 변화를 가져올 것으로 예상된다. 국제로봇연맹은 2018년 전 세계적으로 배치된 산업용 로봇 수가 50만대에 육박해 2010년(World Robotics, 2019) 이후 4배 가까이 증가한 것으로 추산하고 있다.

비정규이주의 결과는 이주자들에 대한 대중의 태도뿐만 아니라 정부 당국과 정부간 조직의 능력과 재정에도 심각한 문제가 되고 있다. 이와 관련된 상황은 코로나바이러스 대유행으로 인해 더욱 복잡해졌다. 코로나바이러스가 선주민들과 정부 및 단체에게 이주자, 난민, 망명 신청자들을 국외로 내보내지 못하게 하는 명분을 준 것이다(Somin, 2020). 국경 안보 문제와 이주자, 난민 및 망명 신청자의 기본 인권문제를 조정하는 것은 이주 수용국들에게 여전히 중요한 과제이다.

국가 및 국제사회는 특히 기후 관련 이주에 대처하기 위한 노력을 가속화해야 한다. 앞으로 수십 년 동안 기후 관련 이주는 오늘날보다 훨씬 더 중요한 과제가 될 것으로 예상된다. 많은 사람들이 살아남기 위해 이주를 선택할 수밖에 없기 때문이다. 특히 환경문제나 기후 변화에 덜 민감한 개발도상 지역의 사람들은 지구 온난화와 같이 변화하는 환경 조건에 적응해 나가야 할 것이다.

유엔인권위원회의 최근 획기적인 판결을 내렸다. 이들은 정부가 사람들을 기후 위기에 처한 나라로 강제로 돌려보내는 것을 불법으로 규정했다(Lyons, 2020). 그러나 이러한 판단 아래에서도, 생명을 위협하는 기후와 환경 변화로 인해 수천만 명의 사람들이 가까운 미래에 난민으로 전락할 수 있다 (Taylor, 2017).

21세기 중반까지 기후 변화로 인해 10억 명에 달하는 환경난민이 발생할 수 있다고 추정하는 경우도 있다(Laczko & Aghazarm, 2009). 코로나바이러스 대유행과는 달리 지구 온난화를 되돌릴 수 있는 백신의 발견은 예상하기 어렵다. 국제이주의 송출국과 수용국은 이러한 과제에 직접적인 대처 방안을 마련해야 하며 이 문제를 등안시해서는 안된다.

마지막으로, 빈곤한 나라에서의 국제이주는 지역사회, 국가, 국제조직뿐만 아니라 이주자 자신에게도 발전할 기회를 제공하는 인도주의적 도전이 될 것이다. 출신국, 환승국, 목적지 국가, 국제기구, 비정부기구들은 늘어나는 이주자, 난민, 망명 신청자에 의해 야기되는 문제들을 어떻게 처리해야 이들을 현명하게 관리할 수 있을지를 놓고 계속 고군분투하고 있다.

국제이주의 도전을 부정하거나 최소화한다고 해서 그들이 사라지거나 그들의 중대한 결과를 감소시키지는 않을 것이다. 국제이주의 결정요인과 결과를 완전히 인식하고 이해하는 것은 효과적인 정책 수립과 적절한 프로그램 개발에 있어 국가, 지역 및 국제적 노력을 촉진할 것이다.

3. 한국 사회와 국제이주

한국 사회 역시 전 세계적인 이주 현상과 더불어 많은 변화를 맞이하게 되었다. OECD 회원국 중 가장 낮은 출산율을 나타내고 있는 한국 사회는 한국의 경제성장과 맞물려 지금보다 많은 외국인이 지속적으로 유입될 것으로 전망된다. 2021년 말 한국의 체류외국인은 1,974,512명으로 집계되었다. 그 중 장기체류자는 1,576,709명으로, 단기체류자는 397,803명으로 나타났다. 이와 더불어 불법체류외국인 장, 단기 체류자는 391,042명인 것으로 나타났다. 이러한 통계는 2019년 2,524,656명에 비해 그 숫자가 줄어들었다(표 1).

〈표 1〉 체류외국인 연도별 현황 〈법무부 출입국 · 외국인정책본부〉

연도	총 계	장기체류			단기체류
		소 계	등 록	거소신고	
2010년	1,261,415	1,002,742	918,917	83,825	258,673
2011년	1,395,077	1,117,481	982,461	135,020	277,596
2012년	1,445,103	1,120,599	932,983	187,616	324,504
2013년	1,576,034	1,219,192	985,923	233,269	356,842
2014년	1,797,618	1,377,945	1,091,531	286,414	419,673
2015년	1,899,519	1,467,873	1,143,087	324,786	431,646
2016년	2,049,441	1,530,539	1,161,677	368,862	518,902
2017년	2,180,498	1,583,099	1,171,762	411,337	597,399
2018년	2,367,607	1,687,733	1,246,626	441,107	679,874
2019년	2,524,656	1,731,803	1,271,807	459,996	792,853
2020년	2,036,075	1,610,323	1,145,540	464,783	425,752
2021년 11월	1,974,512	1,576,709	1,102,020	474,689	397,803

그동안, 한국 사회에서 국제이주는 우리 국민이 해외로 나가는 것만 강조하였다. 이는 조선시대 말기인 19세기 또는 그 이전으로 거슬러 올라가 한국인의 해외 이민 역사를 통해 살펴볼 수 있다. 당시 한국은 일본의 식민지 시기를 거치면서 중국, 러시아 및 일본으로 강제적인 혹은 자발적인 형태로 이주가 확대되었다(김명섭 & 오가타, 2007). 그렇지만 현대적 의미에 근거한 자발적 국제이주는 1945년 대한민국의 독립 이후부터 시작된 것으로 여기고 있으며, 역사와는 다르게 분석되고 있다.

노동이주의 첫 시발점은 1960년대 독일로 보내진 광부와 간호사들이었고, 1970년-1980년대에는 중동으로의 대규모 노동이주가 이루어졌다. 또한, 1965년 이후 미국, 캐나다, 호주 등의 이민법이 개정되면서 아시아인의 이민을 받아들이기 시작하였고, 이들 국가로의 이민도 확대되었다. 우리 국민의 해외 이주는 1980년대 초반까지 증가하다가 1980년대 중반부터 감소하였는데, 그 이유는 1980년대 말부터 외국인노동자들이 국내로 들어오는 새로운 현상이 생겨났기 때문이다. 즉 한국은 1980년대 말을 기점으로 노동 송출국에서 노동이민국으로 이민 변천을 겪은 국가라고 말 할 수 있다. 이러한 현상을 반영하듯이 국제이주에 관한 국내 연구는 우리 국민의 해외 취업에 관한 연구로부터 시작되어 이후 국내로 유입된 외국인에 관한 연구로 변화하였다.

참고문헌

김명섭 & 오가타(2007). '재일조선인'과 '재일한국인': 통합적 명명을 위한 기초연구. **21세기정치학회보**, 17(3), 257-280.

김용찬(2006). 국제이주분석과 이주체계접근법의 적용에 관한 연구. **국제지역연구**, 10(3), 81-107.

김윤식(2009). 국제이주, 이민 노동정책에 대한 연구: 미국·독일·일본·한국의 사례를 중심으로. **디아스포라연구**, 3(1), 31-52.

김현정(2015). 유럽재정위기 이후 유럽연합 내 노동이주 흐름의 변화가 지역경제에 미치는 영향: 규모 및 다양성의 측면에서. **국제관계연구**, 20(2), 67-99.

설동훈(2007). 국제노동력이동과 외국인노동자의 시민권에 대한 연구: 한국·독일·일본의 사례를 중심으로. **민주주의와 인권**, 7(2), 369-419.

이용일(2004). 독일농업의. **역사와 경계**, 52, 275-301.

이혜경(2014). 국제이주, 다문화연구의 동향과 전망. **한국 사회**, 15(1), 129-161.

황혜성(2011). 왜 호모 미그란스(Homo Migrans)인가?: 이주 사의 최근 연구동향과 그 의미. **역사학보**, 212, 11-33.

Appleby, J. K. (2020). Implementation of the global compact on Safe, Orderly, and Regular Migration: A Whole-of-Society Approach. *Journal on Migration and Human Security, 8*(2), 214-229.

Betts, A. (2015). Human Migration Will Be a Defining Issue of This Century: How Best to Cope?. *The Guardian, 20.*

Bier, D. J. (2020). Research Provides No Basis for Pandemic Travel Bans. *CATO Institute, 15.*

Boghean, C. (2016). The phenomenon of migration. Opportunities and challenges. *The USV Annals of Economics and Public Administration, 16*(3), 14-20.

Castles, S., & Miller, M. J. (2013). *The Age of Migration: International Population Movements in the Modern World.* Bloomsbury Publishing.

Castles, S., de Haas, H., & Miller, M. J. (2014). Theories of migration. *Chap, 2*, 20-49.

Chamie, J. (2020). International migration amid a world in crisis. *Journal on Migration and Human Security, 8*(3), 230-245.

Chishti, M., & Pierce, S. (2020). Crisis within a crisis: Immigration in the United States in a Time of COVID-19. *MPI Policy Beat, 26*.

Cohen, R. (Ed.). (1995). The Cambridge survey of world migration. Cambridge University Press.

Connor, P. (2020). More than nine-in-ten people worldwide live in countries with travel restrictions amid COVID-19.

De Haas, H., Castles, S., & Miller, M. J. (2019). The age of migration: International population movements in the modern world. Bloomsbury Publishing.

Esipova, N., Pugliese, A., & Ray, J. (2018). More than 750 million worldwide would migrate if they could. WORLD, 13, 14.

Gelin, S. (2020). Documenting a Personal and National History: Echoes of the Urban-Rural Divide in the Works of Helga Gamboa.

Huang, S., Yeoh, B. S., & Rahman, N. A. (Eds.). (2005). Asian women as transnational domestic workers. Marshall Cavendish International.

Herrera, J., & Tsui, Q. (2020). Could Covid-19 Mean the End of Asylum Law in the United States?. The Nation, June, 3.

Hugo, G. (2015). Urban migration trends, challenges, responses and policy in the Asia-Pacific. *World Migration Report*.

Kluge, H. H. P., Jakab, Z., Bartovic, J., d'Anna, V., & Severoni, S. (2020). Refugee and migrant health in the COVID-19 response. *The Lancet, 395*(10232), 1237-1239.

Klusmeyer, D. B., & Aleinikoff, T. A. (2000). From migrants to citizens: membership in a changing world. Carnegie Endowment.

Koser, K., & Wilkinson, P. (2007). International migration: A very short introduction.

Oxford University Press.

Laczko, F., & Aghazarm, C. (2009). Migration, Environment and Climate Change: assessing the evidence. International Organization for Migration (IOM).

Lyons, K. (2020). Climate refugees can't be returned home, says landmark UN human rights ruling. *The Guardian, 20.*

Montoya-Galvez, C. (2020). Exporting the virus': Migrants deported by US make up 20% of Guatemala's coronavirus cases. CBS News.

Oderth, R. (2002). An introduction to the study of human migration: An interdisciplinary perspective. Writers Club Pr.

Salcedo, A., Yar, S., & Cherelus, G. (2020). Coronavirus travel restrictions, across the globe. The New York Times, 1.

Saunders, K. (1992). The World Labour Market: A History of Migration.

Schwartz, S. H. (1994). Beyond individualism/collectivism: New cultural dimensions of values.

Smith, N. C. (2003). Corporate social responsibility: whether or how?. *California Management Review, 45*(4), 52-76.

Somin, I. (2020). The danger of America's coronavirus immigration bans. The Atlantic.

Taylor, M. (2017). Climate change 'will create world's biggest refugee crisis'. *The Guardian*, 2.

Willmer, G., & Broom, F. (2020). Covid-19 Has Stalled UN's Goals to Reduce Global Hunger, Poverty and Climate Change. Scroll. in, June, 1.

Zweig, D. (2006). Competing for talent: China's strategies to reverse the brain drain. *Int'l Lab. Rev.*, 145, 65.

제2장

.....

국제이주 이론

이주의 역사는 인류의 등장과 함께 시작되었고 인간은 더 많은 기회와 더 나은 삶을 영위하기 위해 끊임없이 이동하고 있다. 대부분의 이주자들은 더 높은 임금과 좋은 거주환경, 또는 가족과의 결합과 같은 삶의 질을 향상하기 위해 지속해서 이동한다. 최근 들어 세계화의 등장은 국가 간의 인구이동이 일상적이고 보편화되었다. 이에 카슬과 밀러(Castles & Miller, 2013)는 현 시대를 이주의 시대(the age of migration)라 명명하고 있다.

오늘날 우리 시대는 분쟁, 박해, 자연재해, 그리고 경제적 불평등 등의 문제에 직면해 있으며, 많은 사람들을 그들의 주거지에서 떠나게 하고 내쫓고 있다. 이처럼 의도치 않은 이주는 가장 시급히 해결해야 할 현안 중 하나가 되고 있다. 한편, 대량 이주에 대한 전통적인 대응의 효과는 점점 더 둔화되고 있다. 의도치 않은 이주를 해결하기 위한 국제 사회의 관심은 높아지고 있으나 인도주의적 지원과 국경 경찰은 이주의 근본 원인을 다루지 못하고 있다. 따라서 이런 방법은 엄청난 비용만 발생될 뿐 아니라 장기적으로도 효과적이지 못하다. 또한, 노동시장에 대한 법적, 사회 · 경제적 장벽은 유입국의 경제 발전을 방해하고 유입국의 정책에 의존하도록 강요한다(Castle & Miller, 2018).

유엔 국제이주기구(International Organization for Migration)가 밝히는 이주의 원

인으로 경제적 요인, 인구학적 요인, 환경적인 요인, 국가 행정적인 요인, 분쟁, 그리고 다국적 네트워크 등이 있다. 경제적 요인으로는 국가별로 점점 커지는 삶의 질과 임금격차는 이주자들을 정착국으로 끌어들이는 역할을 하고 있다. 인구학적 요인은 선진국들의 저출산, 고령화 현상에 따른 노동력 부족은 개발도상국의 노동력 과잉 현상과 맞물려 인구의 이동을 발생시킨다. 환경적 요인으로 지진이나 홍수 및 가뭄, 그리고 산업재해 등이 이주를 발생시킨다. 환경적 요인으로 인해 일어나는 이주는 국제이주보다는 국내이주가 대부분을 이루고 있다. 국가 행정적인 요인으로 빈약한 정부, 부패, 선진화된 교육 체제와 의료시설의 미비는 국제이주를 발생시킨다. 분쟁요인으로 내전이나 개인의 자유를 제한하는 분쟁, 인종, 종교 등에 따른 차별로 인해 자유를 보장받고자 하는 것으로 이주가 일어난다. 다국적 네트워크로 해외에 거주하는 가족, 친지들은 이주 과정을 용이하게 하는 촉매제 역할을 하게 한다.

국제노동기구(International Labour Organization)에 따르면 현재 국제이주는 5가지 유형으로 나타나고 있다. 첫째, 영구적인 이주, 둘째, 근무이주, 셋째, 교육이주, 넷째, 비합법적 이주, 다섯째, 난민이주 및 망명이주이다. 실제 이러한 구분에 따른 이주 유형 간의 경계는 분명하지 않고 여러 가지 조건들이 복합적으로 나타난다. 또한 스토커(Stalker, 2005)는 이주자들이 이동하게 되는 방식을 5가지로 유형화하였다. 첫째, 정착민(settler), 둘째, 계약노동자(contract worker), 셋째, 전문직 종사자(professional), 넷째, 미등록노동자(undocumented worker), 다섯째, 난민과 망명신청자(refugee and asylum seeker)로 분류하였다. 이 또한 개념들이 중첩되어 있다.

국제이주에 관한 이론적 접근에서 새머스(Samers, 2013)는 국제이주 원인을 크게 결정론적 이론과 통합적 이론으로 구분하였다. 결정론적 이론으로는 라벤스타인의 배출-흡입이론, 신고전 경제학적 접근, 신경제학적 접근, 행태주의, 이중 노동시장/분절적 접근, 구조주의 접근으로 구분되고, 통합적 접근으로는 사회 네트워크 이론, 초국가주의, 젠더를 고려한 접근, 구조화 이론 등이 있다.

1. 결정론적 이론

1) 라벤스타인의 배출—흡입이론

배출-흡입이론(push-pull theory)은 19세기 지리학자인 라벤스타인(E. G. Ravenstein)이 제안한 것으로 한 지역에서의 배출요인이, 다른 지역에서는 흡입요인으로 작용하여 인구이동이 발생한다. 이주의 원인을 국가적 차원에서 접근할 때, 배출요인과 흡입요인을 강조하였는데, 이는 라벤스타인의 중력이론(Gravity theory)을 발전시킨 이론이다. 이 이론에 따르면 국내이주 및 국제이주는 배출-흡입요인에 기초한 이주를 말한다. 배출요인으로는 인구 증가, 높은 실업률, 낮은 생활 수준, 경제적 기회 부족, 정치적, 종교적 억압 등이 있고, 흡입요인은 노동수요, 토지의 가용성, 경제적 기회, 정치적, 종교적 자유 등에서 찾을 수 있다. 경험적 이주패턴과 과정에 대한 일곱 개 법칙을 제시하였다.

라벤슈타인은 경험적 이주패턴과 과정에 대한 일곱 개 이주의 법칙(law of migration)을 제시하였다. 그 법칙은 다음과 같다. (1) 이주자 집단들이 비교적 짧은 거리로 이주하며, 결과적으로 인구의 보편적인 이동이 발생한다는 것을 증명했고, 이것은 이주자들을 흡수하는 상업과 산업의 거대한 중심 방향으로 '이주 흐름'이 일어난다. (2) 흡수 과정(the process of absorption)은 대부분의 인구이동은 농촌에서 도시로의 인구이동이다. 농촌에서 도시로 이동한 자리에는 더 멀리 떨어진 지역에서 온 이주민들에 의해 채워진다. (3) 분산 과정(the process of dispersion)은 흡수과정과 반대이며 유사한 특징을 지닌다. (4) 모든 이주의 흐름은 이주의 역 흐름을 발생시킨다. (5) 먼 거리를 이동하는 이주자들은 일반적으로 상업과 산업의 가장 큰 중심지 중 하나로 선호한다. (6) 도시지역의 사람들은 농촌지역의 사람들보다 덜 이주한다. (7) 여성이 남성보다 더 많이 이주한다. 여성들은 확실히 남성들보다 더 많은 이주자들이지만, 그들은 단거리를 이주한다. 이 법들은 1871년과 1881년 영국의 인구조사에 기초하여 제정되었다.

이러한 법칙은 오늘날 국제이주의 동기와 유형을 설명하는 데도 중요하다. 오늘날 모든 국제이주가 국가 간의 임금 격차가 이주 결정에 중심을 이룬다는 것은 부인할 수 없는 사실이다. 또한 이주자로서 여성의 역할을 강조한 점은 놀랄 만한 점이다. 여성이 가사도우미로의 이주뿐만 아니라 특정 제조업에도 상당히 이주해 있기 때문이다.

2) 신고전경제학 이론

초기 신고전경제학(the neo-classical economics)파는 후진국에서 선진국으로 이주하는 국제이주보다는 국가 내 이주에 관심을 가지기 시작했다(Massey & Parrado, 1998). 이주에 대한 신고전경제학적 접근은 거시이론과 미시이론으로 구분되고 있다(Massey & Parrado, 1998). 거시이론은 노동력의 수요와 공급이 지역 간의 차이에서 발생된다고 보았고, 이것을 인구이동의 근본 원인으로 간주하였다. 거시적 관점의 초창기 루이스(Lewis, 1954), 리, 라니스, 그리고 페이(Li, Ranis, & Fei, 1995)의 연구에 의하면, 국제이주보다 국내이주에 초점을 두어

도시지역의 노동수요와 농촌지역의 노동 공급에 의해 이주자가 발생한다고 주장하였다. 수요와 공급에 따라 일정 시간이 지난 후 도시지역과 농촌지역의 임금이 균등해진다고 본다. 따라서 이러한 입장은 국제이주에도 적용된다.

국제이주는 자본이 부족하고 노동력이 풍부한 가난한 나라로부터 자본은 풍부하나 노동력이 부족한 선진국으로 이동하는 현상을 보이며, 이러한 이동이 장기화 되면 각국의 노동력 수급과 임금이 평준화되고, 선진국과 후진국의 발전 격차가 축소되어 경제의 균형이 이루어진다는 입장이다. 즉 신고전경제학적 접근에서 주장하고 있는 이주란 경제적 합리성에 기인한 선진국가와 후진국가 사이의 이동을 말한다. 신고전경제학 이론에 따르면 농촌과 도시의 경우도 후진국과 선진국의 경우처럼 노동력의 공급과 수요 간 불균형이 생겼을 때 이에 따른 노동력 공급과 수요를 맞추기 위해서 인구이동이 이루어진다. 이러한 관점은 일자리 부족 지역에서 일자리 풍부한 지역으로 이주가 일어나며 그 결과 임금 균등화가 발생한다는 입장이다.

이와는 달리, 미시이론은 이주는 인적자본 투자 현상으로 사람들은 자신의 인적자본을 투자하여 고용이 가능하고 비용-이익의 계산에서 가장 큰 이익을 얻을 수 있는 지역으로 이주한다는 것이다. 샤스타드(Sjaastad, 1962)는 인적자본론은 이주자를 인적자본으로 간주하여 개인이 소유한 인적자본의 양에 따라 결정된다고 주장하였다. 이주를 인적 자원의 생산성을 증가시키는 투자로 간주하고, 비용이 들고 또한 수익을 창출하는 투자로 간주한다.

이주에 있어서 사적 비용은 금전적 비용과 비금전적 비용으로 나눌 수 있다. 전자는 이동에 대한 개인 부담 비용을 포함하며, 후자는 예상 수익과 자신의 환경을 변화시키는데 드는 '심리적(psychic) 비용'을 포함한다. 즉 합리적 개인 행위자가 비용-이익에 따라 순이익이 기대되는 경우에 이주가 발생한다. 이주의 결정이 이주자를 송출국과 이입국의 경제적 기회에 대한 완벽한 또는 다양한 정보에 반응하는 합리적 개인의 선택으로 이주지역에서 더 나은 기회를 찾는다(Barjas, 1989). 이는 국제이주 설명에 있어서 개인의 결정이 중요시되고 있다는 점이다.

3) 신경제학적 접근

신경제적 접근(new economic approach)에서 이주는 개인 차원보다는 집단적, 결합적 의사결정 단위로서 가족의 위기 분산 전략을 중시한다. 가구의 기대소득을 최대화하기 위해서뿐만 아니라 자국 내 시장에서의 위험 요소를 최소화하고 불안정을 이완시키기 위해서 이주를 한다는 것이다(Stark, 2005). 이주를 더 높은 임금을 받기 위한 개인의 결정이라고만 보기에는 부족하며, 이주를 결정하는 것은 소득의 원천을 다각화하기 위한 가족의 결정이라는 것이다. 예를 들어 농업에 종사하는 가족이 있다고 할 때, 농산물 가격의 불안정성으로 인해 모든 가족이 농업 분야에 일하는 것은 위험이 크다. 따라서 소득 다각화와 분산투자의 한 형태로 가족 구성원 중 일부가 이주를 가서 모국으로 송금을 보내는 결정을 내린다는 것이다(Castles & Miller, 2009). 특히 가난한 국가에서 선진국으로의 이주는 개인이 아니라 가구 단위로 결정된다고 설명한다.

Stark에 의해 발전한 이주에 대한 신경제학 이론(new economics of labor migration)의 핵심 아이디어 중 하나는 마을 가구에서 이주하면 가계가 생산기술의 변혁을 방해하는 두 가지 주요 장애물, 즉 투자 자금의 부족(신용 제약)과 위험 완화 장치의 부족(보험 제약)을 극복할 수 있게 해준다는 것이다(Stark, 2005). 이주가 도시-농촌 순 송금을 수반할 때, 가계의 신용 제약은 완화되고 가계의(생산적인) 자원들이 확장된다. 이주에 대한 신경제학 이론은 송금이 가난한 개발도상국의 가계가 직면한 생산과 시장 제약을 완화한다고 가정한다. 이는 송금이 경제 정책에 의해 길러져야 하는 경제 발전에 긍정적인 요소가 될 수 있다고 말한다.

신경제학적 이주는 송금이 가난한 개발도상국의 가계가 직면한 생산과 시장 제약을 완화한다고 가정한다. 송금이 경제 발전에 긍정적인 요소가 될 수 있다. 송금과 이주가 개발에 미치는 영향은 지역에 따라 다르며 이주자들의 송금 행동과 경제적 상황에 따라 영향을 받는다. 개발 이득을 측정하는 기준에는 소득 증가, 불평등 및 빈곤 완화에 대한 평가가 포함될 수 있다. 특히 송금이 공식적인 은행 시스템을 통해 흐르지 않을 경우에는 송금 수준을 가늠하기 어렵다. 또한, 이 이론은 사회보장제도를 잘 갖춘 나라들로 이동하는 경향이 높다고 보았으며, 행위자로서 가족(가구)의 합리적 선택에 따라 이주가 일어난다고 보았다. 그러나 이 이론은 사회적 · 문화적 · 역사적 요인을 간과하는 한계가 있다는 지적이 있다.

4) 행태주의

환경의 변화에 따라 이주 의사 결정을 이해하기 위해 행동/행태이주 이론으로 설명한다. 그것은 장소에 대한 개인의 만족이나 불만족을 표현하는 장소 효용의 개념에 중점을 둔다(Wolpert, 1965). 이러한 이론은 개인이 주거에 대한 불만을 경험하고 효용이 긍정적인 상태에서 부정적인 상태로 이동하기 시작할 때만 이주 의사결정 과정을 시작한다는 것을 시사한다(Mueller, 2013). 이주가 발생하는지 여부는 의사결정 과정의 다른 측면, 즉 개인의 이동성 수준, 다른 장소의 검색범위 및 결과, 다른 장소에 대한 평가 및 이주에 대한 물리적, 관료적, 재정적 장벽에 따라 달라진다.

행태/행동주의 이론(behavioral theory)은 신고전경제학처럼 이주의 행위를 개인 차원으로 본다(Wolpert, 1965). 이주에 있어서 합리적 인식에 토대한 만족 행위와 장소 효용을 고려한 접근이다. 그러나 신고전경제학에서 주장하는 모든 개인이 임금 격차 때문에 저임금국가에서 고임금 국가로 이주하는 것을 단정할 수 없다고 덧붙인다. 이주자들이 특정 지역으로 이주하는 결정 과정에는 심리학적 배경 및 이주자의 의사 결정 과정이 중요하게 고려된다(Wolpert, 1965). 특히 국제이주보다는 국내이주에 더 관심을 가진다. 특히, 볼퍼트는 이주자들이 가장 높은 효용 또는 만족을 주는 장소로 이주한다는 장소효용(place utility)을 분석하였다. 이때 개인적인 비용-편익 분석이 반드시 높은 효용을 보장하는 것은 아니라는 단서를 둔다.

행태주의는 개인과 이들의 행위에 탐구의 초점을 맞추는 방법론적 개인주의로 사회현상은 개인의 행위나 사건의 합으로 보고 이러한 합은 집단의 합이 되는 것으로 간주한다. 1960년대 지리학에서 발달한 행태주의 조류는 이주에 상당한 관심을 보였다. 행태주의의 이론적 틀은 이주를 특정 한계점까지 영향을 미치는 스트레스 요인의 결과로 간주했고, 이 한계점 이상으로 이주를 초래했다.

사실, 행태 지리학자들은 환경이라는 용어를 공통적으로 사용했지만, 그들은 기후와 같은 자연적인 특성보다 훨씬 더 많은 경제적 조건, 정부 정책, 그리고 교통 인프라를 다루기 위해 그것을 사용했다. 결국, 자연현상은 이주에 대한 행태주의 접근에서 미미하게만 고려되었다. 환경 요인의 무시는 1970년대 말부터 최근까지 발표된 연구에까지 이어져 왔다. 수많은 이주 연구와 이론들 중 그 어느 것도 자연환경과 이주 사이의 연관성에 대해 언급하지 않았다(Brettell & Hollifield, 2007; Massey & Parrado, 1998).

5) 이중노동시장/분절적 접근

이중노동시장(dual labor market) 이론은 국제이주의 원인을 더 거시적인 차원, 즉 이주 수용국의 노동시장에서 찾는다. 이중노동시장 이론은 이주 수용국의 흡입요인에 초점을 맞추어 선진국의 분절화된 이중노동시장 중 노동집중적인 산업의 노동시장에서 발생하는 노동력 부족이 국제이주의 원인이라고 주장한다(Castles & Miller, 2009).

국제노동이주는 단순히 저개발국의 낮은 임금이나 풍부한 노동력으로 인한 높은 실업률에 의해 진행되는 것이 아니라 이주 노동력을 필요로 하는 선진국 경제의 구조적 요인들에 의해 이주가 발생한다(김용찬, 2006). 선진국 경제의 구조적 요인들로는 저임금, 불안정한 환경과 유동성 전망의 부재 등 자본 집중적인 부문에 집중함으로 부차적인 부문에 이주노동력이 필요하게 된다는 점이다. 이 이론은 고용 원칙에 따른 노동시장에서 이주노동자에 대한 수요, 송출국가에서의 배출요인보다는 선진국의 이중 노동시장이 가지는 흡입요인의 중요성이 더 강조된다. 반면, 다수의 후진국에서 이주가 발생하지 않은 이유를 설명하는 데는 한계가 있다.

도린저와 피오레(Doeringer & Piore, 1985)는 노동시장 분절론(segmented labor market)을 처음 제기하였으며 노동시장에서 시장 경쟁의 원리로 작동하는 단일 시장이 아니라 고용에 있어서 안정성이 보장되고 임금이 보호되는 일차 노동시장과 또는 그밖에 존재하는 이차 노동시장으로 분절된 시장이며, 젠더화, 인종화되어 있다고 주장하였다. 이러한 상황에서 어떻게 젠더 불평등이 근대적 노동시장 내에서 구조화되는지를 설명하였다. 그러나 여성들이 경제활동에 참여하는 경우가 다양해지고 경계의 내부로 진출하는 여성들이 증가함에 따라 젠더 불평등을 부문 간 차이로 환원하는 데 멈춰 있다는 비판이 제기되었다(김영미, 2012).

6) 구조주의

구조주의(structuralist) 이론에 따르면 이주는 개인의 합리적 선택이 아닌 세계화 속에서 구성된 구조에 의해 발생하는 현상으로 이해한다. 이 이론은 신고전경제 학자들의 주장처럼, 국제이주를 세계화의 과정을 겪으면서 나타나는 자본주의 발달 과정의 산물로 인식하였으며, 국제이주의 흐름이 개발도상국에서 선진국으로 변환되면서 나타난다고 주장하였다. 즉 자본주의 시스템의 변화가 이주에 영향을 주는 것으로 보았으며, 이 과정에서 이주의 원인 및 결정은 개인에 의해서가 아니라 거시적인 국제 경제구조에서 찾을 수 있다고 보았다. 이를테면, 월러스타인(Wallestein, 1974)의 세계시스템으로 설명된다.

세계시스템(World-system)은 기본 상품과 원자재의 생산과 교환이 주민들의 일상생활을 위해 필요한 다문화적 분업이라고 주장하였다. 이 분업은 세계 경제 전체의 생산력과 관계를 의미하며, 그것은 두 개의 상호의존적인 지역, 즉 핵심과 주변 지역의 존재로 이어진다. 이들은 지리적으로나 문화적으로 다른데, 하나는 노동집약적인(labor-intensive) 것에 초점을 맞추고, 다른 하나는 자원집약적인(capital-intensive) 것에 초점을 맞춘다. 월러스테인은 세계체제를 중심부-반중심부-주변부의 3중 구조로 설명한다.

월러스테인의 세계체계이론에서는 중심부 국가들과 주변부 국가 간에 발생하는 자본주의적 생산경제 체제 속에서 인구의 이동을 설명하고자 하였다. 이에 따르면 세계시장의 구조가 국제노동력을 발생시키는 요인이며, 다국적 기업이 자본주의 생산체계 속에서 주변부 국가 안으로 진출하면서 생겨난 현상이라는 것이다. 또한, 주변부와 중심부의 생산체계가 불평등하게 작용하여 주변부와 중심부 간의 노동력 이동의 원인이 된다고 보았는데, 이는 자본주의 발전을 국제노동력을 발생시키는 원동력으로 여겼기 때문으로 분석된다. 이 이론에 따르면 국제노동이주는 세계경제 내에서 경제적 권력을 가지는 핵심 지역 세력이 자본을 위하여 주변부 노동을 동원하는 방식으로 여긴다.

구조주의적 접근의 한계로는 각 국가의 정책과 같은 국제이주에 영향을 미치는 요인을 간과한다는 점이다. 어떤 구조적 연결고리가 없음에도 불구하고 이주의 종착지로 선택하는 점은 이주종착지 국가의 이주자들을 위한 프로그램들이 존재하고 있기 때문이다.

2. 통합적 이론

1) 사회연결망 이론

사회연결망/사회네트워크(social-network) 이론은 집단적으로 이루어지는 이주, 지역, 가족, 개인의 행동, 이주자의 네트워크 혹은 네트워크 중재 이주에 초점을 둔다. 구조화 이론과 유사하게 사회연결망 이론 역시 이주자의 사회적 네트워크에 의한 연결의 패턴이 중요하다고 보며, 행위와 구조는 이러한 네트워크를 통해 상호작용하면서 그 결과로 각각의 특성이 발현되는 것으로 정의한다(Massey & Parrado, 1998). 즉 사회적 연결망 이론 역시 구조와 행위자 간 상호작용으로 이루어지는 과정을 설명하고자 하였다. 이 이론은 행위자가 일상생활에서 이루어지는 사회적 관계망이 사회구조의 제약으로 이루어지면서 동시에 항상 거시적인 사회구조를 만들어 낸다는 점을 강조한다(최병두, 2017). 이러한 사회구조는 사회적 관계의 형태 또는 사회적 연결의 패턴을 의미하며, 사회구조의 기본적 성격은 인간들이 맺고 있는 사회적 관계의 연결망에서 나타나는 것이다. 이러한 점에서 사회구조는 행위자와 구분되는 다른 어떤 실체가 아니라 행위자들 사이에서 사회연결망의 효과로 간주된다(Massey et al., 1993). 즉 사회연결망 이론은 행위와 구조의 이분법을 벗어나서 이들을 네트워크의 효과로 여기는 행위-네트워크로 나아갈 수 있는 개념적 바탕을 제공한다.

사회연결망 이론 역시 연결망의 개념이 다중적이고 다소 혼란하다. 즉 이 이론에서 연결망은 어느 두 국가 간의 이주자들이 흔히 송출국과 유입국에서 이주민과 선행 이주자 또는 선주민들을 어떤 사회적 매개물들을 통해 연결되는 과정으로 이동 비용과 위험을 낮추고 국제노동력 이동이 증가한다고 정의된다(Massey & Parrado, 1998). 또한 이주자로서 이루어지는 사회적 연결망은 송출국과 유입국 사회로 대표되는 구조와 이주노동자라는 행위자로 구성되는 국제노동력 이동 체계에 존재하는 연결고리로 이러한 연결망이 형성되면 이주가 점차 연쇄이주로 나아가게 된다(김지송, 2017).

이러한 점에서 사회연결망은 한편으로는 사람들 간에 형성되는 연대, 또 다른 한편으로는 구조와 행위자를 매개하는 사회적 관계를 지칭한다. 또한, 국제이주에서 연결망이란 이주 유입국의 정착에 필요한 정보와 정착에 필요한 자원을 제공한다. 이러한 점에서 사회연결망 이론은 구조화 이론처럼 행위와 구조의 이분법을 탈피하고자 시도하지만, 사회연결망의 개념은 사람 또는 국가 간의 연계 및 구조와 행위 간의 관계를 동시에 함의하고 있다.

2) 초국가주의 논의

초기 연구에서는 초국가주의(transnational argument)를 '이주자들이 출신 사회와 정착 사회를 연결하는 다중의 사회적 관계를 구축하고 유지하는 과정'으로 정의했다(Basch, Schiller, & Blanc, 1994). 또한 초국가적 이주를 하나 이상의 사회에 이주자가 동시에 포함되어 끊임없이 연결되는 유동적인 사회 공간 내에서 발생하는 것으로 이해한다(Levitt & Glick Schiller, 2004; Pries, 2005). 이러한 지역들은 다층적으로 본국과 수용국뿐만 아니라 이주자들과 그들의 공동 민족, 공동 종교인들과 연결하는 전 세계의 다른 지역을 포함한다.

이러한 공간 내의 사람, 돈, 그리고 '사회적 송금'(아이디어, 규범, 관행 및 정체성)의 흐름이 지나치게 강조되고, 널리 퍼져 있기 때문에 이주자와 비이주자의 삶도 변화한다. 정기적으로 초국가적 관행에 종사하는 사람의 규모는 상당히 작을 수 있지만, 선거, 경제 침체, 생애주기 사건 및 기후 재해에 대응하거나 사회적, 문화적, 종교적 관행을 포함한 비공식적인 초국가적 활동에 종사하는 사람들은 훨씬 더 많다. 시간이 지남에 따라, 이들의 결합된 노력은 축적되어 전체 지역의 경제, 가치 및 관행을 변화시킬 수 있다(Kyle, 2000; Levitt & De la Dehesa, 2003).

초국가주의는 이주자의 주체성을 중요시하며 이들을 문화계승자로 여기며 이들의 역할에 주목한다. 초국가주의 이론의 분석 단위는 송출국과 이주국의 '지역사회'와 로컬에 기반을 두며 더 나아가 전 지구에 걸친, 경계가 없는 '디아스포라-네트워크'의 조합으로 여긴다. 지금까지 이주에 관한 연구 중 초국가적 접근법의 강점과 지속적 한계에 대한 주요 검토에 대한 연구가 있는데, 이는 규율 영역, 관련 생활 영역, 사회적 행동의 규모에 달려 있다. 무엇보다도, 초국가주의는 하나의 동일한 표현으로, 이론적 렌즈와 경험적 현상의 집합이다(Morawska, 2003). 게다가, 거의 모든 이주자 사회 관습에 적용되는 초국가적 개념을 사용하는 데 있어서 지나치게 모호한 사례가 만들어질 수 있다. 실제로 이러한 광범위한 정의가 여전히 널리 통용되고 있다.

이러한 관점은 그들의 일상생활에서 이주자 초국가주의의 경계를 그리는 데 도움이 된다. 한편으로, 이주자의 증가하는 잠재력이 뒤에 남겨진 사람들의 삶의 영역(그리고 그 반대도 마찬가지)에 대해 의도적으로 관련 결과를 초래할 수 있다. 예를 들어, 이것은 이주자 네트워크를 매개로 한 돈, 애정, 정보 또는 물건의 유통뿐만 아니라 문화 활동의 문제와도 상관없이 그들의 조국을 직접적으로 다루는 집단 및/또는 제도적 계획에 대한 이주자의 참여에 적용된다. 그것은 문화 활동의 문제, 집단 송금, 정치적 지원만이 아닌 기타 모든 것의 문제이다. 여기서 관련성이 있는 것은 '사회적 송금'에 대한 모호한 개념이다. 이것은 이주로 가능해진 가정과 사회에 대한 규범, 관행, 정체성 및 사회적 자본의 풀뿌리 문화적 순환을 광범위하게 의미한다(Levitt & Lamba-Nieves, 2011). 반면에, 고향에서 의도된 결과를 발휘할 수 있는 이주자들의 능력은 매우 다양하다. 그것은 이주자의 조건에 따라 실제 가능성이나 바람직한 가능성으로 당연하게 여겨서는 안 된다. 사실, 기본적으로 더 쉬운 운송과 더 빠른 통신에 해당하는 '세계화의 현재 조건'은 이주자의 초국거주의적 이주의 증가에 필요한 조건이지만 결코 충분한 조건은 아니다(Faist, 2010).

초국가주의적 이주는 다양한 문화적 · 정치적 · 경제적 관계를 구축하고 송출국과 이주국을 연결하는 사회적 과정으로 이주자가 송출된 사회와 유입된 사회를 연결하는 동시적이고 다층적인 사회 관계를 형성하고 유지하는 과정으로 여긴다. 초국가주의의 활성화로 이주자들의 모국에 대한 송금의 증가, 해외의 자국 이주자들에 대한 모국 국적 유지, 모국에 대한 해외이주자들의 투자 증가, 이주자 연계 혹은 디아스포라 연계로 이주자의 주체성을 강조하며 문화 계승자로서의 역할에 관심을 가진다(Levitt, 2012).

초국가주의 개념은 국제이주를 설명하는 데 매우 유용하게 사용되는 개념으로 국제이주자들이 형성하는 초국가적인 사회적, 경제적 네트워크와 유연한 정체성을 설명하는 데 적합한 이론이다. 한 국가 이상에서 초국가적 행위자들의 일상생활 속에서 수행되는 연결망, 그로 인해 형성되는 다중적이고 유연한 문화적 정체성이 모국과 이주국을 분리하지 않고 연결시키는 것에 따른 경제적 이점에 관심을 가진다.

3) 젠더를 고려한 접근

세계 이주 인구는 큰 폭으로 증가하고 있고, 이 중에서 여성 이주자 수는 2000년대 초반에 이미 전체 이주 인구의 절반 이상을 넘어섰다. 여성 이주는 매년 크게 증가하는 추세에 있으며, 이주의 여성화가 진행되고 있다. 이로 인해 학계에서는 다양한 이주관계 중에서 여성의 이주와 젠더 관계, 가사 노동과 가족 관계에 초점을 두고 있다. 국제이주에 대한 젠더적 접근의 강조는 1990년대 중반 이후 개별 이주자로서의 여성 이주자 또는 젠더화된 이주 관계 등에 대한 연구가 꾸준히 증가하였으나, 국제이주에서 여전히 남성의 이주가 지배적인 상황에서 남아있는 가족에 대한 연구는 상대적으로 부족했다(신지원, 김경학, 박경환, 이기연, & 신난딩, 2020).

최근 들어 국제이주에서 여성 이주가 수적으로 늘어나면서 다수를 차지하고, 특정 서비스 노동자로서만 일하는 등 계급의 성적 이분화가 일어나고 있다. 이러한 현상은 가사와 돌봄 노동 및 서비스 영역에서의 감정노동 영역이 빠르게 상품화되는 경향이다. 대체로 이주여성들이 처한 환경은 억압적이고 인권 침해적인 환경으로 설명할 수 있다. 여성들은 이주국에서 자신들의 인권과 노동권이 보장되지 못하는 것을 알지만, 자국에서의 실업문제와 가족의 부양을 위해 노동이주를 시행하게 되고, 특히 서구와 아시아의 메트로폴리탄 도시로 집중하게 된다(서승현, 2015). 또한 서비스 영역의 많은 낮은 수준의 직종이 내국인의 가난한 여성 또는 이주여성이 하는 일이라는 인식이 넓게 퍼져 있으며, 여성을 다시 가사 노동자나 서비스 영역의 돌봄 노동자로 고정관념화 하였다. 이는 명확히 국가 간 계층적 젠더 여성이주에 대해 감정 및 서비스 노동, 결혼 등으로 전 지구적으로 확대되고 있음을 보여준다. 또한, 후기 근대 사회에서 친밀성에 대한 개인의 욕망과 경제적 필요가 어떻게 복잡한 층위들 속에서 상호 결합되는지를 보여 준다(Parrennas, 2009).

파레나스(Parrenas)는 '전 세계의 하녀(global servants)'로 필리핀 가사 노동자들을 묘사하였으며 이는 전 지구적인 자본주의의 재구조화로 외국인 가사 노동자들은 세계 곳곳에 최하층으로 자리잡고 있음을 의미했다(Parrenas, 2001). 사센(Sassen, 2002)은 선진국 대도시에 유입되는 제3세계 이주에 관한 연구에서 가사 노동의 사례를 분석하였다. 그동안 여성이 도맡아 왔던 전통적인 영역인 가사 노동, 육아, 및 성적인 일은 무임금 또는 저임금노동으로 노동권을 보장받지 못하는 영역을 제3세계 여성으로 메꾸게 하였다.

이러한 성차별적인 이주정책과 고용 관행, 제한된 고용 기회 속에서 빈곤을 극복하고자 이주하는 여성들은 글로벌 도시에서 비정규직이나 저임금 서비스 노동에 대한 요구가 급증함에 따라 결국 남성보다, 내국인 여성보다 더 낮은 임금과 열악한 노동환경에 처해진다. 이러한 현상이 발생하는 이유는 선진국과 개발도상국의 이주정책과 관련하여 자본의 요구에 따라 글로벌 산업 재구조화의 과정에 있기 때문이다.

4) 구조화 이론

구조화 이론(structuration theory)은 인간생태학적 관점과 유사하다. 인간생태학은 인간과 환경의 상호작용에 초점을 두고 있다. 구조화 이론에서 구조는 개인의 행위를 제약함과 동시에 가능하게 한다는 점에서 행위의 매개체로 간주함과 동시에 또한 행위의 결과로 본다(Giddens, 1979). 기든스(Giddens, 1979)는 사회학자들이 사회 세계를 거대한 구조와 그 구조물에 의해 어떻게 해석되고 그 구조물에 거주하는 사람들에 의해 어떻게 행동하는지를 해석하기 위해 노력해야 한다고 주장했다. 그러므로 구조화 이론은 구조와 행위자를 상호의존하는 이중성(duality)으로 여긴다.

구조화 이론의 핵심은 주체인 인간과 구조란 그 어느 것 하나가 다른 것을 일방적으로 결정짓거나 변화시키는 것이 아니라 언제나 상호작용을 한다는 점이다. 즉 사회구조는 행위자의 의도와는 상관없이 행위의 결과이고, 행위자의 행위는 환원될 수 없는 구조적 맥락을 전제로 하고 있으며, 구조적 맥락에 의하여 매개된다는 점이다. 특히 포테스(Portes, 1981)는 1980년대 초에 국제이주에 관한 이론들은 이주의 거시구조적 접근과 함께 행위자들의 사회연결망에 바탕을 둔 관계적 측면도 연구가 필요하다고 주장했다.

구조화 이론에서 구조는 사회적 행위를 형성하는 규칙과 자원의 결합으로 이루어지며, 따라서 사회적 행위를 일정한 안전성이 유지되도록 함으로써 구조 역시 어떤 매개적 역할을 담당하는 행위자로 간주될 수 있다(Samers, 2013). 또한, 개인 행위 주체는 구조, 제도, 기타 행위 주체, 사회적 연결망 등을 만들어 권력을 행사할 수 있다. 예를 들어 행위 주체로서 이주자와 이주 집단은 구조와 제도와 기타 행위 주체들과의 관계 속에서 실제로 다양한 행동을 할 수 있고, 또한 권력을 행사할 수 있다고 주장한다(최병두, 2017).

구조화 이론에서 행위는 개념적으로 구조와는 구분된다고 할지라도, 즉 행위와 구조 간의 이중성에서 인간 행위자뿐 아니라 다양한 구조적 매개물들, 즉 자원, 제도, 사회적 연결망 등은 그 자체로 또 다른 행위자로 이해될 수 있다. 구조화 이론에 바탕을 둔 국제이주에 관한 이론들은 개인이나 집단(예들 들어 국가나 지역) 간 사회적 관계에 더 많은 관심을 가진다. 그러나 구조화 이론은 행위와 구조 간 상호작용과정을 구체화하지 못한 것에 대한 한계점이 지적되었다.

3. 이주이론의 비판적 시각

이주이론은 수십 년 동안 교착 상태에 놓여 있었다(De Haas, 2010; Masssey, 2020; Skeldon, 2012). 특히 이주 연구 분야는 놀라울 정도로 이론이 부족한 사회 연구 분야로 남아 있다. 이주 과정은 구성 요소인 사회 변화의 더 넓은 과정과 개념적으로 분리하지 않을 때만 더 풍부한 이해를 발전시킬 수 있다. 그러므로 이주이론을 다양한 관점에서 시야를 넓히고 통합된 개념으로 발전시키는 연구의 필요성이 제기된다. 이주에 대한 많은 생각은 실제 이주 패턴과 과정을 설명할 수 없음에도 불구하고 가정 극대화를 위한 단순한 push-pull 모델 또는 신고전적 모델은 개인 소득(효용)에 암묵적 또는 명시적으로 기반을 두고 있다. 이전의 이주이론들이 비현실적인 가정으로 정당하게 비판을 받았음에도 불구하고, 연구자들은 일반적으로 실행 가능한 이론적 대안을 내놓는 것보다 그러한 이론을 밝히는 데 더 익숙하다. 이에 따라 이주이론의 문제점, 이주의 복잡한 오류 등을 살펴볼 필요가 있다(De Haas, Fransen, Natter, Schewel, & Vezzoli, 2020).

1) 이주이론의 문제

이주 연구는 사회과학 연구의 하위 분야이며, 최근 추세는 진보라기보다는 이론적 회귀로 여겨진다. 이 분야에 대한 초기 기여는 Lee(Lee, 1966)의

theory of migration, 마보군제(Mabogunje, 1970)의 migration systems theory, 젤린스키(Zelinsky, 1971)의 mobility transition theory, 스켈든(Skeldon, 1990)의 migration transitions, 해리스와 토다로(Harris and Todaro, 1970)의 neo-classical migration theory, 피오레(Piore, 1979)의 dual labour-market theory, 스타크(Stark, 1991)의 new economics of labour migration과 매시(Massey, 1990)의 cumulative causation theory 에 있다. 이 이론들은 모두 이주 현상에 대한 일반화된 이해를 도출하기 위해 노력했지만, 대부분 이주 과정의 체계적인 이론화는 거의 폐기되었다. 이주이론의 주요 개요에서, 매시(Massey)와 그의 동료들(Massey et al., 1993)은 이주에 대한 많은 생각이 '19세기 개념, 모델, 가정에 여전히 빠져 있다'고 결론지었으나, 그 이후로도 바뀐 것은 많지 않았다.

체계적인 이론화의 부족은 경험적 '사실'을 의미 있게 해석하고, 거시적 구조적인 요인이 어떻게 이주 과정을 형성하는지 이해하고, 다른 인종, 성별, 기술 및 계층 집단에 걸친 이주 경험의 거대한 다양성을 설명할 수 있는 능력을 방해한다. 많은 (정책 중심) 이주 연구에 내재된 '대이론(grand theory)'과 '방법론적 민족주의(methodological nationalism)'뿐만 아니라 '대이론'에 대한 비판에 대응하여, 최근 연구, 특히 인류학자 및 사회학자에 의한 연구는 이주자의 삶, 정체성 및 경험을 '에믹(emic)' 관점에서 연구하고 개념화하는 데 초점을 맞추고 있다.

질적 연구 및 양적 연구 모두 이주 과정을 형성하는 데 있어 불평등, 힘 및 상태와 같은 정량화하기 어려운 구조적 요인의 중요한 역할을 적절하게 포착하지 못했다. 역사-구조적 이론에서 흔히 볼 수 있듯이, 이주자를 자본주의 세력의 다소 수동적인 희생자로 묘사하기도 한다.

2) 이주의 복잡한 오류

이주 연구의 중심적인 문제는 다양한 분야의 '사실'과 '발견'('facts' and 'findings')을 조사, 해석, 이해 및 설명하는 공통의 기준 틀(framework) 역할을 하는 방대한 경험적 연구로 축적된 통찰력을 요약, 일반화 및 체계화하는 이론의 중심적인 틀의 부재이다. 이주에 대한 일반화된 이해의 부족에는 몇 가지 요인이 있다(De Haas, 2021). 그 요인들은 첫째, 수신국 편향의 관점에서 이주의 원인, 결과 및 경험에 대한 부지로 인해 이주에 대한 일방적이고 편향된 이해를 이끌어 낸다. 둘째, 정부의 지배적 관점, '방법론적 국가주의와 관련 국가 범주를 무비판적으로 채택하여 이주자와 이주를 분류하는 경향, 종종 이주에 대한 왜곡된 이념적 견해를 유지한다. 셋째, 양적 접근법과 질적 접근법 사이의 학문적 및 방법론적 구분과 넷째, 자발적 이주와 강제이주의 구분, 그리고 다섯째, 국제이주 연구와 국내이주 연구의 구분에 기인한다.

연구자들은 이주가 너무 복잡하고 다양한 현상이기 때문에 포괄적이거나 보편적인 이주이론은 결코 나오지 않을 것이라고 주장해왔다. 그러나 이 주장은 두 가지 주요 이유로 설득력을 잃는다(De Haas et al., 2020). 첫째, 사회현상이 일어나는 특정한 역사적, 사회적 맥락 안에서 항상 이해될 필요가 있기 때문에 사회이론의 목표가 모든 것을 설명하는 보편적인 이론을 개발하는 것이라고 제안하는 것은 오해의 소지가 있다. 따라서 간단한 공식, 법칙, 모델 또는 회귀 방정식으로는 결코 포착할 수 없다. 둘째, 복잡성은 더 나은 사회이론을 구축하려는 노력을 포기해야 할 이유가 될 수 없다. 결국 사회현상은 본질적으로 복잡하고, 복잡성은 다른 사회탐구 분야에서의 이론적 진보에 방해가 되지 않았다. 그러나 사회적 과정의 복잡성은 사회적 이론이 필요한데, 그것은 눈부시게 다양한 인간 경험과 사회적 상호작용 속에서 패턴을 이해하고 분별하는 데 도움을 주기 때문이다.

복잡성의 개념은 사회현상과 사회 과정이 혼란스럽거나 규칙, 패턴 또는 구조가 없다는 것을 의미하지 않는다. 오히려 복잡성은 많은 부분이 정교한 다층적 배열로 구성되어 있음을 암시한다. 미시적 관점에서 보면, 이주 경험의 다양성은 당황스러울 수 있지만, 일단 축소하기 시작하면 규칙성과 패턴이 나타나는 경향이 있다. 이것은 사회이론의 목적을 반영하며, 주변에서 일어나고 있는 것을 이해하기 위해 패턴을 분별한다.

참고문헌

김용찬(2006). 국제이주분석과 이주체계접근법의 적용에 관한 연구. **국제지역연구**, 10(3), 81-107.

김지송(2017). 고숙련 노동자의 국제이주와 경제발전의 이론적 접근: 실리콘밸리 인도 엔지니어들의 사례를 중심으로. **현상과인식**, 41(1/2), 138-173.

서승현(2015). 성인지적 관점에서 본 러시아 이주여성의 문제와 정책과제. **슬라브학보**, 30(2), 157-203.

신지원, 김경학, 박경환, 이기연, & 신난딩(2020). 국제이주와 남아있는 가족: 네팔 중부 '카브레팔란초크 지구' 사례를 중심으로. **다문화사회연구**, 13(1), 107-149.

최병두(2017). 초국적 노동이주의 행위자-네트워크와 아상블라주. **공간과 사회**, 59, 156-204.

Basch, L., Schiller, N. G., & Blanc, C. S. (1994). Nations unbound: Transnational projects. Postcolonial Predicaments and Deterritorialized Nation-States, Switzerland.

Brettell, C. B., & Hollifield, J. F. (2007). Migration theory//Methodology and methods of studying migration processes.

Castles, S., & Miller, M. J (2018). The law and policy of refugee cities: Special economic zones for migrants. *Chap. L. Rev., 21*, 303.

Castles, S., & Miller, M. J. (2009). Migration in the Asia-Pacific region. *Migration Information Source*, 1-11.

Castles, S., & Miller, M. J. (2013). The Age of Migration: International Population Movements in the Modern World.

De Haas, H., Fransen, S., Natter, K., Schewel, K., & Vezzoli, S. (2020). *Social transformation*. International Migration Institute network (IMI).

De Haas, H. (2021). A theory of migration: the aspirations-capabilities framework. *Comparative Migration Studies, 9*(1), 1-35.

Doeringer, P. & Piore, M.(1985) Internal labor markets and manpower analysis.

Armonk, NY: Sharpe.

Faist, T. (2010). Diaspora and transnationalism: What kind of dance partners. Diaspora and *transnationalism: Concepts, theories and methods, 11*.

Giddens, A. (1979). Central problems in social theory: Action, structure, and contradiction in social analysis (Vol. 241). Univ of California Press.

Kyle, D. (2000). Transnational peasants: Migrations, networks, and ethnicity in Andean Ecuador. JHU Press.

Levitt, P., & De la Dehesa, R. (2003). Transnational migration and the redefinition of the state: Variations and explanations. *Ethnic and Racial Studies, 26*(4), 587-611.

Li, G., Ranis, G., & Fei, J. C. (1995). The evolution of policy behind Taiwan's development success. World scientific.

Levitt, P., & Lamba-Nieves, D. (2011). Social remittances revisited. *Journal of Ethnic and Migration Studies, 37*(1), 1-22.

Levitt, P. (2012). Social Remittances: Migration Driven Local-Level Forms of Cultural Diffusion. In *The Urban Sociology Reader* (pp. 348-356). Routledge.

Lewis, W. A. (1954). Economic development with unlimited supplies of labour.

Mabogunje, A. L. (1970). Systems approach to a theory of rural-urban migration. *Geographical Analysis, 2*(1), 1-18.

Massey, D. S. (2020). Immigration policy mismatches and counterproductive outcomes: unauthorized migration to the US in two eras. *Comparative Migration Studies, 8*(1), 1-27.

Massey, D. S., & Parrado, E. A. (1998). International migration on and business formation in Mexico. *Social Science Quarterly*, 1-20.

Massey, D. S., Arango, J., Hugo, G., Kouaouci, A., Pellegrino, A., & Taylor, J. E. (1993). Theories of international migration: A review and appraisal. *Population and Development Review*, 431-466.

Morawska, E. (2003). Disciplinary agendas and analytic strategies of research on immigrant transnationalism: Challenges of interdisciplinary knowledge.

International Migration Review, 37(3), 611-640.

Mueller, C. F. (2013). *The economics of labor migration: A behavioral analysis.* Elsevier.

Parreñas, R. S. (2009). Transnational mothering: A source of gender conflicts in the family. NCL Rev., 88, 1825.

Parreñas, R. S. (2001). Women, migration and domestic work. Región Y Sociedad, 15(28), 2003.

Portes, A. (1981). 13 Modes of Structural Incorporation and Present Theories of Labor Immigration. *International Migration Review, 15*(1_suppl), 279-297.

Pries, L. (2005). Configurations of geographic and societal spaces: a sociological proposal between 'methodological nationalism'and the 'spaces of flows'. *Global Networks, 5*(2), 167-190.

Samers, M. (2013). France: political economy of labor migration, early 21st century. *The Encyclopedia of Global Human Migration.*

Sassen, S. (2002). Locating cities on global circuits. *Environment and urbanization, 14*(1), 13-30.

Sjaastad, L. A. (1962). The costs and returns of human migration. *Journal of political Economy, 70*(5, Part 2), 80-93.

Skeldon, R. (2012). Going round in circles: Circular migration, poverty alleviation and marginality. *International Migration, 50*(3), 43-60.

Stark, O. (2005). Comment on "Migration and incomes in source communities: A new economics of migration perspective from China". *Economic Development and Cultural Change, 53*(4), 983-986.

Wallerstein, I. (1974). The rise and future demise of the world capitalist system: Concepts for comparative analysis. *Comparative studies in society and history, 16*(4), 387-415.

Wolpert, J. (1965, December). Behavioral aspects of the decision to migrate. In *Papers of the Regional Science Association* (Vol. 15, No. 1, pp. 159-169). Springer-Verlag.

제3장

⋮

가족이주

전통을 중시한 신고전 경제학 접근에서의 이주 현상을 경제적 효용 극대화를 추구하기 위한 개인의 행위로 간주하였으며, 개인은 이주 과정에서 발생하는 비용보다 이주국에서의 기대수익이 크다면 이주를 결정하게 된다(De Haas, Miller, & Castles, 2019). 그러나 가족을 뿌리로 두고 있는 개인은 가족이 중요한 결정요인으로 작용하기 때문에 가족 간 연결을 고려하는 방식으로 이주 과정을 구성한다. 이주의 신경제학 접근은 한 개인이 아닌 가족이나 가구에 의해 이주가 결정된다. 이와 같은 형태의 이주 결정 방식은 가구의 노동력을 자본화할 때 효과적인 수단으로 작동되며, 가족의 경제적 유지, 발전을 위한 협동전략으로 이해된다(Massey, 1990). 가족은 이주를 통해 가구 수입의 최대화를 추구할 뿐 아니라 위험을 최소화하는 것에 목표를 둔다.

열악한 경제 상황에 놓여 있는 수많은 개발도상국들은 도시나 농촌의 비공식적인 부문마저 가뭄이나 흉작, 자연재해, 그리고 근대화 과정에서 야기되는 사회·경제적 전환기 상태 등으로 인해 매우 불안정하다(Massey, 1990). 이런 측면에서, 한 명 또는 한 명 이상의 가족 구성원을 타 지역으로 이주시키려는 결정은 단지 더 높은 임금이 주된 목적이 아니라 수입 원천의 다원화와 더불어 기존의 경제활동에 대한 투자재원 마련을 원활히 하기 위함이다(De Haas et al., 2019). 이처럼 가족이주는 경제적 상황과 필요에 따라 변화될 수 있는 유동적인 전략이라고 볼 수 있다. 따라서 가족이 이주를 어떻게 결정하고, 이주 결정 후 필요한 자원을 어떻게 동원하는지에 관한 정보를 획득하기 위해서는 가족 단위로 분석하는 것이 중요하다(Massey, 1990).

가족이주 연구는 1970년대까지 거슬러 올라간다. 보다 최근에는 인구지리학자들이 이 주제에 상당한 관심을 기울이고 있으며, 가족이주가 적어도 몇 년 동안 기혼 여성의 고용과 소득을 해친다는 확실한 경험적 증거를 제공하고 있다(Clark & Huang, 2006; Withers & Clark, 2006). 이러한 연구는 가족이주가 경제적으로 합리적인 결정이기 때문에 또는 가족이주의 결정이 전통적인 성역할 신념에 스며들었기 때문에 기혼 여성이 가족이주에 피해를 입는다는 것이다. 많은 경험적 연구들은 여성의 취업을 위한 가족이주의 결과가 경제 이론과 완전히 일치하지는 않는다는 것을 나타내며, 전통적인 성별에 기초한 가족의 역할이 한 요인이 될 수 있음을 간접적으로 보여준다. 그러나, 성역할 신념이 가족이주에 어떻게 영향을 미치는지에 대한 직접적인 증거는 제한적이다(Cooke, 2008).

성 역할과 그러한 역할의 기초가 되는 믿음은 가족이 이주 결정을 내리는 방법의 중요한 구성 요소이다. 시간이 지남에 따라 반복되는 이주가 여성들 사이의 인적 자본 축적에 어떻게 영향을 미치고, 소득의 성별 격차에 어떻게 기여하는가, 가족들은 소득과 주거비용의 지역적 차이, 삶의 질 사이에서 균형을 이루고 있는가, 가족이주가 모든 가족 구성원들에게 미치는 사회적, 심리적 영향은 무엇인가 등의 이주이론에서 가족 자체의 역할은 가족이주 연구뿐만 아니라 더 일반적인 이주 연구에서조차 유감스럽게도 과소 개념화되어 있다.

가족이주 연구에서는 가족을 핵가족으로 개념화한다. 그러나 대가족과 관련하여 많은 움직임이 있음을 보여주는 관련 연구 역시 찾아볼 수 있다

(Mulder, 2007). 대가족 관련 연구에서는 만약 가족이주가 압도적으로 경제적 결정이 아니고, 만약 가족 대이동이 광범위한 이주 행동에 그렇게 중요하다면, 왜 인구지리학자들과 인구학자들은 가족이 이주 결정을 내릴 때 핵가족의 중요성을 무시하는 이주의 경제적 모델에 그렇게 많이 의존하는가? 요점은 가족이주 연구는 핵가족의 배우자 사이의 이주 결과에만 초점을 맞추는 근시안적이었다는 점이다(Cooke, 2008).

1. 가족이주 동력

가족은 이주를 용이하게 하고 지속 가능한 경제적 · 사회적 · 문화적 자본을 제공한다. 이주 발생 조건이 영속화의 조건과는 다를 수 있다는 관점에서 문제를 제시하고 있는 연구이론으로 네트워크 이론(network theory)과 누적 원인론(cumulative causation)이 있다. 이 이론에 의하면 송출국과 수용국을 연결하는 가족 · 친족들의 초국적 네트워크 형성은 이주에 따른 비용과 위험을 감소시켜 이주의 가능성을 높인다. 또한, 이주 네트워크를 통하여 이주자 가족과 친척들이 추가로 이주함으로써 사회적 자본은 점차 확장되어진다.

국제이주를 논할 때 이주 동기와 결정 과정은 개인뿐만 아니라 가족 차원에서의 전략적인 결정이기도 하다(Croes & Hooimeijier, 2010; Hugo, 2002; Kofman, 2004). 가족 차원에서 국제이주를 추진하고, 이주자의 국제이주를 위하여 본국의 가족들이 함께 비용을 제공한다. 이주 이후에는 이주자들이 본국에 송금함으로써 본국의 가족들과 지속적인 관계를 유지한다(Bryceson, 2019; Fresnoza-Flot, 2018; Herman, 2006; Ryan, 2008).

2015년에는 중동과 아프리카에서 유럽으로 입국하기 위해 목숨을 거는 이주자들의 대규모 움직임이 급증하면서 세계의 관심이 쏠렸다. 또한, 고국 내 이주자의 가족 구조에 대한 심층적인 정보와 국경 장벽, 이주 중 신체적 위험, 취업 기회, 뒤처진 가족 구성원과의 신체적 분리와 관련된 정서적 대처 전략에 대한 지식이 거의 문서화되지 않았다. 대신 이주의 규모, 이주자들의 고통, 그리고 수용 민족국가와 이주자들 사이의 정치적으로 충전된 접점이 연구와 공공정책 논쟁을 지배했다. 이주 결정이 가족 전략과 가족의 생애주기 및 해외 체류 기간 동안 일어나는 가족 집단 의사결정의 지속적인 진화라는 점을 간과한 채, 전통적인 20세기 실증주의 사회과학에서 임시적인 개인 의사결정의 결과로 취급되었다. 그러나 21세기 교통과 통신의 발전은 초국가적인 가족의 지속성을 촉진하였다.

이러한 추세에 따라 이주자 위기는 글로벌 가족 에이전시의 중요성을 부각시켰다. 국경을 넘어서는 가족 복지 추구의 전략적 기관은 초국가적 가족을 노동시장 변동과 국가정책에 영향을 주고 영향을 미치는 여러 제도적 힘으로 결정한다. 가족이주 전략의 일부 광범위한 유사점과 미묘한 차이점들은 가족 생애주기의 다양한 단계에서 누가 이주하고, 누가 뒤에 남고, 누가 물심양면으로 보살핌을 받는가에 중요한 성별과 연령에 초점을 맞추고 있다. 국제이주의 불확실한 상황과 결과로 인해 야기되는 불가피한 딜레마에 직면한 기회, 함정, 두려움 및 대인관계 대처 전략에 대한 이주자들의 인식을 강조한다.

2. 초국가적 가족

초국가적 가족(transnational families)은 가족 집단으로 정의되며, 구성원들이 서로 떨어져 있는 시간 중 일부 또는 대부분을 살고 있음에도 불구하고 국경을 넘어 집단적인 복지, 통합, 가족애를 느낀다(Bryceson & Vuorela, 2020). 초국가적 가족은 새로운 것은 아니지만 그 어느 때보다 확실히 더 많다. 그들은 21세기의 세계속에서 물질적, 정서적 욕구를 충족시키는 인간 상호의존의 진화하는 제도적 형태이다. 초국가적 가족은 이주자들을 위한 다차원적 공간적, 시간적 지원 환경을 구성할 뿐만 아니라 이주를 위한 동기부여를 제공한다.

이주자들은 개인과 가족의 경제적 요구와 열망에 의해 영향이나 압박을 받는다. 가족 구성원은 가정에 기반을 둔 가족 구성원이든, 이미 이주하여 이주자의 여정이나 목적지에서 전략적 지원을 제공할 위치에 있는 사람이든, 경제적·정서적 지원을 위한 이주자의 핵심 사회적 네트워크를 구성할 가능성이 크다. 오늘날 통신 기술의 발달은 이주자와 본국 가족들과의 연락을 수시로 가능케 했고, 이를 통한 가족 간의 정서적 유대 관계를 유지함은 물론, 상호 방문을 통해 관계를 이어나가기도 한다(Lie, 2010; Miah & King, 2020).

1) 초국가적 가족의 생존 조건

사람들이 영구적으로 집을 떠나 근원 가족과 접촉을 거의 하지 않았던 19세기 대량 이주와는 달리 21세기 초국가적 가족 지속성은 사실상 사람들의 세계적인 이동성의 불가피한 결과이다. 국제 운송, 인터넷 통신 및 글로벌 뱅킹 등 보다 신뢰할 수 있고 빠른 형태와 함께, 현재의 국제이주자들은 가족 간의 접촉, 지원 및 보살핌 관계를 유지하는 많은 직·간접적인 방법을 제공받는다. 그러나 기술 변화와 세계 경제의 자유무역 정책은 심각한 단점을 가지고 있다. 기술의 이동 촉진과 통신 촉진, 그리고 국경 개방 정책은 가난한 나라에서 지역 주민들의 광범위한 노동력 이탈을 촉발할 수 있다. 점점 더 많은 수의 사람들이 해외에서 생계를 도모하고 있는데, 이에 따른 물질적인 복지를 보장하기 위해서는 가족 간의 공간적 분리가 필요하다. 그들의 물질적인 불만은 종종 서양에서 부와 편안함을 얻을 수 있다는 환상에 의해 부채질된다.

다국적 가족 구성원 간의 관계 및 교류 흐름은 디지털 기술, 통신 및 항공 여행에 크게 의존하고 있다(Faist, 2000; Mazzucato, Schans, Caarls, & Beauchemin, 2015). 그 밖에 문자 메시지, 휴대폰 대화 및 다양한 형태의 소셜 미디어를 통해 먼 가족 구성원들과 즉각적으로 소통할 수 있는 이주자들의 능력은 초국가적 가족 교류의 시작, 유지 및 확장이 자명하다. 이주 전략은 가족의 기준 체계에 뿌리를 두고 있으며, 부계나 모계, 핵가족, 또는 확대가족 구조가 근원적이고 오래 지속되어 물리적 분리의 어려움을 견딜 수 있다는 가정에 의해 강조된다. 가족 구성원의 제안과 권고는 배우자와 자식들이 이주하도록 설득하는 촉매제 역할을 한다.

일부 이주자들은 개인의 경제적 이익을 추구하거나 가족으로부터 탈출하기 위해 일방적으로 이주하기로 결정하지만, 대부분은 여전히 가족의 복지에 기여하도록 그들을 조종하는 가족의 의무감을 지니고 있다(Bryceson, 2019; Van Dijk & Bryeson, 2002). 가족들은 이주 구성원들로부터 송금받은 돈이 안정적인 경제적 기반 및 생산을 증진하거나 초국가적 가족의 생활 수준을 높이기 위한 충분한 투자 자본을 제공하기를 희망한다(Bryceson, 2019; Goldin & Reinert, 2012).

2) 가족 생활주기

전 세계에 걸쳐 가족 규모와 구조의 무한한 문화적 다양성을 고려할 때

가족의 생활주기를 일반화하는 것은 위험하다. 가족 구성원 자격은 혼인과 출생 및 입양기준으로 확대되고, 이혼 또는 사망 등 시간이 지남에 따라 변동한다. 그럼에도 불구하고 그들의 의도는 가족이 어디에서 형성되든 간에 그들 구성원들에 대한 욕구를 장기적으로 제공하고자 한다. 가족은 물질적 생존, 복지, 발전을 보장하기 위한 나눔과 보살핌의 궁극적인 단위이며, 가족 구성원들 간에 재화, 서비스, 재정이 세대 간 이전된다. 초국가적 가정의 경우 이러한 흐름이 지리적으로 뻗어 있다.

가족생활 주기는 결혼이나 동거로 시작하는 부부간의 신체적 · 사회적 재생산의 단계로 정의되며, 그 뒤 자녀 출산, 육아, 세대 분열, 사망으로 이어진다. 이러한 인구통계학적 주기는 가족 구성원의 노동 능력 전개와 관련된 경제적 상호의존성 패턴의 변화와 함께 발생한다. 가족은 가족 구성원들의 기본적인 욕구를 단기, 중기, 장기간에 걸쳐 쉽게 제공할 수 있도록 하며, 보통 자녀, 노인, 약자 등 부양가족 구성원들의 양육에 중점을 둔다. 초국가적 가족의 경계와 지속성은 주로 감정과 상호 물질 교환에 있다. 역설적으로 초국적 가족 구성원의 거주지가 지리적으로 분포되어 있는 것은 강점과 약점이 된다. 가족은 이주 목적지에서 더 높은 소득이라는 비교적 경제적 이점을 누릴 수 있는 반면, 대면 접촉이 빈번하지 않으면 가족 정서 및 정체성이 약해질 수 있다.

부양가족 및 공급자의 실제 역할은 가족 규모, 연령 및 성별 구성, 물리적 위치 및 구성원의 세대 구분과 관련하여 가족 수명 주기의 구성에 따라 결정된다. '부양(dependent)' 세대의 구성원들이 경제적 자립이 가능한 나이에 도달하는 등 생애주기에 있어 특정한 중요한 시기가 있다. 가난한 나라에서 자립의 시기는 성숙해진 가족 구성원들이 가구 내에서 생계 책임을 증가시키는 경제적 상호의존의 점진적인 과도기 기간으로부터 나타나며, 그들이 가계

충당, 부채 관리, 더 어린 가족 구성원의 교육에 대한 재정적 책임을 짊어질 것으로 기대되는 시점이다.

가족의 의존도는 신혼부부 사이에서 대략적으로 균형을 이루며 변동하고, 그 후 자녀의 연이은 출산으로 인한 높은 의존도로 인해 균형을 잃게 된다. 결국 성인 자녀들이 가족 생계에 기여함으로써 완화되어, 보다 편안한 노동-소비자 균형을 이룬다. 자녀들이 핵심 가구(core family)를 떠나 스스로 가정을 이루면서 가족의 규모가 줄어드는 반면 부부는 노령화되고 점차 무력화, 가족의 노동-소비자 균형의 하락 방향으로 이어진다.

차야노프(Chayanov, 1966)의 가족생활 주기 접근법의 원칙은 초국가적 가족 패턴에 적용할 수 있다. 초국가적 가족의 성숙은 자연스레 재생산과 생산에 좌우된다. 한 가족 구성원의 해외 이주를 시작으로 가족 간 노동력 분배의 균형은 초국가적 가족 구성원 간의 물질적 교환과 함께 진행된다. 초국가적 가족 맥락에서 노동-송금에 대한 국가, 시장 또는 개인적 장애를 고려할 때 해외에 거주하는 가족 구성원의 헌신적인 물질적 기여가 아닌 부분적인 현실을 수용해야 한다.

3) 초국가적 가족 돌봄 체제

'가족 돌봄 체제'는 생애주기 단계를 전개하는 동안 가족 구성원 및 가족의 진화하는 지원 역할을 일상적으로 양육하고 돌보는 것을 포함한다. 모든 곳의 가족들은 그들 구성원들의 보살핌을 제공하기 위해 분업 협상에 참여하지만, 초국가적인 가족들은 육체적인 분리라는 더 큰 문제의 도전과 싸운다. 결근한 부모를 위해 대체 육아를 찾아야 하는 필요성, 높은 양육 의존율, 비정상적인 분만 기간 등이 자주 발생한다. 대체 보호자는 단기 또는 장기간에 걸쳐 그러한 자격으로 돌보는 가족 또는 비가족 구성원일 수 있다. 여기에는 필요에 따라 왕래하는 확대가족 구성원, 친구 및 가족이 포함된다. 그러나 빈번한 휴대 전화와 인터넷 접촉, 가능하면 정기적인 가정 방문을 통해 이주 부모들이 의미 있는 외부 돌봄 역할을 달성할 수 있다.

초국가적 가족 돌봄 흐름을 정서적 · 실질적 · 재정적 지원 및 수용의 다양한 범주로 정의하고 직접 대면 지원 또는 원거리에 걸쳐 공급되는 간접 통신 기술 매개 흐름의 두 가지 형태를 구분한다(Baldassar, 2007). 국가별 이주 패턴, 초국가적 가족 형성 과정, 재정적 지원 및 돌봄 교류의 변화를 강조하며, 이는 파견국가 및 이민법에서 파생되는 사람들의 직업 범주와 관련있다 (Kilkey & Merla, 2014).

전 지구적 유사성은 가족생활 주기의 과정에 걸친 세대 간 공통 의존성 및 상호의존성 패턴을 기반으로 구별될 수 있다. 발라사리와 멜라(Baldassar & Merla, 2013)는 '호혜적이고 비대칭적이며, 다방향적인 돌봄 교환'을 지칭하기 위해 '돌봄 순환(circulation of care)'이라는 용어를 사용한다. 이러한 초국가적 가족 네트워크 관리는 경제적 · 정치적 · 사회적 · 문화적 맥락에 따라 가족의 삶의 진로에 따라 변동한다.

복지 및 돌봄 체제가 두각을 나타내고 있는 맥락은 노동수요와 공급의 힘과 관련이 있다. 부유한 국가에서 여성의 노동력 참여 증가는 청소부와 아동 보호자로서 여성 대체 노동력에 대한 요구를 필요로 한다. 이러한 상황에서, 이주여성은 국가보다 낮은 비용으로 노동력을 제공하며, 구조 조정된 신자유주의 노동시장의 일부이다(Salih & Riccio, 2011). 여성의 이주는 아버지, 형제, 조부모, 그리고 대가족 구성원들을 포함한 다양한 가족 구성원들이 모성 양육 책임을 수행하는 것에 의해 채워지고 그들의 가족들에 공백을 남긴다.

이런 상황은 '뒤처진' 아이들을 정서적으로 방해하고 아동과 가족 복지에 가슴 아픈 결과를 초래할 수 있다(Lam & Yeoh, 2019). 여성의 이주 결정은 일반적으로 자녀들이 좋은 교육과 보수가 좋은 직업을 얻을 수 있는 장기적인 삶의 기회를 개선하는 데 있다. 그러나 어머니의 부재는 아이들의 정서적 불안을 불러일으킬 수 있고, 이주자 여성들과 가정에서 아이를 돌보는 남편들 사이의 가족 양육의 질 저하와 부부간의 긴장감을 초래할 수 있다.

마찬가지로, 이주한 아버지의 부재는 정기적인 의사소통을 유지하려는 아버지의 노력과 조부모 또는 형제자매의 존재에도 불구하고 아이들이 소외감을 느끼게 할 수 있다. 그들의 곤경은 자녀들과 자발적으로 대면하는 것에 대한 정서적 장벽의 불이익과는 반대로, 아이들의 향상된 교육과 생활 수준을 목표로 하는 이주자들의 송금에 따른 경제적 이익 사이의 균형을 극대화한다(Poeze, 2019).

따라서 부모가 아동의 경제적 복지를 증진하기 위한 목적으로 이주가 일어나는 이주 역설을 직면하지만, 아동의 정서적 복지를 희생하는 경우가 많다(Lam & Yeoh, 2019). 게다가 부모가 자녀와 헤어지면서 여성과 남성 모두 극심한 외로움과 소외를 경험하게 된다. 정서적 지원 전달에 관한 문헌이 증가하고 있는 가운데, 쌍방향 감정 교환이 때때로 불규칙하거나 불균형하다는 사실이 밝혀졌다. 중요하게도, 가족 간 돌봄 교류가 반드시 밀접한 생물학적 유대를 기반으로 하는 것은 아니다. 초국가적 가족 교류 및 돌봄 관계는 선별적인 완화과정에서 형성, 유지 또는 축소되며, 소중한 가족 구성원은 수용 가능한 수준의 의존성과 상호의존성에 내재된 상호이익의 교환에 합의한 사람들이다(Bryceson & Vuorela, 2020). 초국가적 가족 돌봄은 가족의 일관성과 효과적인 돌봄을 제공할 수 있을 정도로 매우 다양하다.

송금 흐름의 성격은 이주자의 수입과 송금 저축 및 송금 능력에 달려 있다(Goldin & Reinert, 2012). 특히, 송금 수령자가 많은 캄보디아 가정에서는 일반적으로 여성 이주자를 더 신뢰할 수 있고 관대한 송금자로 보고 있다(Nurick & Hak, 2019).

4) 초국가 가족의 복지 추구

초국가적 가정은 가족 구성원 한 명 이상의 이주에 대한 자체 투자와 서로 직접적인 소통을 유지하려는 노력에 기반하여 진화하며, 서로에 대한 보살핌과 관심을 통해 유지되는 물질적, 정서적 교류에 적극적으로 참여한다. 어떤 이들은 가족관계가 번창하는 반면, 다른 이들은 세대 교류를 통해 국경을 초월한 가족 관계를 포기한다. 그러나 확실히 유대 관계를 추구하려는 의지가 있는 곳에서는 21세기 디지털 기술과 빠른 교통 발전이 초국가적인 가족 간의 의사소통을 크게 촉진시켰다.

최근 급증하는 해외 이주는 더 나은 기회를 찾아 해외로 나가 전 세계적인 불평등에 적응하는 가구원을 둔 가정의 수가 증가하고 있음을 나타낸다. 구성원들이 먼 나라로 떠나는 데 수반되는 분권화된 가족 의사결정의 거대한 규모에는 국경을 넘어오는 엄청난 불확실성과 어려움을 견뎌내고 수용국에서 생계를 유지하려는 이주자들의 의지가 동반된다. 그들의 이주 여정은 개별적인 위험 전략이라기보다는 가족전략으로 가는 경향이 있다.

이주자 입국과 초국가적 가족 형성은 도착지 국가들에서 점점 더 비난을 받고 있다. 더 부유한 나라의 시민 중 일부는 그들 나라의 이주정책에 이의를 제기함으로써 정부를 방어적으로 만들고 있다. 초국가적 가정들이 근원과 목적지에 걸쳐 가족의 일관성과 복지를 유지하기 위해 노력하는 것에는 부정적인 결과가 뒤따른다.

아이러니하게도 지난 30년 동안 세계 자유 시장으로부터 가장 많은 혜택을 받아온 민족국가들이 국경 통제를 강화하고, 국가 경제를 축소, 제한하면서 세계시장과의 거리를 좁히고 있다. 반면 이외의 국가들은 상대적으로 방해받지 않는 상품, 자본 및 노동 흐름의 원칙에 따라 국가 경제를 확장하면서 국가 간 상호 무역과 복지에 대한 지속적인 자유주의적 도전에 전념하고 있다.

유동적인 글로벌 노동시장 운영과 가족 생애주기 돌봄의 가교보다 차단하려는 민족국가들이 역사의 패배 쪽에 서 있을 가능성이 크다. 시장, 국가, 초국적 가족 간의 제도적 상호작용에서 전 세계 사람들을 21세기 직업으로 몰아가는 글로벌 시장의 힘과 물질적으로 발전하려는 초국적 가족의 노력은 그들의 출신 국가와 그들이 거주하고 일하는 목적지 국가뿐만 아니라 가족의 미래를 위한 창의적이고 복지를 향상시키는 노선(trajectory)을 구성한다.

3. 한국 사회 결혼이주여성의 가족

2000년 이후 한국 사회의 국제결혼은 꾸준히 증가하였고, 외국인 배우자의 출신 국가 또한 다양화되었다. 이에 정부와 국민의 국제결혼에 관한 관심의 폭이 넓어지기 시작하면서 많은 학자들의 연구로 이어졌다. 특히, 국제결혼 유형의 대다수가 한국인 남성과 외국인 여성 간의 결혼으로 구성되어 있어 결혼이주여성에 관한 관심이 증폭되었고, 이들은 학문적, 정책적 관심의 대상으로 주목받았다.

2000년대 초·중반의 연구들은 국제결혼의 배경과 과정 및 원인, 그리고 결혼이주여성의 한국 내 적응, 가족 관계에서의 어려움 등이 주로 논의되었다. 이후 점차 이들의 자녀에게 관심이 집중되었는데, 다문화가정 자녀의 학교 부적응, 차별 경험, 학업의 어려움, 정체성 혼란 등에 관한 연구가 증가하게 되었다. 최근에는 중도입국 자녀, 결혼이주여성의 건강, 자녀 양육, 이혼 등 더욱 다양한 주제에 대한 논의가 진행되고 있다. 그렇지만 결혼이주여성의 초국가적 연계, 특히 본국 가족과의 관계, 가족이주와 관련한 연구는 상대적으로 부족하다는 평가를 받고 있다. 이주자들이 자녀를 본국에 남겨두고 이주하는 경우, 본국의 조부모들이 손자녀를 돌보는 과정에서 초국가적 연계가 생성된다(Andrikopoulos & Duyvendak, 2020). 노동이주자 중심의 이주 경향은 한국의 결혼이주여성들이 본국의 가족들과 어떻게 관계를 유지하는지는 다르게 나타나는 현상이다.

한국의 결혼이주여성은 다양한 측면에서 독특한 존재라고 할 수 있다. 이들의 이동 경로가 국제결혼을 통한 이주라는 점에서 노동이주자들과는 구분된다. 또한, 이들은 동일 국적이나 동일 민족의 사람과 결혼하는 경우와도 다르다. 이처럼 한국 결혼이주여성의 독특한 국제이주 형태와 유사한 사례는 외국의 기존 연구들에서는 거의 다루어지지 않았다. 노동이주와 관련한 '초국가적 가족(transnational family)' 형성 및 연계, '초국가적 돌봄 순환(transnational care circulation)'에 대한 관심은 집중되고 있지만, 한국의 결혼이주여성과 같은 사례는 언급되지 않고 있다.

한국 사회는 원칙적으로 가족 단위의 이주는 허락하지 않고 있다. 그러나 2012년 결혼이주여성들의 초기 정착 및 출산과 양육의 어려움을 지원하기 위한 가족초청제도가 도입되었다. 이에 따라 결혼이주여성의 본국 가족들이 합법적으로 한국에 입국 후 일정 기간 함께 거주하면서 다양한 지원을 제공받을 수 있게 되었다. 하지만 결혼이주여성의 본국 가족 동거 과정에 나타나는 현상이나 차별적 결정요인이 무엇인지에 대해서는 알려진 바가 거의 없다.

2018년 전국 다문화가족 실태조사 결과, 결혼이주여성 중 5% 정도만 현재 본국 가족과 함께 거주 중이며, 특히 모친과 함께 사는 비율이 압도적으로 높게 나타났다. 본국 가족과 동거하는 비율에서 베트남과 중국(조선족과 한족) 출신이 높았으며, 본국 가족과 동거할 확률에 정적인 영향을 미치는 사항은 여성의 경제활동, 가구 소득, 미취학 자녀의 수, 본국 가족의 한국 초청 경험 등인 것으로 나타났다. 반면, 결혼이주여성의 연령 및 결혼 기간, 한국인 배우자 부모님과의 동거 등은 본국 가족과의 동거 확률을 현저히 낮추었다. 즉, 동일한 제도적 여건하에서도 가족에 대한 문화적 가치관, 현실적인 경제적 조건과 여성의 경제활동, 그리고 과거의 교류 경험 등이 동거의 차이로 나타난다는 것을 알 수 있다.

본국 가족 중 어머니, 부모님 모두, 여자 형제와 사는 경우로 구분하여 살펴보면, 미취학 아동 수와 결혼이주여성이 과거에 본국 가족을 한국으로 초청했던 경험만이 일관적으로 동거인을 선택할 확률을 높이는 것으로 나타났다. 즉, 결혼이주여성들은 과거 교류 경험을 중요하게 인지하고 있으며, 자녀 양육이나 자녀 돌봄에 대한 무게를 덜기 위한 방편으로 본국 가족과의 동거를 선택하는 것으로 이해할 수 있다.

가족이주의 유형을 살펴보면, 가족이 동반 입국하는 경우와 가족 중 한 명이 먼저 이주한 후 남아 있는 가족을 데려오는 경우가 있다. 북한이탈주민의 경우, 가족 전체 탈북과 개인 탈북 유형의 가장 큰 차이점은 가족 탈북은 처음부터 남한 입국을 목적으로 결정하고 기획한다는 점이다. 개인의 대부분은 가족 부양을 목적으로 중국에 갔다가 여러 경로를 거쳐 한국으로 오는 데 비해, 가족은 한국으로 오기 위한 세밀한 계획과 철저한 준비를 한다. 또한, 중국 등 제3국 체류가 불가피한 경우가 많은 개인과 달리, 가족은 비싼 브로커 비용을 감수하더라도 남한으로 직행하는 경로를 선택한다. 이는 탈북 도중 가족이 한꺼번에 적발되기라도 하면 한국행을 시도한 혐의로 엄중한 처벌을 받기 때문이다.

북한이탈주민은 탈북 이후에도 고향에 남아있는 가족들과 국경을 초월한 유대 관계를 지속할 뿐 아니라, 제3국 체류 및 남한 정착 과정에서 가족의 해체와 재구성을 통해 다양한 형태의 가족을 형성한다. 먼저, 탈북 직후에 중국에서 형성한 가족이다. 예컨대 북한 여성이 탈북하는 과정에서, 중국에서 인신매매에 의해 원치 않는 결혼으로 가족을 형성하거나, 장기체류 시 생존과 신변의 안전을 위해 임시로 구성된 가족의 경우이다. 이 중 일부는 한국에 입국한 후 중국에 있는 가족을 국제결혼 형식으로 초청하기도 한다. 다음으로, 탈북 후 한국에서 결혼하여 새로운 가족을 구성하는 경우이다(이순형, 김창대, & 진미정, 2009).

가족이주가 연쇄이주 형태로 지속되는 주요 요인 중 하나는 가족 간의 강한 유대감이다. 대체로 연쇄이주의 가능성은 이주 네트워크를 구성하는 관계의 밀접성으로 인해 좌우되기 때문이다. 따라서 가족이 모두 함께 살게 될 때까지 이주는 지속된다.

4. 이주 관련 개별법의 개정

1) 국적과 영주 자격의 확대

한국의 〈국적법〉은 속인주의를 원칙으로 하고 있다. 따라서 외국인 부부 사이에서 태어난 자녀는 태어나면서부터 불법체류자가 된다. 다만, 현행 〈출입국관리법〉은 합법체류 중인 외국인 자녀에 대해서는 국내 체류 기간 중

방문동거(F-1) 자격을 주고 있으며, 불법체류 외국인 자녀라도 질병 등 인도적 사유가 있는 경우에는 기타(G-1) 자격을 주고 있다. 그러나 아동은 국적과 인종 등 어떠한 이유로도 차별받아서는 안 되며, 이들 이주민 2세에 대해 예외적으로나마 속지주의를 적용하여 국적이나 영주권을 부여해야 한다.

한편 우리 〈국적법〉은 선천적 이중국적에 관해서는 그 발생을 용인하되 만 22세 전까지 그중 하나의 국적을 선택함으로써 이중국적의 상태를 허용하지 않고 있으며, 후천적 이중국적에 관해서는 원칙적으로 이를 불허하고 있다. 그러나 이러한 단일국적주의는 오늘날과 같은 세계화 시대에는 걸맞지 않다. 국제적 인적 교류가 일상화된 오늘날 부모의 국적국과 자신의 출생지국이 다르고, 부부의 국적이 다르고, 본인의 국적국과 거주국이 다른 시점에서 개인의 국적을 변경하는 일은 이제 일상적인 현실이 되었다. 더욱이 이러한 추세는 국제교류의 증진, 외국인 노동력의 지속적 유입, 국제결혼의 증가 등으로 인해 더욱 가속화되고 있다. 현 상황에서 이중국적을 용인하지 않고 단일 국적만 유지하는 것은 세계화의 흐름에 역행하는 일이라 할 수 있다.

저출산 현상으로 말미암아 향후 인구의 급속한 감소가 우려되고 있는 우리 사회에서 한국 국적을 보유하며 태어난 이중국적자를 외면할 수 없는 노릇이며, 또한 현재 진행되고 있는 이중국적의 발생은 더 이상 일부 특권층만의 문제가 아닌 재외동포와 국내 결혼이민자, 외국인 이주노동자, 그리고 그들의 자녀에 대한 사회통합과 직결된 문제이다. 속지주의의 도입이나 이중국적의 허용이 이민정책을 변경해야 하는 부담이 된다면 영주 자격 부여의 범위를 확대하거나 체류자격의 장기 보장 등과 같은 방법을 대안으로 생각해볼 수도 있다. 이주 아동에 대해서는 단기적이고 시혜적인 보호 대책보다는 한국에서 출생하고, 한국에서 거주하고 있는 이상 일정 수준 이상의 법적 지위를 보장해 주는 것이 더욱 근본적인 보호 대책이 되기 때문이다.

많은 국가들이 선천적 이중국적인 경우는 물론, 후천적 이중국적의 경우라도 본인이 원하는 한 자국의 국적을 계속 보유할 수 있도록 허용하고 있으며, 유럽심의회는 1997년 유럽국적협약(European Convention on Nationality)을 통해 단일국적원칙을 포기하고 이중국적의 보유를 개인의 권리로까지 인정하고 있다. 이와 같이 세계 각국이 이중국적의 수용을 확대하는 방향으로 법제도를 개선하고 있는 이유는 이민 송출국의 경우에는 자국민의 원활한 현지 정착 및 그들의 모국과의 유대 관계 지속을 위해, 이민 유입국은 이민자들이 그들의 국적을 버리지 않고도 거주 국가의 국적을 취득할 수 있다면 거주 국가에 귀화하려는 동기를 더욱 강하게 가질 것이며, 이러한 태도는 그들이 사회의 완전한 성원으로 정착하는 데 더욱 효과적일 것이기 때문이다. 따라서 우리나라 역시 이민 송출국이자 이민 유입국으로서 이중국적의 허용을 통해 저출산 현상에서 비롯된 급속한 인구 감소의 우려를 불식시켜 나가야 할 것이다.

2) 〈재한외국인 처우 기본법〉의 보호 대상 확대

〈재한외국인 처우 기본법〉은 제2조 제1호에서 '재한외국인'을 '대한민국의 국적을 가지지 아니한 자로서 대한민국에 거주할 목적을 가지고 합법적으로 체류하고 있는 자'라고 정의함으로써, 불법체류 외국인은 물론 합법적으로 국내에 체류하고 있으나 거주할 목적이 아닌 체류 외국인을 이 법의 보호 대상에서 제외시키고 있다. 또한, 동법 제2조 제3호는 '결혼이민자'를 '대한민국 국민과 혼인한 적이 있거나 혼인 관계에 있는 재한외국인'이라고 정의함으로써, 국적을 이미 취득한 결혼이민자나 대한민국 영주권자와 혼인한 적이 있거나 혼인 관계에 있는 재한외국인을 이 법의 보호 대상에서 제외시키고 있다. 특히 미등록 이주 아동의 경우 출생신고조차 제대로 되지 못한 채 법의 사각지대에 방치되어 있는 점을 고려하면 그들이 사실혼 관계에서 출생한 자녀와 동등하게만이라도 보호를 받을 수 있는 법안 마련이 필요한 실정이다.

3) 〈다문화가족지원법〉의 보호 대상 확대

다문화가족지원법은 '다문화가족 및 결혼이민자 등'을 그 보호 대상으로 하고 있다. 이 법에 따르면, '다문화가족'이란 〈재한외국인 처우 기본법〉 제2조 제3호의 결혼이민자와 〈국적법〉 제2조에 따라 출생 시부터 대한민국 국적을 취득한 자로 이루어진 가족'이나 '〈국적법〉 제4조에 따라 귀화 허가를 받은 자와 같은 법 제2조에 따라 출생 시부터 대한민국 국적을 취득한 자로 이루어진 가족'을 말하며, '결혼이민자 등'이란 다문화가족의 구성원으로서 '〈재한외국인 처우 기본법〉 제2조 제3호의 결혼이민자'나 '〈국적법〉 제4조에 따라 귀화 허가를 받은 자'를 말한다(제2조).

이와 같이 그 보호 대상인 '다문화가족'을 정의함에 있어 그 어느 경우에도 일방 배우자가 대한민국 국민이어야 한다고 규정함으로써, 외국인노동자 부부와 그 사이에서 태어난 자녀, 외국인 유학생과 그 동반 가족 등과 같이 외국인만으로 이루어져 있는 다문화가족을 이 법의 보호 대상에서 제외하고 있으며, '결혼이민자'에 관해 정의하면서도 〈재한외국인 처우 기본법〉 상의 결혼이민자 개념을 준용함으로써, 불법체류자 등을 이 법의 보호 대상에서 제외시키고 있다. 따라서 동법 제10조가 '국가와 지방자치단체는 아동 보육,

교육을 실시함에 있어서 다문화가족 구성원인 아동을 차별하여서는 아니 된다. 국가와 지방자치단체는 다문화가족 구성원인 아동의 초등학교 취학 전 보육 및 교육 지원을 위하여 노력하고, 그 아동의 언어발달을 위하여 한국어 교육을 위한 교재 지원 및 학습 지원 등 언어능력 제고를 위하여 필요한 지원을 할 수 있다'라고 하여, 다문화가족 아동의 보육 및 교육에 대한 특별 규정을 두고 있다고 하더라도, 외국인 부부 사이에서 태어난 자녀나 미등록 이주 아동의 경우 이 조항의 보호 대상이 되지 못하고 있다.

4) 건강권의 강화

국민건강보험법은 국내에 체류하고 있는 외국인으로서 〈출입국관리법〉 제31조의 규정에 의하여 외국인등록을 한 자는 이 법의 적용을 받는 가입자 또는 피부양자가 된다고 규정하고 있다(제93조 제2항, 동법시행령 제64조). 따라서 결혼이민자는 국적취득 여부와 관계없이 건강보험료를 낼 수 있는 재정적 여건만 된다면 직장 의료보험과 지역 의료보험에 가입할 수 있으며, 그 자녀 역시 피부양자로서 건강보험의 혜택을 받을 수 있다.

그러나 〈출입국관리법〉 제25조 및 〈재외동포의 출입국과 법적지위에 관한 법률〉 제10조 제2항의 규정에 의하여 체류 기간 연장 허가를 받지 아니하고 체류하는 자나 〈출입국관리법〉 제59조 제2항의 규정에 따라 강제퇴거 명령서가 발부된 자는 동법의 가입자가 될 수 없으므로(동법시행령 제64조), 미등록 이주 아동의 경우 건강보험의 혜택을 받을 수 없으며, 의료급여법 역시 제3조의2에서 난민에 대한 특례조항만을 두고 있을 뿐 이주 아동에 대한 별도의 특례 조항은 포함되어 있지 않아, 미등록 이주 아동의 경우 정부의 긴급 의료지원 및 건강보험 혜택으로부터 배제되어 있다. 이주 아동의 경우 체류자격을 불문하고 건강보험 적용과 기초건강을 위한 의료비 지원을 제공할 수 있도록 국내법의 정비가 필요하다.

5) 학습권의 강화

현행 초·중등교육법 시행령은 제19조 제1항에서 '재외국민 또는 외국인이 보호하는 자녀 또는 아동이 국내의 초등학교에 입학하거나 최초로 전·입학하는 경우에는 거주지를 관할하는 해당 학교의 장은 전자정부법 제21조 제1항에 따른 행정정보의 공동이용을 통하여 〈출입국관리법〉 제88조에 따른 출입국에 관한 사실 증명 또는 외국인등록 사실 증명의 내용을 확인함으로써 제17조 및 제21조에 따른 입학 또는 전학 절차에 갈음할 수 있다'라고 정하여 이주 아동의 초등학교 입학을 원칙적으로 허용하고 있다. 이주 아동의 학교 입학 시 해당 학교의 장이 출입국에 관한 사실 증명 또는 외국인등록 사실 증명의 내용을 확인하도록 함으로써, 미등록 이주 아동의 경우 학교 입학에 어려움을 겪을 수 있다는 점을 고려하였다. 이에 따라 보호자가 동의하지 않는 경우에는 출입국에 관한 사실 또는 외국인등록 사실을 증명할 수 있는 서류, 임대차계약서나 거주 사실에 대한 인우보증서 등 거주 사실 여부를 확인 가능한 서류를 제출토록 하고 있다.

그러나 불법체류 외국인들의 경우, 자신들의 신분이 드러날까 두려워 자녀들의 학교 교육을 포기하고 있다. 따라서 이주 아동이 학교에 다니는 동안 체류 자격의 비밀보장 등 아동의 신변을 보호할 수 있는 조치가 필요하다. 또한, 이주 아동의 경우 학교에 들어갔다고 하더라도 체류의 불안정으로 인해 중도에 학업을 그만두는 경우가 많으며, 정규 학업 과정을 모두 이수하였다고 하더라도 졸업장이 아닌 수료증만을 받는 경우가 많아 검정고시를 치

러야만 상급학교로의 입학이 가능하다. 더욱이 15세 이상 미등록 이주 아동의 경우 학습권 보장의 범위에서 제외되어, 불법체류 외국인 자녀의 경우에는 홈스쿨링을 통해서만 고등교육이 가능한 실정이다. 이처럼 아동의 기본적 인권 중 하나인 교육받을 수 있는 권리를 보장받지 못하는 상황에서 이들의 장래는 어두울 수밖에 없다. 그러므로 졸업장이 아닌 수료증을 교부하는 행위를 규제하는 한편, 학습권이 보장되는 학령의 범위를 확대하여 15세 이상 미등록 이주 아동도 정규교육을 받을 수 있는 기회를 마련해 주어야 한다.

참고문헌

이순형, 김창대, & 진미정(2009). **탈북민의 가족 해체와 재구성**, 서울대학교출판문화원.

Andrikopoulos, A., & Duyvendak, J. W. (2020). Migration, mobility and the dynamics of kinship: new barriers, new assemblages. *Ethnography, 21*(3), 299-318.

Baldassar, L. (2007). Transnational families and aged care: The mobility of care and the migrancy of ageing. *Journal of ethnic and migration studies, 33*(2), 275-297.

Baldassar, L., & Merla, L. (2013). Locating transnational care circulation in migration and family studies. In *Transnational families, migration and the circulation of care* (pp. 41-74). Routledge.

Bryceson, D. F. (2019). Transnational families negotiating migration and care life cycles across nation-state borders. *Journal of Ethnic and Migration Studies, 4* 5(16), 3042-3064.

Bryceson, D., & Vuorela, U. (Eds.). (2020). *The transnational family: New European frontiers and global networks.* Routledge.

Chayanov, A. 1966 [1925]. *The Theory of the Peasant Economy.* Translated by D. Thorner, R. E. F.

Clark, W. A., & Huang, Y. (2006). Balancing move and work: women's labour market exits and entries after family migration. Population, *Space and Place, 12*(1), 31-44.

Cooke, T. J. (2008). Gender role beliefs and family migration. Population, *Space and Place, 14*(3), 163-175.

Croes, H., & Hooimeilier, P. (2010). Gender and chain migration: the case of Aruba. *Population, Space, and Place, 16*(1), 21-134.

De Haas, H., Castles, S., & Miller, M. J. (2019). *The age of migration: International population movements in the modern world.* Bloomsbury Publishing.

Faist, T. (2000). Transnationalization in international migrati on: implications for the study of citizenship and culture. *Ethnic and racial studies, 23*(2), 189-222.

Fresnoza-Flot, A. (2018). Beyond migration patterns: understanding family reunion decisions of Filipino labour and Thai marriage migrants in global reproductive systems. *Migration Studies, 6*(2), 205-224.

Goldin, I., & Reinert, K. (2012). *Globalization for development: Meeting new challenges.* OUP Oxford.

Herman, E. (2006). Migration as a family business: the role of personal networks in the mobility phase of migration. *International Migration, 44*(4), 191-221.

Hugo, G. (2002). Effect of international migration on the family in Indonesia. *Asian and Pacific Migration Journal, 11*(1), 13-46.

Kofman, E. (2004). Family-related migration: A critial review of European Studies. *Journal of Ethnic and Migration Studies, 30*(2), 243-262.

Kilkey, M., & Merla, L. (2014). Situating transnational families' care-giving arrangements: the role of institutional contexts. *Global Networks,* 14(2), 210-229.

Lam, T., & Yeoh, B. S. (2019). Parental migration and disruptions in everyday life: reactions of left-behind children in Southeast Asia. *Journal of ethnic and migration studies, 45*(16), 3085-3104.

Lie, M. L. (2010). Across the oceans: Childcare and grandparenting in UK Chinese and Bangladeshi households. *Journal of Ethnic and Migration Studies, 36*(9), 1425-1443.

Massey, D. S. (1990). Social structure, household strategies, and the cumulative causation of migration. *Population index,* 3-26.

Mazzucato, V., Schans, D., Caarls, K., & Beauchemin, C. (2015). Transnational families between Africa and Europe. *International migration review, 49*(1), 142-172.

Miah, M. F., & King, R. (2020). When migrants become hosts and nonmigrants become mobile: Bangladeshians' visiting their friends and relatives in London. *Population, Space, and Place, 27*(2), 1-12.

Mulder, C. H. (2007). The family context and residential choice: A challenge for new research. *Population, space and place, 13*(4), 265-278.

Nurick, R., & Hak, S. (2019). Transnational migration and the involuntary return of undocumented migrants across the Cambodian – Thai border. *Journal of Ethnic and Migration Studies, 45*(16), 3123-3140.

Poeze, M. (2019). Beyond breadwinning: Ghanaian transnational fathering in the Netherlands. *Journal of Ethnic and Migration Studies, 45*(16), 3065-3084.

Ryan, L. (2008). I had a sister in England: family-led migration, social networks and Irish nurses. *Journal of Ethnic and Migration Studies, 34*(3), 453-470.

Salih, R., & Riccio, B. (2011). 7. Transnational Migration and Rescaling Processes: The Incorporation of Migrant Labor. In *Locating Migration* (pp. 123-142). Cornell University Press.

Van Dijk, R. A., & Bryceson D. V. U. (2002). *Religion, reciprocity and restructuring family responsibility in he Ghanaian Pentecostal diaspora* (pp. 173-196).

Withers, S. D., & Clark, W. A. (2006). Housing costs and the geography of family migration outcomes. *Population, Space and Place, 12*(4), 273-289.

제4장

⋮

이주와 결혼

대부분의 이주는 정착국에서 더 나은 경제적 기회에 동기부여가 되지만 이주의 삶 또는 이주자의 이주경험에 의해 영향을 받는다. 이주가 결혼에 어떤 영향을 미치는지에 대한 것은 중요하지만 충분한 연구가 이루어지지 않은 부분이다. 이주자의 가족형성은 이들의 정서적 행복, 생활방식 선택, 그리고 사회경제적 전망에 많은 영향을 받는다

결혼 소개 웹사이트의 확산은 국가 간 결혼과 성인의 이주 형태를 형성하는 이른바 통신 판매 신부(mail-order bride) 현상의 성장에 기여했다(Angeles & Sunanta, 2007). 특히 결혼 웹사이트는 제1세계/서양 남성과 제3세계 여성의 결혼을 촉진하고 아시아 여성이 외국 남성의 약혼자, 신부 또는 아내로 전 세계로 이주하는 디딤돌 역할을 하였다. 20세기 우편 주문 신부 사업이라고 불리는 이 웹사이트들은 제3세계 여성들이 결혼을 위해 선택하고 구매할 수 있도록 가상 카탈로그에 등장하였다.

이러한 웹사이트는 미국에서만 200여 개가 넘게 만들어지고 있으며, 연간 약 200만 달러의 수익을 올리고 있다. 매년 10만 명에서 15만 명 사이의 여성들이 이 웹사이트에 자신들을 광고한다. 제1세계 남성들은 자신이 선택한 여성들의 연락처를 받기위해 에이전시에 돈을 지불하고, 그들이 살 수 있는 한 많은 주소들을 사도록 권장된다. 디지털 기술은 통신 판매 신부 카

탈로그를 훨씬 쉽게 정리하고 업데이트할 수 있게 한다. 인쇄판과 마찬가지로 온라인 신부 마켓은 성별, 나이, 인종, 국가와 관련된 정체성과 권력 역학이 작용하는 젠더 기반의 착취와 상품화의 현장이기도 하다(Angeles & Sunanta, 2007).

온라인 신부 마켓을 공급하는 사람들 중에는 태국과 필리핀 여성들이 있다. 검색창에서 '필리피나' 또는 '태국 여성' 키를 누르기만 하면 된다. 구글이나 야후처럼 10만 개 이상의 결과가 나올 것이며, 대부분은 아시아, 동유럽, 라틴 아메리카 여성들의 결혼을 광고하는 다양한 웹사이트에 링크되어 있다. 이 웹사이트들은 국경을 넘고 인종을 초월한 결혼에 큰 역할을 한다. 우리는 아시아와 다른 외국인 신부들이 국경을 넘거나 초국가적인 결혼을 할 때 그들의 절박함, 소극성 또는 대리인의 부족에 대한 가정에 의문을 제기할 필요가 있다. 그러나 민족지학(ethnography)적 연구는 이러한 여성들의 상향 결혼 이동성에 대한 일반적인 개념을 부정하고, 사랑, 환상, 욕망을 포함하여 이러한 결혼에서 작용하는 여러 경제적, 사회적, 그리고 비경제적 요소를 고려한다.

1. 아시아 이주와 결혼

아시아는 최근 수십년 동안 국제 및 국내이주 모두에서 엄청난 수적 증가와 변화를 경험했다. 아시아의 이주는 북미와 유럽과 달리 아시아 지역의 민족국가의 역사적 발전 속에서 이해되어야 한다. 전 세계2억 7천만 해외이주자중 40%는 아시아에서 태어났고 현재 31% (8천만 명)이 아시아에 거주하고 있다(United Nations, 2017). 점점 더 많은 아시아인들이 다른 대륙 특히, 북미와 유럽, 그리고 아시아 전역으로 이주하고 있다.

아시아에서 초국가적 결혼이 급증하면서 싱가포르, 한국, 대만 등에서는 베트남, 인도네시아, 중국 등지에서 온 여성과 결혼하는 남성들이 늘어나고 있다. 이들 이주여성은 보내는 사회와 받는 사회 모두에서 그들의 성 역할을 협상하고 있다. 국제적 차원에서 볼 때 이주는 여성의 성(sexuality)과 노동이 결혼을 매개로 이동하여 부유한 국가의 출산과 양육, 가사노동을 대체하는 '이주의 여성화(feminization of migration)'라는 맥락 속에 있다

국경을 넘나드는 결혼에 관련된 여성들에게 부정적인 영향과 긍정적인 영향을 모두 입증하였지만 그들은 그들의 경제적 지위를 향상시키고, 더 큰 사회적 지위와 의사결정의 자율성을 얻기 위해 국제결혼을 선택한다. 이주 여성들은 상향 이동성을 추구하며 송신국과 수신국 모두에 생산적으로 기여하도록 동기를 부여받지만 종종 취약한 경제적, 문화적, 법적 제약에 직면한다. 국경을 넘나드는 결혼외에도 많은 나라들은 농촌이주자들이 도시지역으로 이주하는 빠른 도시화를 경험하고 있다. 보내는 지역과 받는 도시 사이의 차이는 결혼의 선택과 생활방식에 독특하게 영향을 미친다. 이러한 대규모 국내이주는 중국, 인도, 인도네시아, 베트남, 태국과 같은 나라에서 일어나고 있다.

아시아 전역의 이주자들은 그들의 결혼행위를 형성하는 광범위한 제도, 정책, 문화적 맥락에 직면하게 된다. 아시아로의 이주는 더많은 민족과 출신 국가를 포함했을뿐만 아니라 복잡한 궤적을 가진 다양한 정치 및 사회경제적 맥락에서 발생했다. 예를 들어 싱가포르는 매년 전체 결혼의 약 40%가 국제결혼을 하고 있고 외국인 배우자는 상당한 문화적, 정책적인 문제에 직면하고 있다(Chiu & Choi, 2020). 중국본토의 독특한 행정체계와 홍콩과의 경제적 상호작용은 두 지역의 결혼시장에 복잡성을 더하고 있다. 또한 인도에서

는 다른 지역과 다른 카스트에 대한 결혼에 대한 문화적 규범이 결혼선택에 큰 영향을 주었다. 한국과 대만에서는 다양한 외국인 신부들이 사회통합을 위한 잠재적인 긴장과 도전에 직면해 있다.

　최근에는 아시아 이주자들이 저숙련이 주를 이루었던 초기 이주자에 비해 상대적으로 높은 수준의 기술을 가지고 이주한 공동체에서 더 오래 머물며 그곳에서 동화될 가능성이 높다. 이들은 배우자를 찾고 가정을 꾸리고 정착하는 등 경제적 개선을 넘어 새로운 라이프 스타일을 추구하는 경향이 있다. 이에 따라 이주자의 결혼패턴은 결혼시기, 민족별 배우자 선택, 성별 간 권력관계 등에서 다양하게 나타난다. 특히 아시아 국가에서 증가하고 있는 초국가적 결혼과 다문화주의를 고려할 때 이주는 민족간 결혼의 패턴을 다양하게 하였다. 일부 아시아 이주자들은 북미와 같은 매우 다른 사회적, 문화적 배경을 가진 나라에 정착하기 위해 국경을 넘었다. 이러한 이주경험은 그들의 결혼패턴을 독특하게 형성하고 있다.

　이주여성들은 국제결혼을 하기 위해 제3세계에서 제1세계/선진국으로 이주하는 경향이 있다. 결혼이주자들은 제약과 기회 모두에 직면해 있다. 그들은 생존 심지어 이동성과 성공을 이루기 위해, 그들이 직면한 문제들에 전략적으로 대처하기 위해 정치, 경제, 문화적 맥락에서 이용가능한 다양한 자원과 채널에 의존한다. 즉 후진국에서 선진국으로 이동하는 전통적이 이주와는 별개로 점점 더 많은 이주자들이 부유한 나라에서 가난한 나라로 이동하거나 지역내에서 이동하며, 이는 이주민의 사회경제적 지위, 문화적 동화, 법적 문제에 다양성을 확장한다.

　이주의 방향과 별개로, 결혼이주의 궤적은 이주자, 배우자, 송신국 및 수신국 사회간의 상호작용으로 인해 역전, 복귀 및 순환이주의 조합을 포함하여 점점 더 다양해지고 있다(Tokoro, 2016). 이러한 이주궤적은 이주자들의 경제적, 법적, 문화적 경험의 불확실성을 증가시켰고, 이는 이주자들이 더 역동적이고 유연한 대처 전략에 의존하는 것을 점점 더 중요하게 만든다. 국경을 넘나드는 결혼은 국가의 경제발전, 법률제도, 문화적 배경에 영향을 받는다. 그러나 실제로는 이주환경이 매우 복잡할 수 있으며 이주의 특성은 특정 상황에 따라 달라질 수 있다.

이주와 결혼 사이의 연관성에 대한 연구는 주로 결혼 이주자의 적응 및 상향 이동 패턴에 초점을 맞추고 있다(Yeoh, et al., 2013). 즉 선행연구의 대부분은 결혼이 이주의 주요 원인으로서 어떻게 이주자의 안녕과 삶의 선택을 형성했는지에 관한 것이었다. 이주의 영향을 조사한 연구는 종종 사회 경제적 측면과 세대 간 관계와 같은 결과에 초점을 맞추었다. 그러나, 이질적인 이주의 확산, 이주의 궤적과 동기, 그리고 이주와 결혼에 관한 연구는 다른 유형의 이주가 개인의 결혼 형성과정을 어떻게 형성하는지에 더 초점을 맞춰야 한다. 또한 이 연구는 결혼 해체와 재혼과 같은 가족 형성의 다른 형태도 검토해야 한다(Mazzucato & Schans, 2011).

아시아에서, 몇몇 나라들은 인종적으로 매우 다양하다. 그러한 한 예로 인도네시아가 있는데, 인도네시아는 특히 대도시 지역에서 다른 인종간 결혼이 높은 비율로 나타나고 있다. 고등교육을 받은 사람들은 다른 민족 집단에서 온 누군가와 결혼할 가능성이 높으며, 가장 젊은 이주집단은 다른 민족간 결혼(interethnic marriage)을 할 가능성이 가장 높다. 이주 상태(migration status)는 보다 최근의 이주자들이 이전에 이주한 사람들보다 다른 민족 집단에서 온 사람과 결혼할 가능성이 적다는 점에서 중요한 요소이다.

대만에서는 결혼이주자의 92.0%를 여성이 차지하고 있으며, 주로 중국, 홍콩, 마카오 출신(67.1%)과 대부분 동남아 국가 출신이 3분의 1을 차지하고 있다. 대만에 있는 이주자 결혼여성의 가족은 평균적으로 일반 인구보다 낮은 가족 소득을 가지고 있다(Li & Yang, 2020). 이주 결혼여성의 약 60%가 취업에 있어서 현지인보다 소득이 현저히 낮다.

결혼이주자 수가 가장 많고 증가하는 아시아 국가는 인도이다(Chatterjee, & Desai, 2020). 2008년 인도 농촌 지역의 여성의 48%가 국내 이주자로 추정되며, 이들 중 대다수는 결혼이주자이다. 그러나 인도의 결혼이주자에 대한 체계적인 연구는 현재까지 드물다. 또한 한국의 경우, 대부분 한국인 남편과 외국인 아내 사이의 초국가적인 결혼의 수가 급격히 증가했다. 이러한 추세는 결혼의 만족도, 다민족 자녀들의 적응, 결혼 이주자들의 시민권 상태에 대한 우려를 야기했다.

그러므로 결혼이주는 아시아에서 점점 더 널리 퍼지고 있는 현상이 되었다. 주로 중국과 베트남, 필리핀, 인도네시아와 같은 동남아시아 국가들에서 온 이민자들은 홍콩, 한국, 싱가포르, 대만과 같은 목적지로 이주한다. 따라서, 결혼이주자들은 아시아에서 점점 더 많은 인구를 차지한다. 또한, 이러한 이주의 궤적은 더 다양해지고, 그 지속 기간은 길어졌다. 노동이주에 비해 결혼이주는 잠재적으로 개인과 사회의 안녕에 더 광범위하고 장기적인 영향을 미칠 수 있다. 결혼이주 외에도, 아시아의 다른 유형의 이주 또한 이주자들의 사회인구학적 특성과 동기 측면에서 더 다양해졌다.

특히 더 높은 기술을 가진 노동이주자들은 배우자 찾기, 가정 꾸리기, 도착한 공동체에서 영구적으로 정착하는 등 경제적 향상을 넘어 더 오래 머물며 새로운 삶을 모색할 가능성이 높다. 이에 따라 이주 · 결혼 분야 학술 담론도 다양화할 필요가 있다. 아시아 내 이주뿐만 아니라, 아시아에서 서구로의 이주도 계속 증가하고 있다. 따라서, 이주자의 결혼 패턴은 다양한 배우자 선택, 결혼 시기, 통합, 성별 간의 권력 관계 측면에서 다르다.

아시아에서 일어나고 있는 급속한 세계화와 도시화를 고려할 때, 이러한 경향은 증가하는 추세이고 사회에 대한 그들의 영향은 더욱 중요해질 것이다. 대체로 이주자의 주관적 웰빙, 동화 및 통합 과정, 그리고 그들의 가족과 사회에 대한 그들의 영향을 조사할 때 출발지와 목적지 국가의 정치적 문화적 맥락, 특히 성 규범, 개발 정책, 사회 경제적 및 인구학적 맥락 모두를 고려하는 것이 중요하다

2. 아시아의 젠더화된 이주

아시아에서 여성의 이주는 국가별로 다양하지만 전반적으로 여성의 비중은 높다. 국제이주는 세계 경제의 체계 내에서 전개되는 또 다른 방식의 차별과 희생을 여성에게 강요한다. 그러나 한편으로는 가족 관계에서 통제력을 확보하고, 인생의 새로운 기회와 가능성이 열리기도 한다(김민정, 2012). 이주에서 젠더 문제는 인종, 민족 개념, 문화적 시민권, 성별 분업, 계급성, 정치, 지역 외교 등의 논점이 맞물려 작동한다. 이러한 사회 변화 속에서 이주자는 자신과 가족의 생애를 기획해야 하는 상황에 놓이게 된다(김민정, 2012).

필리핀은 대표적인 해외 이주노동자 송출국가이면서 이중국적과 재외국민 투표권을 허용한다. 해외에 체류 중인 필리핀인들은 자국 문제에 많은 관심을 가지며, 자국의 가족 및 친족들과도 긴밀한 관계를 유지한다. 나아가 후속 이주노동자들을 위한 중개 역할도 담당하고 있다(김민정, 2012). 필리핀의 여성 이주노동자는 중동과 아시아, 유럽, 미주 각지에서 주로 가사 노동자와 간병인, 간호사, 엔터테이너 등에 종사하고 있다. 특히 가사 노동 종사자(domestic worker)는 2010년도 통계에 따르면 신규 여성 해외노동자의 절반을 차지하였으며, 여성이주자에 의한 노동은 점차 복잡해지는 양상을 띤다. 여

성이주자들이 수행하는 노동은 생산 노동과 더불어 돌봄 노동, 가사 노동 등 다양한 형태로 나타나고 있는데, 이러한 형태의 노동을 포함한 재생산 노동이 함께 고려되어야 한다. 재생산 노동은 생산적 노동력 유지를 위한 노동의 의미를 지니는데, 이러한 재생산 노동에는 무급의 가사 노동, 가족을 돌보고 보살피는 일, 자녀를 사회화하는 일, 가족 내 사회적 유대를 유지하는 역할 등이 포함된다(Parrenas, 2001).

국제이주에서 새로운 주목을 받고 있는 이주의 여성화 현상은 다형태적, 다측면적인 경향을 지닌다. 특히, 아시아 선진국 내에서 포착되는 이주의 여성화 현상의 특징은 여성 지위의 향상과 사회 진출에 의해 생성되었다. 사회적 재생산 영역에서의 공백을 메우기 위한 '노동이주'와 국내 결혼 시장에서 수급 불균형 현상 해결을 위한 '결혼이주'의 두 가지로 유형화할 수 있다.

국제이주한 여성들의 삶에 노동이주와 결혼이주라는 불분명한 경계 양상이 복잡한 형태로 얽혀 있음에도 국민국가의 입장에서 바라본 여성 결혼이주자들은 특수한 존재로만 여겨진다. 여성 결혼이주자들은 더 이상 제한적 사회서비스를 제공받는 단기노동자가 아닌 한국 국민의 아내이면서 엄마인 신분으로 한국 사회에 장기간 거주하게 될 존재로 인식되고 있다. 이에 따라 결혼이주여성은 국가의 규제와 관리가 필요한 대상으로만 인식되었다. 국가는 전통성 이데올로기라는 테두리 하에 여성 활동 영역 가정과 재생산에 국한하였다. 결혼이주여성에게 가사, 출산과 육아 등의 재생산 노동을 기대, 요구함으로써 여성의 노동을 지속적으로 비가시화시키고 있다.

결혼이주여성은 입국 전부터 남성과는 다른 형태의 문화적 · 제도적 차별을 겪게 된다는 점에서 성별화된(sexualized) 양상을 보이고 있다. 이들이 겪는 차별과 소외는 단순한 '성차별' 문제가 아닌 특정한 성에 부여된 서로 다른 문화적 의미에 의해 구성되어 지면서 젠더화된 것이다. 결혼이주는 국가와 세계적 차원의 젠더 구조에 의해 생산·재생산되는 과정이며(김희강 & 송형주, 2017), 국제결혼이라는 현상 내에서 경제, 정치, 사회, 문화적 요소들이 젠더를 중심으로 상호적으로 관련되어 있는 양상에 주목해야 한다. 또한, 젠더화된 여성이주 형태가 송출국과 유입국의 문화적이고 이데올로기적인 젠더 고정관념에 의해 조직되고, 젠더화된 세계 정치·경제에 따라 추동되는 맥락을 이해하여야 한다(Piper & Lee, 2016).

여성 이주에 대한 젠더 관점 연구는 1990년대를 기점으로 대두되기 시작하는데, 주로 필리핀에서 이주한 여성들, 특히 입주 가사 도우미의 실태를 주요 사례로 여겼다(Oishi, 2005). 1980년대 이후, 이주한 필리핀 여성들은 더 나은 일자리를 찾아 해외로 몰려갔다. 가사 노동은 현재 홍콩, 사우디아라비아, 쿠웨이트에서 필리핀 이주여성들이 차지하고 있는 주요 직업군이다(Encinas-Franco, 2020).

필리핀은 세계에서 이민이 가장 활발한 나라 중 하나다. 매일 백만 명 이상의 이주노동자들을 배치하는 것은 노동 잉여를 해결하고 중하위 소득 경제를 안정시키는 데 도움이 된다. 이주자 송금은 경제 생산의 8~10%를 차지하며(Bangko Sentral ng Pilipinas, 2019) 필수적인 성장 동력이 되고 있다. 2019년 한 해에만 필리핀 이주자들이 필리핀에 있는 가족들에게 총 301억 달러의 현금 송금을 보냈다(Bangko Sentral ng Pilipinas, 2020). 또한 미국 로스앤젤레스와 이탈리아 로마에서 일하는 필리핀 입주 가사 도우미 사례를 통해 젠더와 계급, 국가 위계가 엇갈리는 초국가적 이주 과정에 대한 보다 총체적인 분석이 이루어졌다는 것도 주목할 만하다. 특히, 필리핀 이주여성의 삶과 관계 있는 재생산의 국제적 노동 분업의 거시적 차원에서 가족과 사회제도, 그리고 개인 경험에서 오는 미시적 차원을 연결하였다(Parreñas, 2001).

필리핀 입주 가사 도우미의 존재가 상징하는 아시아 국가의 젠더화된 노동시장은 세계 경제의 발전과 전반적인 성차별 시장 상황이 맞닿아 전개된다. 아시아 여성의 이주노동은 자본주의화 되는 과정에서 여성의 노동 참여 방식이 다양화되고 착취 구조가 복잡해져 가는 과정의 일부로 이해한다(Gill & Hoebink, 2003). 오늘날의 세계화(globalization) 과정은 사회관계의 세계화, 노동 과정의 유연화를 특징으로 하는 자본 축적 과정을 기반하고 있기 때문이다.

　세계화 과정은 일반적으로 국가 기관에서 취한 법적 조치의 도움으로 구현되는 국가 공간에 전략적으로 배치/구성되는 경우가 많다. 예를 들어, 금융 자본의 글로벌 순환을 가능하게 하는 물질적 및 법적 기반 시설은 글로벌 의제에 의해 점점 더 구체화되기는 하지만 종종 '국가' 기반 시설로 생산된다(Sassen, 2000). 여성의 노동 참여가 증가하면서 가사 노동은 가족 내 남성 수행자로 대체되는 것이 아니라 다른 임금 노동자 여성, 특히 이주여성 가사도우미에게로 전가하게 된다. 성별화되어 있는 노동시장에서 취약하고 열악한 환경의 노동을 담당해오던 방문국 여성들이 기피하는 일을 대신하게 될 집단은 더 가난한 국가에서 온 이주여성이다(김민정, 2012).

　이에 반해 아시아의 여성 이주에 관한 연구들은 아시아 국가 간의 노동시장 위계가 젠더화된 삶의 여러 측면을 보여준다. 특히, 한국 사회에서의 젠더화된 이주가 가부장적 사회질서와 더불어 문화 제국주의적 정서를 기반으로 한다는 점을 비판한다(김문수, 2015; 김현미, 2006). 아시아의 여성 이주가 기반한 국가 간 위계 관계와 각 사회의 가부장 여성 이주자의 삶 속에서 노동과 가족이 광범위하게 상호 연결되어 있다(Piper & Roces, 2004). 여성 이주에 있어 가족의 결정은 남성 이주보다 더 중요하게 작용하고 있다. 이는 주로 여성이 담당하던 가사 노동의 책임이나 자녀 양육, 주변 친·인척 관계의 관리 역할 등에 의한 것이다. 이러한 고정관념에 대해 재조정할 필요성이 제기되며, 이주여성의 초국적인 어머니 역할은 원거리의 아버지 역할보다 더욱 중시되고 있다(김문수, 2015). 이와 유사한 상황은 이주자가 아닌 여성이 자국의 사회노동에 참여하는 일반적인 상황에도 발생한다. 여성 이주는 여성의 노동과 가족 간의 관련성을 분명하게 드러나는 특정한 상황이라 할 수 있다.

마지막으로 여성이기에 발생하는 인신매매 형식의 이주 과정과 인권침해 역시 아시아 이주여성에게서 볼 수 있는 특징적인 현상이다. 불법체류 한 경우, 남성은 밀입국한 것이고, 여성은 인신매매된 것으로 보는 이분법적 상황은 불법성에도 젠더의 차이가 중요하다는 점을 나타낸다(Schrover & Yeo, 2011). 여성 이주자의 방문국이 부계 사회인 경우, 여성 불법체류자는 결혼과 자녀 출산을 통한 합법적인 체류자격을 가지게 될 가능성이 남성에 비해 더 높게 나타난다. 하지만 난민 자격을 부여받거나 노동 경력을 통해 합법성을 취득하는 것은 더 불리하다(Schrover & Yeo, 2011). 또한, 여성 이주자들은 가족을 떠나온 자신의 행동이 이기적이라는 비난을 받지 않기 위해 스스로 희생자 담론을 선택하기도 한다(Moors & de Regt, 2008).

3. 한국의 결혼이주

한국의 이주여성에 관한 연구는 노동이주 분야를 중심으로 논의되기보다 주로 결혼이주를 중심으로 전개되었다. 아울러 급속도로 증가하는 한국 사회의 결혼이주자들에 대한 사회적 관심도 상승과 함께 결혼이주자와 다문화 가족을 위한 정부의 다양한 지원 방안과 정책도 펼쳐나가고 있다(표 2).

<표 2> 이주의 여성화[2]

국제결혼이주여성	일반 노동이주여성
가사 노동이주여성	성 노동이주여성
사적 영역(가정)	공적 영역(시장, 사회)

한국의 국제결혼은 신자유주의적 글로벌 경제 시스템에 편승하여 공공복지 예산을 줄여 국가의 경제적 이익을 극대화하는 한편, 이에 따른 가족 또는 돌봄 위기를 제3세계 여성의 값싼 노동력과 재생산력으로 해결하려는 국가적 사업으로 시작되었다. 그러나 민족주의와 순수 혈통주의가 뿌리 깊은 한국 사회에서 외국인 여성이 한국인 남성과의 결혼을 통해 한국인의 자녀를 출산한다는 사실은 민족국가의 주권과 민족 정통성에 위협이 될 수 있다고 주장한다. 정부 또한 결혼이주여성을 한국 사회 내에서 제도적으로나 문화적으로 동화되어야만 하는 존재로 규정짓고, 한국인의 어머니이자 아내로서 국가에서 요구하는 역할을 충실하게 수행할 때 비로소 한국 사회의 구성원으로 여긴다(김경민, 2018). 이러한 맥락에서 2014년 국제결혼 심사제도가 강화되면서 여성 결혼이주자를 농촌의 고령화, 성비 불균형, 여성 비혼률 증가 등과 같은 사회문제 해결 수단으로 인식되었다. 예컨대 한국 정부가 주도적으로 결혼이주여성을 선별하여 입국시키는 역할을 하는 것으로 나타났다.

자본주의 경제가 발달함에 따라 저임금 국가에서 고임금 국가로의 이동은 활발해졌으나, 도착한 나라에서 노동을 할 경우 허용되는 일자리는 방문국 여성들이 기피하는 전근대적인 성격의 고용 관계, 또는 저임금 서비스 직종들이 대부분을 차지한다. 2021년 현재 국내 체류 이주노동자는 342,222명으로 집계되었다. 이중 필리핀 체류자는 19,390명으로 나타났으며, 이중

[2] (송형주: 이주여성에 따른 시론적 연구:유형화와 정부대응을 중심으로)

여성 비율이 약 48% 정도를 차지하였다. 특히 필리핀 여성 노동이주 비율이 높게 나타난 이유는 한국에서 필리핀 이주여성은 다른 동남아 출신들보다 빠른 1980년대 말부터 이주해 오기 시작하였기 때문이다.

비자 유형에 나타나는 여성 수가 많은 집단은 결혼이주자(10만 6천여 명), 유학(5만 6천여 명), 고용허가제로 입국하는 '비전문취업' (1만 9천여 명), 음악공연자가 대부분인 예술흥행(1천9백여 명) 비자 소지자 등의 순으로 나타났다. 특히 예술흥행 비자 소지자 중 필리핀 여성의 비율은 74%(1천4백여 명)로 나타났다.

이주 유형과 성격에서 발견되는 젠더화된 특징은 본질적인 것이 아닌 출신국과 방문국의 경제와 사회문화적 상황, 그리고 이주 관련 법규·정책과 밀접한 관계를 지닌다. 한국 내의 필리핀 여성들은 다양한 체류자격을 통해 거주하고 있으며, 다문화사회 정책에 관해서도 각각 다른 이해 관계를 가진다(김민정, 2012).

4. 사회보장법제

이민자에 대한 사회복지 지원사업은 사회통합의 핵심이다. 그러나 아직까지 우리 입법자들은 이에 대한 총론적 규율의 법제화에 대해 진지한 고려를 하고 있지 않으며, 외국인의 법적 지위에 대한 일반 규정 역시 두고 있지 않다. 다만, 사회보장기본법에서는 국내 거주 중인 외국인에게 상호주의 원리에 입각하여 사회보장제도를 적용하되, 관계 법령이 정하는 바에 따른다는 규정을 두고 있다(제8조). 그러나 이는 입법자에 대해 구속력을 갖는 것이 아니기 때문에 외국인의 법적 지위에 대한 기본적인 결정이라고 보기 어렵다. 더욱이 개별 사회보장 관계 법령 가운데 고용보험법, 산업재해보상보험법, 국민연금법, 국민건강보험법과 국민 기초생활 보장법(생계, 의료, 주거, 교육, 해산, 장제, 자활 급여 제공 등), 한부모가족지원법(아동 양육 · 교육비, 생활보조금 등), 성매매 방지 및 피해자 보호 등에 관한 법률(상담, 의료 지원 등), 가정 폭력 방지 및 피해자 보호 등에 관한 법률(상담, 임시 보호, 의료, 법률 자문 등) 정도만이 외국인 적용 규정을 두고 있을 뿐 그 밖의 개별 사회보장법들은 언급되어 있지 않아서 외국인의 사회보장법적 지위에 관한 문제는 적극적인 해석 및 입법의 문제로 남아있다.

더욱이 외국인에 대한 사회보장 관련법의 적용 여부를 상호주의에 따라 결정하도록 한 것은 인권적 차원에서 많은 문제를 내포하고 있다. 특히, 귀화를 하지 않는 결혼이민자들의 경우 상호주의 원칙에 따라 우리나라와 사회보장 협정을 체결한 나라 출신인 경우에만 그 수혜 대상이 될 수 있는데, 우리나라와 사회보장협정을 맺은 나라 대부분이 미국, 영국, 프랑스, 캐나다와 같은 선진국들이어서, 동남아시아의 개발도상국이나 후진국 출신의 많은 결혼이민자들이 사회보장제도의 적용을 받지 못하고 있다.

현행 사회보장기본법 규정(제8조)에 따라 결혼이민자가 대한민국 국적을 취득하면 대한민국 국민으로서 당연히 사회보장에 관한 권리를 가질 수 있다. 그러나 국적을 취득하지 않으면 사회보장에 관한 다른 개별 법률들이 외국인 적용 규정을 어떻게 두고 있는지에 따라 권리의 발생 여부가 결정된다. 아울러, 출신국이 우리나라와 사회보장에 관해 어떠한 협정을 맺었는지에 따라 그 권리가 한정된다.

1) 사회보험법

사회보험법은 사회보험제도의 운영과 시행에 관한 법률이다. 우리나라 사회보장기본법에서는 사회보험을 다음과 같이 규정하고 있다. '사회보험'이라 함은 국민에게 발생하는 사회적 위험을 보험방식에 의하여 대처함으로써 국민건강과 소득을 보장하는 제도를 말한다. 법적 근거를 살펴보면 다음과 같다.

(1) 국민건강보험법

현행 국민건강보험법은 외국인의 경우, 〈출입국관리법〉 제31조의 규정에 의하여 외국인등록을 한 자로서 직장 가입자 적용 사업장에 근무하는 자, 〈재외동포의 출입국과 법적 지위에 관한 법률〉 제6조에 의하여 국내 거소 신고를 한 자로서 직장 가입자 적용사업장에 근무하는 자, 공무원·교직원으로 임용 또는 채용된 자는 직장 가입자가 되며(제93조 제2항, 동법시행령 제64조 제1항), 그 밖의 외국인은 본인의 신청에 의하여 지역가입자가 된다고 규정하고 있다(동법시행령 제64조 제2항). 따라서 결혼이민자는 국적취득 여부와 관계없이 건강보험료를 낼 수 있는 재정적 여건만 된다면 직장 의료보험과 지역 의료보험에 가입할 수 있다.

그러나 결혼이민자들이 일하는 사업장 대부분이 영세규모로 고용주가 비용 부담을 우려해 보험 가입을 기피하는 경우가 많으며, 지역 가입의 경우에도 본인이 신청해야만 가입이 되는데 이러한 규정 자체를 모르거나 알고 있다고 하더라도 비용 부담으로 신청하고 있지 않아 많은 결혼이민자들이 건강보험에 가입이 안 되어 있는 실정이다. 특히 〈출입국관리법〉 제25조 및 〈재외동포의 출입국과 법적 지위에 관한 법률〉 제10조 제2항의 규정에 의하여 체류 기간 연장 허가를 받지 아니하고 체류하는 자나 〈출입국관리법〉 제59조 제2항의 규정에 의하여 강제퇴거명령서가 발부된 자는 동법의 가입자가 될 수 없으므로(동법시행령 제64조), 불법체류자의 경우에는 그나마도 원천적으로 배제가 되고 있다.

(2) 국민연금법

현행 국민연금법은 동법의 적용을 받는 사업장에 근무하는 외국인과 국내에 거주하는 외국인으로서, ① 〈출입국관리법〉 제25조에 따른 체류 기간 연장 허가를 받지 아니하고 체류하고 있는 자, ② 〈출입국관리법〉 제31조에 따른 외국인등록을 하지 아니하거나 제59조 제2항에 따라 강제퇴거명령서가 발부된 자, ③ 문화예술, 유학, 산업연수, 일반 교수, 종교, 방문 동거, 동반 기타의 체류자격을 가진 자 외의 경우 사업장가입자 또는 지역가입자가 될 수 있다고 규정하고 있다(제126조 제1항 본문, 동법시행령 제111조). 다만, 상호주의에 입각하여 외국인의 본국법이 대한민국 국민에게 적용되는 경우에만 국민연금 적용대상자가 될 수 있다(제126조 제1항 단서). 따라서 대한민국 국적을 취득하지 않은 결혼이민자라 하더라도 취업 활동에 따른 독자적 소득이 있으며, 출신국과 우리나라가 국민연금에 관한 상호협정이 체결되어 있다면 국민연금법 적용을 통해 연금 급여를 받을 수 있다. 그러나 결혼이민자 중 많은 수를 차지하고 있는 베트남, 캄보디아 출신의 결혼이민자들은 국민연금 제도의 적용을 받지 못하는 실정이다.

(3) 고용보험법

고용보험법은 외국인 근로자에게는 동법을 적용하지 않는 것을 원칙으

로 하고 있다(제10조). 다만 ① 〈출입국관리법〉시행령에 따른 주재(D-7), 기업
투자(D-8), 무역 경영(D-9)의 체류자격을 가진 자, ② 단기취업(C-4), 교수(E-
1), 특정 활동(E-7), 비전문 취업(E-9), 선원취업(E-10), 방문취업(H-2)의 체류
자격을 가진 자, ③ 국민 또는 영주(F-5) 자격을 가지고 있는 배우자와 난민
인정을 받은 자, ④ 재외동포(F-4)의 체류자격을 가진 자, ⑤ 영주(F-5)의 체
류자격을 가진 자에 한해서는 동법의 적용받을 수 있도록 하고 있다(동법시행
령 제3조 제2항). 다만, 주재(D-7), 기업투자(D-8) 및 무역 경영(D-9)의 체류자격
을 가진 자의 경우에는 상호주의에 따른다(동법시행령 제3조 제2항 가목). 따라서
결혼이민자는 국적취득 전이라도 국민 또는 영주(F-5)의 자격을 가지고 있는
배우자로서 고용보험이 적용되는 사업장에서 일을 할 경우 동법의 적용을
받을 수 있다. 다만, 저임금이 대부분인 결혼이민자에게는 보험료 부담과 최
소한 6개월 이상 보험료를 납입해야만 실업급여를 받을 수 있어(제40조), 많
은 결혼이민자가 가입하지 않고 있다.

2) 공공부조법

공공부조는 생활 능력이 없는 국민에게 국가의 책임 하에 직접 금품을 제
공하거나 무료 혜택을 주는 제도로서 국민의 최저생활을 보장하는 최후의
안전망 기능을 수행하는 제도이다.

(1) 국민기초생활보장법

국민기초생활보장법 제5조의 2 및 동법시행령 제5조의 2는 국내에 체류
하고 있는 외국인 중 출입국관리법 제31조에 따라 외국인등록을 한 자로 대
한민국 국민과 혼인 중에 있으면서 대한민국 국적의 미성년 자녀(계부 · 모자

관계 및 양친자 관계 포함)를 양육하고 있는 자, 또는 대한민국 국민인 배우자와 이혼하였거나 그 배우자가 사망하였지만, 대한민국 국적을 가진 미성년 자녀를 양육하고 있는 자는 동법의 수급권자가 될 수 있다고 규정하고 있다.

따라서 해당 결혼이민자 중 부양의무자가 존재하지 않거나, 부양의무자가 존재하더라도 부양할 능력이 없거나, 부양받을 수 없는 자로 소득인정액이 최저생계비 이하인 자, 혹은 소득인정액이 최저생계비 이하에 해당하지 않더라도 생활이 어려운 자로서 일정 기간 동안 동법이 정하는 급여의 전부 또는 일부가 필요하다고 보건복지가족부 장관이 정하는 자는 동법의 혜택을 받을 수 있다(제5조).

국민기초생활보장 대상자가 되면, 의류비, 음식비, 연료비 등 일상생활에 필요한 생계비용(생계급여) 및 집을 빌리는 비용과 집을 수리하는 비용(주거급여), 중·고등학생 자녀가 있는 경우 입학금, 수업료, 학용품비·교과서대(교육급여), 출산 전후 관련 비용 약 50만 원(해산급여), 가족사망 시 장례비용 약 40만 원(장제급여) 등을 받을 수 있으며, 의료급여 등의 여러 혜택을 받을 수 있다(제7조). 예외적으로 지원 대상에 외국인 배우자를 포함시키지만, 그 범위는 대한민국 국적을 가진 미성년 자녀 양육 시에만 한정하고 있다. 따라서 이 법은 결혼이민자를 한국인 자녀 양육을 위한 역할 수행의 수단으로 기능하게 하고 있다.

(2) 긴급복지지원법

긴급복지지원법 역시 외국인 적용 규정을 두고 있지는 않으나, 동법 제2조가 '위기상황'을 본인 또는 본인과 생계 및 주거를 같이하고 있는 가구구성원이, ① 주 소득자가 사망·가출·행방불명·구금시설에 수용되는 등의 사유로 소득을 상실하고 가구 소득이 국민기초생활보장법 상의 최저생계비

이하인 경우, ② 중한 질병 또는 부상을 당한 경우, 가구구성원으로부터 방임·유기되거나 학대 등을 당한 경우, ③ 가정폭력을 당하거나 가구구성원과 함께 원만한 가정생활이 곤란하거나 가구구성원으로부터 성폭력을 당한 경우, ④ 화재 등으로 인하여 거주하는 주택 또는 건물에서 생활하기 곤란하게 된 경우 등으로 인하여 생계유지 등이 어렵게 된 것을 말한다고 정의하고, 동법 제5조에서 이 법에 따른 '지원 대상자는 위기 상황에 처한 사람으로서 이 법에 따른 지원이 긴급하게 필요한 사람으로 한다.'라고 규정한다. 따라서 한국인과 가족 관계를 이루고 있는 결혼이민자는 긴급지원 대상자가 될 수 있다.

대상자가 되면, ① 1개월에서 최대 6개월까지의 식료품비·의복비 등 생계유지에 필요한 비용 또는 현물 지원(생계지원), ② 1회에서 최대 2회의 각종 검사 및 치료 등 의료서비스 지원(의료지원), ③ 1개월에서 최대 6개월까지의 임시거소 제공 또는 이에 해당하는 비용 지원(주거 지원), ④ 1개월에서 최대 6개월까지의 사회복지사업법에 따른 사회복지시설 입소 또는 이용 서비스 제공이나 이에 필요한 비용 지원(사회복지시설 이용 지원), ⑤ 1회에서 최대 2회의 초·중·고등학생의 수업료, 입학금, 학교운영지원비 및 학용품비 등 필요한 비용 지원(교육지원), ⑥ 1개월에서 최대 6개월까지의 연료비나 그 밖에 위기 상황의 극복에 필요한 비용 또는 현물 지원, ⑦ 대한적십자사조직법에 따른 대한적십자사나 사회복지공동모금회법에 따른 사회복지공동모금회 등의 사회복지기관, 단체와의 연계 지원, ⑧ 상담, 정보제공 및 그 밖의 지원을 받을 수 있다(제9조, 제10조). 한편 재해구호법, 국민기초생활보장법, 의료급여법, 사회복지사업법, 〈가정폭력방지 및 피해자보호 등에 관한 법률〉, 〈성폭력범죄의 처벌 및 피해자보호등에 관한 법률〉 등 다른 법률에 따라 이 법에 따른 지원 내용과 동일한 내용의 구호, 보호 또는 지원을 받고 있는 경우에는 이 법에 따른 지원을 받을 수 없다(제3조 제2항).

3) 사회복지 관련 법

사회복지사업법에 따르면, 제1조(목적)에 이 법은 사회복지사업에 관한 기본적 사항을 규정하여 사회복지를 필요로 하는 사람에 대하여 인간의 존엄성과 인간다운 생활을 할 권리를 보장하고 사회복지의 전문성을 높이며, 사회복지사업의 공정·투명·적정을 도모하고, 지역사회복지의 체계를 구축하고 사회복지서비스의 질을 높여 사회복지의 증진에 이바지함을 목적으로 한다. 이와 관련된 자원봉사활동 및 복지시설의 운영 또는 지원을 목적으로 하는 사업을 말한다. 그 내용은 다음과 같이 몇 가지로 요약할 수 있다.

(1) 아동복지법

〈아동복지법〉은 모든 아동은 인종 등에 관계 없이 아동으로서의 권리를 보장받아야 함에도 이에 대한 조항을 명시하고 있지 않다는 지적에 따라, 2006년 9월 법 개정을 통해 제3조 제1항에 '아동은 자신 또는 부모의 성별, 연령, 종교, 사회적 신분, 재산, 장애 유무, 출생지역, 인종 등에 따른 어떠한 종류의 차별도 받지 아니하고 자라나야 한다.'라고 하여 아동이 인종에 의해 차별받지 않음을 분명히 하였다.

(2) 한부모가족지원법

〈한부모가족지원법〉은 국내에 체류하고 있는 외국인 중 대한민국 국민과 혼인하여 대한민국 국적의 아동을 양육하고 있는 사람으로서 〈출입국관리법〉 제31조에 따른 외국인등록을 마친 자는 동법에 따른 보호 대상자가 된다고 규정하고 있다(제5조의2 제3항, 동법시행령 제10조). 보호 대상자는 아동인 자녀를 양육하는 자로서, 배우자와 사별 또는 이혼하거나 배우자로부터 유기된 자, 정신이나 신체장애로 장기간 노동 능력을 상실한 배우자를 가진 자, 미혼자(사실혼 관계에 있는 자는 제외), 등 위의 경우에 준하는 자로서 보건복지가족부령이 정하는 자로 한다(동법 제4조, 제5조). 보호 대상자가 되면, 만 6세 미만의 자녀가 있는 경우 월 5만 원의 양육비를 지원받을 수 있으며, 자녀가 고등학생일 경우에는 입학금과 수업료를 지원받을 수 있다. 또한, 2천만 원 이내에서 전세자금, 사업자금을 낮은 이자로 융자받을 수 있으며, 집이 없는 경우 영구임대주택을 신청하여 입주할 수도 있다. 특히 여성 결혼이민자의 경우에는 모자 보호시설, 모자 임시 보호시설, 미혼모시설, 양육모 그룹홈을 이용할 수도 있다.

(3) 성매매방지 및 피해자보호 등에 관한 법률

〈성매매방지 및 피해자보호 등에 관한 법률〉은 외국인 여성인 성매매 피해자 등을 대상으로 3개월(〈성매매알선 등 행위의 처벌에 관한 법률〉 제11조의 규정에 해당하는 외국인 여성에 대하여는 그 해당 기간) 이내의 범위에서 숙식을 제공하고, 귀국을 지원하는 외국인 여성 지원시설에 관한 규정을 두고 있다(제5조 제1항). 따라서 여성 결혼이민자가 성매매 피해를 입었을 경우 위의 보호를 받을 수 있다.

(4) 가정폭력방지 및 피해자 보호 등에 관한 법률

〈가정폭력방지 및 피해자보호 등에 관한 법률〉 역시 배우자가 대한민국 국민인 외국인 피해자 등을 2년의 범위에서 보호하는 외국인 보호시설에 관한 규정을 두어(제7조의2 제1항), 여성 결혼이민자가 가정폭력을 당한 경우 지원을 받을 수 있다. 보호시설의 종류는 다음과 같다(개정 2020. 6. 9.). ① 단기보

호시설: 피해자 등을 6개월의 범위에서 보호하는 시설 ② 장기보호시설: 피해자 등에 대하여 2년의 범위에서 자립을 위한 주거편의 등을 제공하는 시설 ③ 외국인보호시설: 외국인 피해자 등을 2년의 범위에서 보호하는 시설 ④ 장애인보호시설: 〈장애인복지법〉의 적용을 받는 장애인인 피해자 등을 2년의 범위에서 보호하는 시설이 있다. 단기보호시설의 장은 그 단기보호시설에 입소한 피해자 등에 대한 보호기간을 여성가족부령으로 정하는 바에 따라 각 3개월의 범위에서 두 차례 연장할 수 있다.

(5) 건강가정기본법

건강가정기본법은 다문화가정이나 결혼이민자가정에 대한 특례규정은 없으나, 동법에서 사용하고 있는 가정이라는 용어에 대해 '가족 구성원이 생계 또는 주거를 함께 하는 생활공동체로서 구성원의 일상적인 부양 · 양육 · 보호 · 교육 등이 이루어지는 생활 단위를 말한다'고 정의함으로써(제3조), 결혼이민자가정을 가정의 범위에 포함시키고 있다. 또한, 동법은 가정 문제의 예방, 상담 및 치료, 건강가정의 유지를 위한 프로그램의 개발, 가족 문화 운동의 전개, 가정 관련 정보 및 자료제공 등을 위하여 중앙 · 시 · 도 및 시 · 군 · 구에 건강가정지원센터를 두도록 하고 있다(제35조). 센터에서 운영하는 프로그램으로 결혼이민자가정의 지원을 위한 초기 상담과 가족 관계 조성, 가족 돌봄, 가족 생활, 가족과 함께하는 지역 공동체 조성 등이 있다. 이 밖에도 방문 교육, 사례관리사 지원을 통한 정보 제공, 통 · 번역 서비스, 자녀의 언어발달 촉진, 이중언어 가족 환경 조성, 한국어 교육, 찾아가는 다이음 사업 등을 수행하고 있다.

참고문헌

김경민(2018). 베트남 결혼이주여성의 젠더화된 상상력과 실천: 하노이 한국 NGO의 신부교실 프로그램을 중심으로. **비교문화연구**, 24(2), 5-59.

김문수(2015). 글로벌 아시아의 이주와 젠더: 이화여자대학교 아시아여성학센터, 허라금 엮음, 한울아카데미. **현대사회와다문화**, 5(2), 258-268.

김민정(2012). 필리핀 여성의 젠더화된 이주: 한국의 사례. **한국여성학**, 28(2), 33-74.

김현미(2006). 국제결혼의 전 지구적 젠더 정치학: 한국 남성과 베트남 여성의 사례를 중심으로. **경제와사회**, 10-37.

김희강 & 송형주(2017). 성·유흥산업으로 유입되는 여성이주: 국제적 재생산노동분업의 맥락에서. **젠더와 문화**, 10(1), 45-81.

Angeles, L., & Sunanta, S. (2007). "Exotic love at your fingertips": Intermarriage websites, gendered representation, and the transnational migration of Filipino and Thai women. Kasarinlan: Philippine *Journal of Third World Studies, 22*(1), 03-31.

Constable, N. (1997). *Maid to order in Hong Kong: Stories of Filipina workers.* Cornell University Press.

Chatterjee, E., & Desai, S. (2020). Physical versus imagined communities: migration and women's autonomy in India. *Journal of ethnic and migration studies, 46*(14), 2977-2996.

Chiu, T. Y., & Choi, S. Y. (2020). The decoupling of legal and spatial migration of female marriage migrants. *Journal of Ethnic and Migration Studies, 46*(14), 2997-3013.

Encinas-Franco, J. (2020). Gendered constructions of overseas Filipino workers and the politics of national shame. *Journal of Human Rights and Peace Studies,6*(2), 283-310.

Gill, G. J., & Hoebink, P. (2003). Seasonal labour migration in rural Nepal: *A preliminary overview* (p. 52). London: Overseas Development Institute.

Li, C. H., & Yang, W. (2020). Happiness of female immigrants in cross-border marriages in Taiwan. *Journal of Ethnic and Migration Studies, 46*(14), 2956-2976.

Moors, A., & de Regt, M. (2008). Migrant domestic workers in the Middle East. *Illegal Migration and Gender in a Global and Historical Perspective*, 151.

Mazzucato, V., & Schans, D. (2011). Transnational families and the well-being of children: Conceptual and methodological challenges. *Journal of Marriage and the Family, 73*(4), 704.

Oishi, N. (2005). *Women in motion: Globalization, state policies, and labor migration in Asia*. Stanford University Press.

Parreñas, R. S. (2001). Women, migration and domestic work. Región Y Sociedad, 15(28,2003).

Piper, N., & Lee, S. (2016). Marriage migration, migrant precarity, and social reproduction in Asia: an overview. *Critical Asian Studies, 48*(4), 473-493.

Piper, N., & Roces, M. (Eds.). (2004). *Wife or worker?: Asian women and migration*. Rowman & Littlefield Publishers.

Sassen, S. (2000). Spatialities and Temporalities of the Global: Elements for a Theorization. *Public Culture, 12*(1), 215-232.

Schrover, M., & Yeo, E. (Eds.). (2011). *Gender, migration, and the public sphere, 1850-2005*(Vol. 10). Routledge.

Tokoro, I. (2016). 'Centre/Periphery' Flow Reversed? Twenty Years of Cross-Border Marriages Between Philippine Women and Japanese Men. *Marriage Migration in Asia: Emerging Minorities at the Frontiers of Nation-States, 16*, 105.

Yeung, W. J. J., & Mu, Z. (2020). Migration and marriage in Asian contexts. *Journal of Ethnic and Migration Studies, 46*(14), 2863-2879.

제5장

...

결혼이민자

결혼이민자는 대한민국 국민과 혼인한 적이 있거나 혼인 관계에 있는 재한외국인을 일컫는다(재한외국인처우기본법 제2조 제3호). '재한외국인'이란 대한민국의 국적을 가지지 아니한 자로서 대한민국에 거주할 목적을 가지고 합법적으로 체류하고 있는 자를 말한다. 즉, 〈재한외국인처우기본법〉에서 정하고 있는 결혼이민자와 〈국적법〉 제4조에 따라 귀화허가를 받은 자이다(다문화가족지원법 제2조 제2호). 이 가운데 귀화허가를 받은 자는 대한민국 국적자로서 차별을 받지 않으나, 귀화허가를 받기 이전 단계의 외국인 신분으로는 차별을 받을 수 있다.

한국 정부는 외국인 근로자, 결혼이민자 등 국내 체류 외국인이 급증함에 따라 이들에 대한 적극적 정책을 모색하였다. 그중 결혼이민자를 위한 정책으로 2008년 제정된 〈다문화가족지원법〉이 있다. 이 법의 지원 대상자인 다문화가족은 결혼이민자 및 그 자녀 등으로 구성된다. 이들은 언어뿐 아니라 문화적 차이로 인해 사회부적응이 초래되기도 한다. 또한, 가족 구성원 간의 갈등을 경험하거나 자녀교육에서의 어려움을 겪기도 한다. 다문화가족 역시 한국 사회구성원의 일원으로서 순조롭게 통합되고 안정적인 가족생활을 영위할 수 있는 권리를 행사할 수 있어야 한다. 정책은 이에 따라 가족 상담 및 가족생활 교육, 부부 교육, 부모 교육, 한국어 교육 등의 프로그램을 시행하고 있다. 또한, 문화와 언어 차이 등을 고려한 언어 통역과 법률 상담, 행정 지원 등의 전문 서비스를 제공하는 등의 다문화가족 지원정책 제도의 기틀을 마련하는 데 역점을 두고 추진 중이다.

〈다문화가족지원법〉은 다문화가족에 대한 이해증진(제5조), 생활정보 제공 및 교육 지원(제6조), 평등한 가족 관계의 유지를 위한 조치(제7조), 가정폭력 피해자에 대한 보호 지원(제8조), 의료 및 건강관리를 위한 지원(제9조), 아동 청소년 보육 교육(제10조), 다국어에 의한 서비스 제공(제11조), 다문화가족 종합정보 전화 센터의 설치 운영 등(제11조의2), 다문화가족지원센터의 설치 운영 등(제12조), 다문화가족이 이혼 등의 사유로 해체된 경우에도 그 구성원이었던 자녀에 대하여는 이 법을 적용한다(제14조의2, 다문화가족 자녀에 대한 적용 특례). 이러한 지원은 정책적 판단에 따라 법률 차원에서 이루어지고 있다(김대환, 2020). 그러나 〈다문화가족지원법〉의 대상이 주로 결혼이민자와 관련된 법이라는 점에서 한계를 갖는다.

1. 결혼이민자의 가족 현황

세계화에 따른 자본과 노동시장의 개방화, 교통, 통신기술의 발달, 상대적으로 높은 소득수준 및 노동시장 환경, 이주의 여성화(feminization of migration) 등에 따라 결혼 이민은 세계적으로 지속적인 증가 추세에 있다(김남진, 2017). 한국 사회 역시 증가 현상을 보이고 있는데, 이는 유교 전통의 남아선호 사상으로 인해 지속된 남녀 간의 성비 불균형, 급격한 산업화와 도시화로 인한 도시와 농촌간의 소득 격차 및 양극화 현상에 따른 여성들의 농촌 총각과의 결혼 기피 현상, 여성 경제활동인구 및 독신 여성의 증가, 이혼율의 증가 및 재혼 남성의 증가 등에 기인한다. 이로 인하여 외국 여성과 결혼하려는 남성 수가 증가하였고, 이는 일부 종교 단체, 국제결혼 중개업체 및 지방자치단체 등 여러 단체의 적극적인 주선으로 이어지며 국제결혼은 증가하였다(김남진, 2017).

한국사회에서는 결혼이민자뿐만 아니라 이주노동자, 재외동포, 유학생 등이 있으나, 특히 결혼이민자는 우리나라의 국적 취득 및 계속 거주를 전제로 이주하여 온 자로서 한국 사회에 정착하기 위함으로 보호의 필요성이 크다. 결혼이민자는 중국(36.9%)과 베트남(26.7%)이 대부분을 차지하고 있으며(출입국·외국인정책본부, 2020), 특히 베트남은 중국에 이어 국내에 체류하는 외국인이 두 번째로 많은 국가가 되었다(김남진, 2017). 이는 베트남 국적의 결혼이민자와 그 동반 가족의 지속적인 증가로 인한 현상이다. 1990년대 이전까지만 해도 한국 사회에서의 국제결혼은 드문 현상이었는데, 이는 단일민족주의의 정서가 뿌리 깊기 때문으로, 한국 사회에서 국제결혼에 대한 이해는 쉽지 않았다. 그러나 결혼 중개업체의 적극적 국제결혼 주선, 지방자치단체의 주민 증대 차원의 지원정책에 기인하여 결혼이민자가 크게 증가하기 시작하였다. 이후 한국에서도 단일민족이라는 용어보다는 다인종 국가, 다문화라는 용어가 빈번하게 사용되고 있다.

조선족 여성들은 1990년대 초 농·어촌 지역의 성비 불균형으로 인해 시작된 국제결혼의 초기 시점부터 결혼 대상으로 선호되었다. 이들은 주로 결혼이민사증(F-6)을 통해 국내에 입국하는 다른 국가 여성들과 달리, 방문취업사증(H-2) 또는 재외동포사증(F-4) 등으로 입국하였고, 국내 생활 중 한국 남성과의 혼인을 통해 결혼이주여성이 되었다는 점에서 타국 출신 결혼이주여성과 차이가 있다. 또한, 한국어의 사용이 능숙하며, 동포라는 점에서 한국 선주민과의 관계가 여타 국가 출신의 이주민과는 다른 성향을 보인다. 이런 현상으로 미루어 볼 때 출신 국가의 문화와 한국문화 간의 동질성이 높을수록 문화 적응도 빠르다는 것을 알 수 있다. 예컨대 베트남, 중국, 필리핀 등 출신 국가에 따라 한국문화에 적응하는 양상이 서로 다르게 나타난다.

2020년 현재 한국에 체류 중인 결혼이민자는 168,594명이며, 2019년 통계 당시 혼인귀화자 수는 185,728명으로 집계되었다. 결혼이민자는 2019년 12월 시작된 코로나 팬데믹으로 인한 입국 제한에도 불구하고 지속적인 증가세를 보이고 있다. 결혼이민자가 영주 자격을 신청하기 위해서 대개 2-3년 정도의 거주 조건이 충족되어야 하지만, 미주대륙 국가(미국, 캐나다)에서는 영주 자격-시민권의 절차를 거친다. 특히 미국은 입국과 동시에 조건부 영주권 자격을 신청할 수 있다(김남진, 2017). 그러나 한국은 결혼이민자가 귀화를 신청하기 위해서는 대체적으로 3-5년 정도의 거주 조건을 유지해야 한다.

1990년대 후반부터 서서히 증가하기 시작한 한국인 남성 배우자와 외국인 여성 배우자의 국제결혼은 2000년대 중반에 최고치에 이르렀으나, 그이후 감소하기 시작하였고, 2016년 이후 다시 증가하는 추세에 있다(장주영, 2021). 2020년에 16,177건의 한국인 남성 배우자와 외국인 여성 배우자의 국제결혼 중 베트남 출신 여성 배우자가 23.5%, 중국 21.7%, 태국 출신이 10.7%를 차지하였다. 이로써 2000년 이후 여성 배우자의 출신국이 다국화되고 있음을 알 수 있다. 특히, 2020년 현재 국내 전체 여성 결혼이주자 137,878명 가운데 중국 출신이 가장 높은 비율을 차지하고 있다(출입국정책 통계연보, 2020). 이들 중에서도 비한국계 중국인 비율보다 한국계 중국인(조선족) 비율이 더 높은 것으로 나타났다. 또한, 베트남이 우리나라와 문화나 생활양식, 가족 중심적 사고, 유교적 습관, 종교 등 여러 면에서 비슷해 한국 생활에 잘 적응하는 편이라는 점에서 선호되었다.

1) 국제결혼 중개 과정의 인권침해

　한국 남성과 외국 여성의 혼인이 크게 증가한 데에는 무엇보다 국제결혼 중개시스템의 역할이 컸다. 그러나 국제결혼 중개시스템은 이윤 추구에만 집중하여 여성은 통제와 강요, 협박, 착취에 노출될 위험을 안고 있었다. 특히 국제결혼 중개업이 수익성 높은 사업으로 인식되면서 중개업체의 수가 급격히 늘어났다. 이에 따른 업체 간 경쟁은 인권 침해적이고 허위 과장된 모집 광고, 당사자에 대한 부정확한 정보제공, 대량, 속성으로 진행되는 탈법적인 맞선 과정, 과다한 중개수수료 등으로 인한 피해 사례의 급증으로 이어졌으며, 사회문제로 대두되기에 이르렀다.

　국제결혼 중개업의 과다 경쟁으로 인해 중개업체들은 더욱 많은 한국 남성들을 모집하기 위해 현수막이나 공공장소의 광고판, 신문, 생활정보지, 인터넷 등 다양한 매체를 활용하여 성차별적, 인종차별적 광고를 하였다. 이와 같은 광고는 오직 업체의 수익 증대만을 위해 여성을 상품화하는 반인권적 행위이며, 해당 국가 여성의 인권을 침해하는 것뿐만 아니라 여성 전체, 나아가 인간의 존엄을 모독하는 행위이다. 또한, 해당 국가의 문화를 폄하하거나 의도적으로 왜곡함으로써, 국제결혼으로 이 사회에 정착하게 될 결혼이민자들에 대한 또 다른 편견과 차별을 조장하는 것이다.

　국제결혼 중개 과정은 대부분 비용 지급자인 한국남성 중심으로 이루어지기 때문에 결혼당사자에게 제공되는 정보의 내용은 상당한 차이가 있으며, 특히 여성의 경우에는 최종적으로 선택이 된 후에야 비로소 자신을 선택한 남성의 나이, 직업, 학력, 가족 관계 등 간략한 신상 정보를 제공받는데, 그마저도 부정확한 정보인 경우가 대부분이다(박승용, 2014). 또한, 국제결혼 중개 과정에서 전문통역자의 통역 서비스를 받기도 어려워 결혼당사자 모두 상대에 대해 더 많은 정보를 얻지 못한 채 배우자의 선택을 강요받아 결혼하는 사례가 빈번하여 결혼 후 갈등을 일으키기도 한다.

국제결혼 중개 과정은 조직적인 연결망에 의해 여성을 모집하고 기숙, 관리, 통제한다는 점에서 국제법에서 정의하고 있는 인신매매적 속성을 지닌다. 맞선을 준비하는 기간뿐만 아니라 결혼 후 국내에 입국할 때까지 여성들은 중개업자가 운영하는 숙소에서 생활해야 하며, 외출이 제한된다. 과도한 중개수수료에 비해 숙소의 생활환경이나 결혼 과정에서 제공되는 통역 서비스, 결혼식, 여성에 대한 교육 등은 매우 열악하다. 또한, 이 기간 동안 사용한 생활비는 빚으로 계산되며, 입국을 포기하거나 입국 후 2-6개월 이내에 집을 나오면 지참금뿐만 아니라 한국 중개업체에 수백만 원을 추가로 변상해야 한다. 더욱이 결혼 당사자간 의사소통이 안 되는 상황을 이용하여 중개업자들이 부당하게 경비를 청구하는 경우도 있으며, 이 과정에서 갈취, 공갈, 사기, 협박 등 다양한 형태의 범법행위가 발생하는 경우도 있다.

이러한 부채 상황에서 여성은 상대방이 싫더라도 결혼을 하거나, 결혼 후 결혼을 지속할 수 없는 상황이라도 결혼을 유지하게 된다. 특히 국제결혼 중개업체를 통해 외국인 배우자를 소개받은 남성들의 경우 결혼 과정에서 많은 금전적 비용을 부담하게 되어, 배우자를 인생의 동반자가 아닌 소유물로 인식하는 경우가 많으며, 이러한 사고는 배우자에 대한 노동력 착취, 가정폭력, 인격 모독 등의 학대로 이어지고 있다.

국제결혼 중개인들은 이주여성에게 한국 남성을 소개해 주는 대가로 소개료를 받고 있으며, 소개단계, 결혼 신고단계, 입국단계, 체류 기간 연장단계, 국적취득단계 등 단계별로 소개료를 받기 때문에 여성 결혼이민자들은 한국에 입국한 이후에도 지속적으로 중개인에게 돈을 착취당하는 경우가 상당히 생긴다. 더욱이 위장 결혼의 경우 호적상 배우자가 일정한 직업이 없는 경우가 많아 이들이 정기적인 생활비를 요구하면서 이에 응하지 않을 경우 신고하겠다고 협박하여 결국 이주여성들은 상당한 돈을 중개인과 배우자에게 지급하는 경제적 악순환을 겪고 있다.

2) 결혼이민자의 가족생활 실태

결혼이민자의 가족생활에서 부부 관계, 배우자의 학대, 자녀양육, 배우자의 부모 및 친척과의 관계 등을 몇 가지로 요약해 볼 수 있다(최순례 & 이흥직, 2021).

(1) 부부 관계

부부 간 의사소통의 문제는 부부 관계를 유지하는 데 있어 무엇보다 중요한 요소이다. 결혼이민자의 대부분이 배우자와 대화 시 한국어를 주로 사용하는 것으로 나타났다. 다만, 남성 이민자 중 소위 선진국 출신들은 2/3가 주로 영어를 사용한다는 점에서 다른 집단과 대조적인 모습을 보였다. 아울러 필리핀 출신 여성 이민자도 약 1/3가량이 주로 영어로 대화하는 것으로 나타났다. 이민자 집단별 한국어 사용 능력으로는 베트남 출신 여성과 필리핀 출신 여성의 한국어 실력이 상대적으로 낮았다. 이는 베트남 출신의 경우 국내 체류 기간이 짧아서 아직 기초적인 한국어 실력을 갖추지 못했기 때문이며, 필리핀 출신의 경우는 영어로 의사소통을 하는 것이 가능하기 때문에 상대적으로 한국어 실력이 낮은 것으로 추측된다.

(2) 배우자의 학대

여성 결혼이민자의 1/3이 남편으로부터의 언어폭력을 경험, 세게 밀쳐지거나 손발로 구타를 당하는 등 신체적 폭력 경험, 남편으로부터 성행위를 강요받거나 변태적인 성행위를 강요받았다는 순으로 조사되었다. 특히 현재 별거나 이혼 중인 여성 결혼이민자의 가정폭력 경험은 더욱 높았다. 또한, 한국인 남편이 상대 여성 결혼이민자를 지나치게 통제하는 것도 문제로 지적되고 있다. 많은 여성 결혼이민자가 남편의 학대에도 불구하고 경찰에 도움을 요청하고 있지 않으며, 이는 언어문제뿐만 아니라 실제 경찰에 신고할 경우 이혼까지 고려해야 하고, 이 경우 한국에서의 국적취득 문제나 자녀 문제 등으로 인해 어려움을 겪을 것을 우려해 대부분 참고 있는 것으로 파악되었다.

국제결혼의 증가와 더불어 국제결혼 부부의 이혼도 매년 증가하고 있다. 이러한 국제결혼 부부의 이혼 증가는 국제결혼 증가에 따른 것이기도 하지만, 맞선에서 결혼까지의 과정이 대량 속성으로 이루어지는 데다가, 결혼중개 과정에서 결혼율을 높이기 위해 상대방에 대한 허위 정보를 제공함으로써 결혼생활에서 갈등이 야기되어 이혼으로 이어지고 있다. 그 밖에도 가족 갈등과 언어소통 문제, 가정폭력 등으로 이혼이 이루어지는 경우가 높다. 한편 결혼이민자 여성의 이혼 사유로는 가족 갈등으로 인한 이혼이 가장 많았으며, 언어문제, 가정폭력 등의 순으로 나타났다.

(3) 자녀 양육

국제결혼이 증가함에 따라 국제결혼을 통해 태어나는 자녀 수도 급격하게 증가하고 있다. 2020년 11월 기준 행정안전부 외국인 주민 현황에 따르면, 결혼이민자의 미성년 자녀 수는 266,321명으로, 그 중 '만 6세 미만'의 미취학 연령이 105,939명(39.8%), '만 7~12세'의 초등학생 연령 107,265명

(40.3%), '만 13~18세'의 중고생 연령 53,117명(19.9%)으로 집계되었다. 한 편 결혼이민자 자녀의 초·중·고등학교 재학생 수는 2020년 147,378명으로 국내 전체 학생 수 5,355,832명의 2.75%에 해당하는 것으로 조사되었다. 유형별로는 초등학생이 2020년 107,770명, 중학생은 26,835명, 고등학생은 12,773명으로 나타났다(행정안전부, 2020). 이처럼 결혼이민자 자녀 중 만 6세 미만의 미취학 아동과 초등학생 비율이 높고, 국제결혼이 계속해서 증가하고 있다는 점 등을 고려하면, 앞으로 결혼이민자 자녀는 지속적으로 증가할 것으로 예측된다. 결혼이민자의 2/3가 자녀 양육과 관련하여 어려움을 겪고 있는 것으로 나타났으며, 그중에서도 한국어 소통 능력 미흡으로 인해 많은 어려움을 겪고 있는 것으로 조사되었다. 이에 따라 결혼이민자 가족의 자녀를 위한 다문화교육 및 그들의 정체성 확립에 도움을 줄 수 있는 프로그램의 지속적인 개발이 요구된다. 이 외에도 이민자들은 경제적 빈곤으로 인한 양육비·교육비 지출의 어려움, 양육방식을 둘러싼 배우자 또는 가족과의 갈등, 아이를 돌봐 줄 사람이나 보육 시설의 부재 등의 어려움을 겪고 있는 것으로 나타났다.

이와 같이 자녀 양육과 관련하여 한국어 소통 능력 및 보육비용에 대한 어려움을 호소하는 경우가 많으므로, 무엇보다 이민자 대상 한국어 교육이나 이들 결혼이민자 가정에 대한 경제적 지원이 요구된다. 또한, 많은 결혼이민자들이 취학 자녀의 학업 지도와 관련해 어려움을 겪고 있는 것으로 나타났다. 특히 이민자가 자녀의 학업 지도를 못 하는 이유로 여성 이민자의 경우는 '교과 내용을 이해할 수 없어서'라는 대답이 많았으며, 남성 이민자의 경우에는 '생업에 바빠서'라는 대답이 가장 많았다. 이 결과에 비추어, 이민자 대상 한국어 교육이나 양육비·보육비 등의 지원과 함께 자녀의 학습 조력을 위한 지원 등이 병행되어야 할 것이다. 이민자 자녀가 집단 따돌림을

당하는 이유에 대해 이민자는 특별한 이유 없이, 의사소통이 잘되지 않아서, 다른 아이와 다른 내 아이의 외모, 부모 중 한 사람이 외국 출신이라, 내 아이의 태도와 행동이 다른 아이와 달라서 등으로 나타났다.

(4) 배우자의 부모 및 친척과의 관계

가족생활에 있어 부부나 자녀와의 관계 못지않게 배우자 가족들과의 관계도 중요한 것으로 조사되었다. 가족과의 관계를 중요도 순으로 살펴본 결과, 배우자의 어머니, 배우자, 배우자의 형제자매, 배우자의 기타 가족, 배우자의 아버지, 자녀 순으로 나타났다. 한편 배우자의 어머니와의 관계가 힘들다고 답한 남성 이민자는 전혀 없었으며, 여성 이민자 집단에서만 배우자의 어머니와의 관계가 힘들다고 답해, 결혼이민자 가족에서도 고부갈등이 중요한 문제가 되는 것으로 유추된다.

3) 결혼이민자의 사회생활 실태

결혼이민자의 사회생활 실태로 경제생활, 취업상황, 사회적 차별경험, 복지실태 및 사회복지서비스 현황 등을 살펴보면 다음과 같다(손지연, 2021).

(1) 경제생활

2020년 기준 결혼이민자 가족의 월평균 가구소득은 '500만 원 이상'이 20%, '200만 원 이상 300만 원 미만'이 19.3%, '100만 원 이상 200만 원 미만'이 17.8% 순으로 조사되었으며, 평균 소득액은 200만 원 미만으로 나타났다. 특히 가구 월평균 소득액이 100만 원 미만인 경우가 13.9%나 되었다.

1인 가족 최저생계비가 100만 원 정도임을 감안하면 이들 13.9%의 결혼이민자 가족은 최저생계비 수준에도 미치지 못하는 빈곤한 생활을 하고 있는 것으로 나타났다. 많은 결혼이민자 가정이 경제적 형편이 어려운 것으로 나타났음에도 불구하고, 가족 생활비의 주된 출처를 묻는 질문에 '정부 부조 혹은 생활보조금'이라고 답한 경우는 5% 미만으로 공공부조 수급률이 월평균 소득과 차이가 있는 것으로 파악되었다(손지연, 2021).

(2) 취업상황

한국인 배우자의 직업은 공장 등 육체 노동직(40%)이 가장 많았으며, 다음으로 자영업, 무직, 사무직, 서비스, 농어민, 전문직 및 준전문직 순으로 조사되었다. 특히 배우자가 직업을 가지고 있지 않은 경우, 도시에 거주하는 여성 결혼이민자의 한국인 남편의 경우 10% 정도가 무직인 것에 비해, 농촌에 거주하는 한국인 남편은 도시보다 무직인 비율이 낮은 것으로 나타났다. 또한, 농촌에 거주하는 한국인 남편의 경우 직업이 농어업인 경우는 대상자의 1/4 정도에 불과하고, 오히려 절반가량이 공장 등 육체 노동직에 종사하고 있는 것으로 나타나, 그들이 농어업을 전업으로 하는 경우보다는 겸업으로 하는 경우가 많은 것으로 나타났다. 대다수의 여성 이민자가 결혼 후 직장을 갖지 못하였다. 직종에 있어서도 여성 이민자의 본국에서 직업은 서비스직, 사무직 순으로 높은 비율을 차지했으며, 전문직 및 준전문직도 10% 정도로 조사되었다. 도시에 거주하는 여성 결혼이민자는 음식점 종업원 등 서비스업에 종사하는 비율이 가장 많았으며, 농촌에 거주하는 여성 결혼이민자의 경우에는 공장에서 일하는 경우가 가장 많았다. 한편 농촌 거주 여성 결혼이민자 중 농사일을 하고 있는 경우는 10% 미만으로 조사되었다.

(3) 사회적 차별

결혼이민자들은 국제결혼을 통해 문화가 다른 한국으로 이주해 온 사람들이므로, 다양한 문화적 충격과 갈등, 가치관의 혼란을 경험하게 된다. 이들은 결혼 후 한국에서 생활하면서 가장 힘들었던 점으로 외로움과 문화적 차이, 이 외에도 자녀 문제, 경제 문제, 언어 문제, 가족 갈등, 주위의 시선이나 태도 등을 의식하는 것, 음식이나 기후 등으로 나타났다. 한편 남성 이민자의 경우는 경제 문제를 가장 힘든 점으로 꼽았으며, 여성 결혼이민자에 비해 주위의 시선이나 태도 등으로 어려움을 겪고 있는 것으로 나타났다. 출신국별로는 여성 이민자의 경우 조선족이나 한족에 비해 베트남이나 필리핀 출신이 사회적 차별 경험을 더 많이 한 것으로 조사되었다.

(4) 복지실태 및 사회복지서비스

이민자의 절반가량이 정부의 빈곤층 영·유아 보육료 지원이나 정부의 빈곤층 생계·의료비 지원 등에 대해서 알고 있는 것으로 나왔으며, 상대적으로 노동부 고용지원센터나 지방자치단체의 일자리 알선, 기초자치단체의 생활정보 제공 등에 대해서는 인지도가 낮았다. 특히 여성 이민자의 경우 남성 이민자보다 정부의 빈곤층 영유아 보육료 지원이나 여성 긴급전화의 위급 상황 지원 등에 대해 더 많이 알고 있었으며, 남성 이민자는 여성 이민자보다 정부의 빈곤층 생계 의료비 지원, 노동부 고용지원센터, 지방자치단체의 일자리 알선 등 빈곤층 지원 사업이나 일자리 관련 사업들에 대해 더 많이 알고 있었다. 이민자 사회통합서비스에 대한 참여율 조사에서는 전체적으로 참여율이 낮은 것으로 나타났으며, 특히 여성 이민자보다 남성 이민자의 참여율이 낮은 것으로 나타났다. 주로 지방자치단체나 종교기관, 시민단체 등이 여성 이민자를 대상으로 서비스를 제공하였기 때문이다.

이민자들이 가장 필요하다고 답변한 사회통합서비스는 한국어 교육, 취업 교육과 훈련, 컴퓨터 및 정보화 교육 순으로 조사되었다. 한국어 교육이나 한국 요리 강습, 한국문화 관련 교육, 가족관계 상담 같은 경우에는 남성 이민자보다 여성 이민자가, 컴퓨터 및 정보화 교육, 취업 교육과 훈련, 법률 상담, 의료 상담 같은 경우에는 여성 이민자보다 남성 이민자가 필요하다고 지적한 비율이 높은 것으로 나타났다.

4) 결혼이민자 가족의 사회 정착을 위한 제도

결혼이민자의 체류 및 국적취득에 관한 규정을 살펴보면 다음과 같다(김유정, 2021).

(1) 외국인 등록

결혼이민자는 입국한 날부터 90일을 초과하여 대한민국에 체류하게 되는 경우 입국한 날부터 90일 이내에 체류지를 관할하는 사무소장 또는 출장소장에게 외국인등록 및 체류 연장을 신청해야 한다(출입국관리법 제31조 제1항). 만약 90일 이내에 외국인등록 및 체류 연장을 신청하지 않으면 미등록 체류 내지 불법체류가 되어 벌금을 내야 한다. 외국인등록을 받은 사무소장 또는 출장소장은 외국인등록을 한 자에 대하여 개인별로 고유한 등록번호를 부여하고(동법 제31조 제4항), 그 외국인에게 외국인등록증을 발급해야 한다(동법 제33조). 또한, 등록외국인 기록표를 작성·비치하고, 외국인등록표를 작성하여 그 외국인이 체류하는 시·군·구의 장에게 송부해야 한다(동법 제34조 제1항). 시·군·구의 장이 외국인 등록표를 송부받은 때에는 그 등록사항을 외국인

등록장부에 기재하여 관리해야 한다(동법 제34조 제2항).

외국인등록을 한 결혼이민자는 자신의 인적 사항(성명·성별·생년월일 및 국적, 여권의 번호·발급 일자 및 유효기간) 등에 변경이 있는 때에는 14일 이내에 체류지 관할 출입국관리사무소장 또는 출장소장에게 외국인등록 사항 변경신고를 해야 한다. 신고를 받은 사무소장·출장소장은 등록외국인 기록표를 정리해야 하며, 특히 성명·성별·생년월일 및 국적이 변경된 때에는 외국인등록증을 재발급하고 외국인등록사항 변경신고서 사본을 체류지의 시·군·구의 장에게 송부해야 한다. 시·군·구의 장이 신고서를 송부받은 때에는 지체 없이 외국인등록표를 정리해야 한다(동법 제35조, 동법시행령 제44조). 또한, 외국인등록을 한 결혼이민자가 이사를 한 경우에는 이사한 날로부터 14일 이내에 이사한 주소지의 시·군·구의 장 또는 이사한 주소지를 관할하는 출입국관리사무소장·출장소장에게 전입신고를 해야 한다.

외국인등록을 한 결혼이민자가 한국국적을 취득한 경우에는 외국인등록증을 반납해야 한다. 출입국관리사무소장 또는 출장소장이 외국인등록을 한 결혼이민자의 출국 사실을 통보받거나 외국인등록증을 반납받은 때에는 그 사실을 지체 없이 체류지의 시·군·구의 장에게 통보해야 하며, 통보를 받은 시·군·구의 장은 지체 없이 외국인등록표를 정리해야 한다(동법 제37조, 동법시행령 제46조). 한편 처음 한국에 입국한 결혼이민자의 체류 연장 기간은 1년이므로, 체류 기간이 끝나기 2개월 전부터 체류 기간이 끝나는 날까지 주소지 관할 출입국관리사무소장 또는 출장소장에게 체류 기간 연장신청을 해야 한다(동법 제25조, 동법시행령 제31조, 제33조).

(2) 체류자격의 신청

결혼이민자는 국민 또는 영주 자격을 가지고 있는 자의 배우자 및 그 혼인 관계(사실상의 혼인 관계를 포함함)에서 출생한 자를 양육하고 있는 부 또는 모로서 거주의 자격을 갖는다(출입국관리법 제10조, 동법시행령 제12조). 거주(F-2) 자격 소지자는 체류자격의 구분에 따른 활동의 제한을 받지 아니하므로 자유로운 취업 활동이 보장되나, 영주(F-5) 자격 소지자와는 달리 체류 기간 연장 및 재입국 허가, 강제퇴거 등에 있어 혜택을 받지 못하며, 특별히 다른 법률에서 정해진 경우를 제외하고는 정치적 활동이 불가능하다. 또한 〈국민의 외국인 배우자에 대한 체류 관리 지침〉에 따라, 국민과 혼인한 외국인이 한국인 배우자가 사망 또는 실종하거나 한국인 배우자의 귀책 사유로 이혼 또는 별거하게 되어 거주(F-2) 자격의 계속적인 적용이 곤란하게 되었으나, 자녀 양육, 가족부양, 생계유지, 가사정리, 기타 인도적 사유로 국내 체류 내지 취업 활동이 불가피한 경우에는 이를 허가하도록 하였다.

(3) 영주(F-5)의 자격

국민의 외국인 배우자로서 거주(F-2)의 자격을 소지하고 국내에 2년 이상 체류하고 있는 자는, 한국인 배우자와 계속하여 법률상 혼인을 유지하고 있는 경우, 한국인 배우자가 사망 또는 법원의 실종선고를 받은 경우, 한국인 배우자와 이혼 · 별거 중이나 그 귀책 사유가 한국인 배우자에게 있음을 증명할 수 있는 경우, 혼인 관계가 중단되었더라도 한국인 배우자와의 혼인에 의하여 출생한 미성년 자녀를 양육하고 있는 경우 영주(F-5)의 자격을 신청할 수 있다.

결혼이민자가 영주(F-5)의 자격을 가지면 체류 기간 연장을 하지 않아도

되며, 출국한 날로부터 1년 이내에 재입국하고자 할 때에도 재입국 허가를 받을 필요가 없다. 또한, 영주 자격을 받은 날로부터 3년이 지나면 주소지의 지방선거에 참여할 수도 있으며, 한국인 배우자와 이혼을 해도 영주 자격이 유지된다.

(4) 국적의 취득(귀화요건)

외국인이 대한민국 국적을 취득하고자 할 때에는 5년 이상 계속하여 대한민국에 주소가 있고, 대한민국의 민법상 성년이어야 하며, 품행이 단정해야 한다. 또한, 자신의 자산이나 기능에 의하거나 생계를 같이하는 가족에 의존하여 생계를 유지할 능력이 있으며, 국어 능력과 대한민국의 풍습에 대한 이해 등 대한민국 국민으로서의 기본 소양을 갖추고 있어야 한다(국적법 제5조). 다만 결혼이민자의 경우에는 5년 이상 계속하여 대한민국에 주소가 있지 아니하여도 대한민국 국민인 배우자와 혼인한 상태로 대한민국에 2년 이상 계속하여 주소가 있거나, 그 배우자와 혼인한 후 3년이 지나고 혼인한 상태로 대한민국에 1년 이상 계속하여 주소가 있는 경우, 그 배우자와 혼인한 상태로 대한민국에 주소를 두고 있던 중 그 배우자의 사망이나 실종 또는 그 밖에 자신에게 책임이 없는 사유로 정상적인 혼인 생활을 할 수 없었던 자로서 위의 잔여기간을 채웠고 법무부 장관이 상당하다고 인정하는 경우, 그 배우자와의 혼인에 따라 출생한 미성년의 자를 양육하고 있거나 양육하여야 할 자로서 위의 기간을 채웠고 법무부 장관이 상당하다고 인정하는 경우에는 귀화 허가를 받을 수 있다(동법 제6조 제2항).

(5) 귀화 허가의 신청

결혼이민자가 위와 같은 요건을 갖추어 귀화 허가를 받고자 할 때에는 귀화 허가신청서를 작성하여 법무부 장관에게 제출해야 한다(국적법시행령 제3조). 귀화 허가신청서 작성 시 ① 외국인임을 증명하는 서류, ② 3천만 원 이상의 예금 잔고 증명, 또는 3천만원 이상에 해당하는 부동산 등기부 등본, 부동산 전세 계약서 사본, 재직 증명서, 취업 예정 사실 증명서, 기타 이에 상당하다고 법무부 장관이 인정하는 서류로서 본인 또는 생계를 같이하는 가족이 생계유지 능력을 갖추고 있음을 증명하는 서류, ③ 한국인 배우자의 가족관계 기록 사항에 관한 증명서, ④ 그 배우자의 사망이나 실종 또는 그 밖에 자신에게 책임이 없는 사유로 정상적인 혼인 생활을 할 수 없었던 경우에는 이를 증명하는 서류, ⑤ 그 배우자와의 혼인에 따라 출생한 미성년의 자를 양육하고 있거나 양육하여야 하는 경우에는 그 미성년자의 출생증명서, 그 밖에 이에 준하는 서류 및 그 미성년의 자를 양육 중이거나 양육하여야 할 자라는 사실을 증명하는 서류 등을 첨부해야 한다(동법시행규칙 제3조 제2항).

(6) 귀화 허가신청에 대한 심사

법무부 장관은 귀화 허가신청을 받으면 신청자가 귀화요건을 갖추었는지를 심사해야 한다(국적법 제4조 제2항). 법무부 장관은 귀화 허가신청자에 대한 귀화요건을 심사함에 있어 관계 기관의 장에게 귀화 허가신청자에 대한 신원 조회, 범죄 경력 조회, 및 체류 동향 조사를 의뢰하거나 기타 필요한 사항에 관하여 의견을 구할 수 있다(동법시행령 제4조 제1항). 또한, 귀화 허가신청자가 결혼이민자인 경우에는 배우자와 정상적인 혼인 관계를 유지하고 있는지 여부를 법무부령이 정하는 증빙서류를 제출하게 하거나 거주지를 실사하는 등 적정한 방법으로 확인해야 한다(동법시행령 제4조 제2항). 적격심사 즉, 품행이 단정하고 국어 능력과 대한민국의 풍습에 대한 이해 등 대한민국 국민으로서의 기본 소양을 갖추고 있는지의 여부에 관한 심사를 시행해야 한다(동법시행령 제4조 제3항).

귀화적격심사는 필기시험 및 면접 심사로 구분하여 시행한다. 다만 법무부 장관이 정하여 고시하는 한국어 및 다문화 이해 등에 대한 교육과 정보제공 등을 내용으로 하는 사회통합프로그램을 이수하거나 그 밖에 법무부 장관이 인정하는 특별한 사유가 있는 경우에는 필기시험을 면제할 수 있다(동법시행령 제4조 제4항, 동법시행규칙 제4조 제1항). 면접 심사에서는 국어 능력 및 대한민국 국민으로서의 자세와 자유민주적 기본질서에의 신념 등 대한민국 국민으로서 갖추어야 할 기본요건을 심사한다(동법시행규칙 제4조 제3항). 첫 번째 면접 심사에서 떨어질 경우, 2회 더 면접 심사를 받을 수 있다. 법무부 장관은 귀화적격심사의 대상자 중 필기시험에서 100점 만점으로 하여 60점 이상을 득점하고, 면접 심사에서 적합 평가를 받은 자를 귀화적격자로 판정한다(동법시행령 제6조).

(7) 국적의 취득

법무부 장관은 귀화적격심사 결과 귀화적격자로 판정된 자에 한하여 귀화를 허가하는데, 이 경우 그 사실을 지체 없이 본인에게 통지하고, 관보에 고시해야 한다(국적법시행령 제5조). 법무부 장관의 귀화 허가를 받은 자는 법무부 장관이 그 허가를 한 때에 대한민국 국적을 취득한다(국적법 제4조 제3항). 귀화 허가 통지를 받은 결혼이민자는 통지서를 받은 날로부터 1개월 이내에 가족 관계 관서에서 가족 관계 등록 사항을 확인하고, 추후 보완 신고를 한다. 또한, 귀화 허가 통지를 받은 결혼이민자는 통지서를 받은 날로부터 6개월 이내에 외국의 법률 및 제도에 따라 그 외국 국적을 포기 또는 상실하는 절차를 마치고, 그 외국의 영사 기타 관련 공무원이 발급한 국적 포기 증명서 기타 이에 준하는 서류를 법무부 장관에게 제출해야 한다. 다만 그 외국의 법률 및 제도에 의하여 국적 포기가 불가능하거나 그에 준하는 특별한 사유가 있는 자는 외국 국적 포기 각서를 작성하여 법무부 장관에게 제출할 수 있다. 이를 이행하지 아니한 때에는 그 기간이 지난 때에 대한민국 국적을 상실한다(동법 제10조, 동법시행령 제11조). 외국 국적을 포기한 결혼이민자는 해당 출입국관리사무소에서 외국국적포기확인서를 발급받아 귀화허가통지서, 가족관계등록부를 가지고 주소지 관할 읍 · 면 · 동사무소에서 주민등록 신고를 하여 주민등록증을 발급받을 수 있다.

2. 결혼이민자 자녀의 보호

결혼이민자 가족 자녀들에 대한 기본권 내지 인권 보장 수준은 매우 열악하며, 관련 법제 및 정책에 있어서도 이들을 전체 외국인 정책의 한 부분으로서 부수적인 혜택의 대상으로 보고 있다. 뿐만 아니라 현실에 있어서도 편견과 냉대, 차별로 인해 자아정체성의 혼란이나 좌절감, 대인관계 형성의 장애, 학교생활에서의 부적응 등과 같은 어려움을 겪고 있으며, 이와 같은 상황이 계속될 경우에는 우리 사회의 일원으로 편입되지 못한 채 사회 불안 요소로 전락할 수 있다. 그러므로 결혼이민자 가족 자녀와 관련된 현행 법제의 개선이 필요한데, 무엇보다 기본권 보장이 확대되어야 한다.

결혼이민자 가족 자녀에 대한 관련 입법 및 정책은 그들을 하나의 기본권 주체로가 아닌 단순한 보호나 시혜의 대상으로만 인식하고 있다. 따라서 관련 입법이 없는 경우 이들 결혼이민자 가족 자녀들은 법적 보호조차 받을 수 없는 존재로 전락하고 만다. 그러나 이들 결혼이민자 가족 자녀들이 우리 사회에 어떻게 적응하느냐에 따라 우리 사회의 통합 여부, 나아가 우리 사회의 장래가 달라진다는 점을 감안하면, 이들을 지금과 같이 마냥 법적 보호 밖에 둘 수만은 없으며, 하루빨리 이들이 보편적으로 보장받을 수 있는 기본권 체계를 확인하고, 이를 보장할 수 있는 입법 및 정책을 마련해야 한다. 이 경우 기본권 보장의 수준은 결혼이민자 가족 자녀의 이익을 확대하는 방향으로 이루어져야 한다. 따라서 한국 국적을 취득한 경우에는 우리나라의 다른 아동들과 동일한 수준의 기본권 보장을 해야 한다. 반면 한국 국적을 취득하지 못한 경우에도 '아동'이라는 특성을 고려하여 인간의 존엄과 가치, 행복추구권, 평등권, 국적과 영주권 등 합법적으로 한국에 체류할 수 있는 권리와 함께 건강 · 의료 등의 기본적 생존권, 교육권과 같은 개별 기본권에 있어 성인 외국인보다 확대된 수준의 보장은 필수요건이다. 유엔의 아동 관련 국제협약을 살펴보면 다음과 같다.

1) 아동의 권리에 관한 협약

국제연합은 아동(18세 미만)의 보호를 위해 1989년 〈아동의 권리에 관한 협약 Convention on the Rights of the Child〉을 만장일치로 채택하였으며, 우리나라는 1991년 11월 동 협약을 비준하였다. 이 협약은 아동을 단순한 보호의 대상이 아닌 인권의 주체로 인식하고 있으며, 특히 동 협약 제2조는 '당사국은 자국의 관할권 내에서 아동 또는 그의 부모나 법정 후견인의 인종, 피부색, 성별, 언어, 종교, 정치적 또는 기타의 의견, 민족적, 인종적 또는 사회적 출신, 재산, 무능력, 출생 또는 기타의 신분에 관계 없이 그리고 어떠한 종류의 차별 없이 이 협약에 규정된 권리를 존중하고, 각 아동에게 보장하여야 한다.'고 규정하여, 국적이나 인종에 관계 없이 아동에게 권리를 보장하도록 하고 있다.

또한, 협약 제26조 제1항은 '당사국은 모든 아동이 사회보험을 포함한 사회보장제도의 혜택을 받을 권리를 가짐을 인정하며, 자국의 국내법에 따라 이 권리의 완전한 실현을 달성하기 위하여 필요한 조치를 취하여야 한다.'라고 하여 사회보장을 받을 권리를 보장하고 있으며, 동 협약 제28조는 '당사국은 아동의 교육에 대한 권리를 인정하며, 점진적으로 그리고 기회균등의 기초 위에서 이 권리를 달성하기 위하여 다음의 조치를 취하여야 한다. 초등교육은 의무적이며, 조건에 상관없이 모든 아동에게 무상 제공되어야 한다. 더불어, 일반교육, 대안교육, 직업교육 등 여러 형태의 중등교육 발전을 장려하고, 이에 대한 모든 아동의 이용 및 접근이 가능토록 해야 한다. 무료 교육의 도입과 필요가 인정되는 경우에는 재정적 지원 등의 조치가 취해져야 한다. 또한, 모든 사람에게 고등교육의 기회가 주어져야 하며, 능력에 입각해 개방될 수 있도록 적절한 조치가 뒤따라야 한다. 따라서 교육 및 직업에 관한 정보와 지도를 모든 아동이 쉽게 접근하고 이용할 수 있도록 조치하여야 한다. 이와 같은 교육 권리로서의 아동 인권 보장은 그 부모가 불법체류자라 하더라도 동일하게 적용되어야 한다.

2) 교육상의 차별금지 협약

국제연합교육 과학문화기구(United Nations Educational, Scientific and Cultural Organization)의 1960년 〈교육상의 차별금지 협약 Convention against discrimination in Education)도 결혼이민자가족 자녀의 보호와 관련해 중요한 국제법적 기준이 될 수 있다. 이 협약에서 차별은 인종, 피부색, 성, 언어, 종교, 정치적 또는 기타의 의견, 민족적 또는 사회적 출신, 경제적 조건 또는 출생에 기하여, 교육상의 처우 균등을 무효화시키거나 손상시키는 목적이나 효과를 가진 모든 구별, 배제, 제한 또는 특혜를 포함한다, 특히 어떠한 사람 또는 집단에 대하여 일정 유형이나 단계의 교육에 관한 접근권을 배제시키는 것, 어떠한 사람 또는 집단을 저급한 수준의 교육에만 한정시키는 것, 어떠한 사람 또는 집단에 대하여 인간의 존엄과 양립할 수 없는 조건을 부과하는 것 등을 구체적인 차별 형태로 이해하고 있다(제1조 제1항).

그러나 우리나라는 아직 동 협약에 가입하지 않은 상태이다. 가입을 통해 결혼이민자 가족의 자녀를 포함한 모든 이주 아동의 교육 권리를 보장하는 계기로 삼아야 한다. 교육의 권리는 그 자체가 하나의 인권으로 중요할 뿐만 아니라 권리의 모태로서의 의미도 있기 때문이다.

3) 이주노동자 가족의 권리 보호에 관한 국제협약

국제연합은 1990년 〈모든 이주노동자와 그 가족의 권리 보호에 관한 국제협약International Convention on the Protection of the Rights of All Migrant Workers and Members of Their Families〉을 채택하였으며, 이주노동자의 자녀와 관련하여 제29조에서 '이주노동자의 자녀는 성명, 출생 등록, 국적에 대한 권리를 가진다.'라고 규정하고 있으며, 제30조에서는 '이주노동자의 자녀는 그 나라의 국민과 동등한 처우를 기초로 교육을 받을 기본적인 권리를 가진다. 그 사람이 공립유치원 및 학교에 입학할 것을 요구할 때 부모 중 어느 한 사람이 체류 내지 취업이 불법이거나 취업국에서의 그 자녀의 체류가 불법임을 이유로 거부되어서는 안 된다.'라고 하여 이주노동자 자녀의 교육을 받을 권리에 대해 규정하고 있다. 우리나라는 아직 이 협약에 가입하지 않은 상태이다.

3. 결혼이민자 가족의 사회 정착 현황

1) 결혼이민자의 경제활동 및 사회참여

법무부 출입국 통계에 따르면 국제결혼을 한 부부 간의 평균 초혼 연령 차이는 6.8세로 나타났다. 이는 이전에 비해 연령 차이가 점점 좁혀지는 양상을 띠고 있음을 알 수 있다. 그러나 아직 이러한 나이 차이는 한국인 남편이 먼저 정년을 맞이한 후 결혼여성이민자 본인이 경제활동에 참여하여 가계의 생계를 책임져야 하는 상황을 맞닥뜨리게 된다. 결혼여성이민자들이 노동시장에 참여하지 않으면 한국인 남편이 은퇴한 후 저소득이나 빈곤계층에 속할 가능성이 높고 이러한 경우 정부의 사회보장 지출이 증가하게 된다(김복태, 2020). 따라서 결혼이민자 가족의 안정적 정착 기반 마련이 시급하다.

체류한 결혼이민자들의 한국 생활의 어려움은 언어 문제나 문화적 차이로 인한 문제보다는 경제적 문제와 관련된 문제 등을 해결하기 위한 정책적 지원이 필요하다(조성호 & 변수정 2015). 생계부양자로서 결혼여성이민자들이 자격증이나 직업훈련 등 취업역량 없이 노동시장에 진입하게 된다면, 단순노동에 종사하게 되거나 주변화될 가능성이 높고, 노동시장에 적응하지 못할 경우 사회적 비용의 증가가 우려됨으로 지속적으로 취업역량을 키워나가는 것이 중요하다(김복태, 2020).

다문화가족이 한국 사회로의 적응에 가장 핵심적인 역할을 수행하고 있는 다문화가족지원센터의 역할이 더욱 강조되고 있다. 다문화가족지원센터는 다문화가족정책을 프로그램으로 전환시키는 기관으로 다문화가족 서비스의 핵심 전달체계의 구심점 역할을 수행한다. 예컨대 지역사회의 다문화가족 구성원을 대상으로 다문화가족의 안정적인 초기 정착과 가족생활 전반을 지원하기 위하여 가족 및 자녀 교육과 상담, 통·번역 서비스 및 정보 제공, 역량 강화 지원 등 종합적인 서비스를 제공하고 있다. 이를 통해 다문화가족의 한국 사회 조기 적응 및 사회경제적 자립을 할 수 있도록 지원하고 있다(여성가족부, 2015). 따라서 다문화가족지원센터는 지역사회 다문화가족 문제를 해결할 수 있는 다문화가족 서비스 전달체계의 핵심적인 요소로 볼 수 있다.

2022년 여성가족부에 따르면, 다문화가족지원센터는 전국 230개소로 시·도 및 시·군·구 중심으로 설치·운영되고 있으며, 서비스 대상은 점차 확대되고 있다. 이처럼 다문화가족을 위한 다양한 지원 서비스가 제공되고 있지만, 취업 지원 서비스를 위한 전달체계는 여전히 많은 문제점이 제기되고 있다. 따라서 이러한 문제점들을 보다 체계적으로 진단하고 해결하기 위한 노력이 선행되어야 한다. 다문화가족지원센터는 결혼이민자들이 경제적으로 안정될 수 있도록 취업을 통한 사회 진출에 적극적인 지원을 돕는 대표적 교육기관이라 할 수 있다. 그러므로 다문화가족지원센터의 현재 취업 지원 프로그램 운영 현황과 문제점들을 파악하고 점검해보는 것이 필요하다.

취업 연계 및 교육지원 사업 이용자를 사업 대상자별로 구분해 보면 결혼이민자가 전체의 98.6%를 차지했다. 이외에 외국인노동자 가족, 다문화가족, 유학생 가족, 북한 이탈주민 가족, 지역주민 등 실이용자는 매우 적었다. 여성 결혼이민자의 취업 환경과 관련된 선행연구에서 여성 결혼이민자의 환경 요인이 '한국에 대한 선호도'와 '한국에서의 정착 의지'에 영향을 미친다고 주장하였다(김정옥 & 구자경, 2020). 한편 또 다른 연구에서는 한국 사회의 이민과 통합 연구를 통해 여성 결혼이민자의 취업환경이 '이민자의 개인 환경'에 있음을 밝히고자 하였다. 즉 통계청 자료를 활용하여 한국 내 이민자의 경제활동을 살펴보고 이들의 인구학적 요인 측면에서 비자 유형별, 성별, 나이별, 학력별로 파악하여 이민자 정책과 제도 수립에 영향을 주었다.

이민자 취업환경에 대한 선행연구에서 이민자의 인구학적 환경 요인 관점 연구를 통해 '이민정책과 여성 결혼이민자의 실태'를 비교 분석하여, 이들의 취업 촉진 방안과 지원 프로그램 및 맞춤형 교육 마련이 필요하다는 제언을 하였다(채종훈 & 서정원, 2019). 또한, 여성 결혼이민자의 한국 사회에 적응 단계에서의 취업환경 요인으로 배우자, 가족 및 친척, 경제 수준, 한국 선호도, 제도 및 프로그램을 기초로 여성 결혼이민자들의 한국 정착에 관한 정책적, 실천적 방안을 제시하였다(김정옥 & 구자경, 2020). 이민자 취업을 지원하기 위해 이민법, 이민제도나 이민정책, 서비스를 핵심으로 하는 제도적 환경 관점에서 이주노동자의 역량 강화를 위해 사회통합프로그램을 의무화 및 한국어 능력 시험에 면접시험이 추가되어야 함을 주장하였다.

2020년 다문화가족지원센터 이용자를 지역별로 구분해 보면 경기, 전북, 서울 순으로 이용자가 많았다. 이용자가 적은 지역은 제주, 대전, 울산으로 나타났다. 사업별로 구분했을 때 통합교육 이용자가 많은 지역은 전북, 경기, 서울이며, 통합교육 이용자가 적은 지역은 제주, 대전, 울산으로 나타났다. 취업 연계 및 교육지원 사업에서도 전북, 서울, 경기는 이용자 수가 많은 지역이며, 대전, 제주, 울산은 이용자 수가 적은 지역이다. 지역 전체 이용자 대비 취업 연계 및 교육지원 참여 비율이 가장 높은 지역은 광주, 강원, 충남이었으며, 참여 비율이 낮은 지역은 대전, 제주, 울산으로 나타났다.

다문화가족 취업 연계 및 교육지원 프로그램은 컴퓨터 교육, 직장예절, 지역 내 취업 기관 견학 등 지역 특성과 대상자 역량에 적합한 직업교육을 제공하는 취업 기초소양교육과 워크넷 연계, 새일센터 연계, 고용센터 연계, 취업처 연계 등의 취업 훈련 전문기관 연계로 구성되어 있다(김복태, 2020). 취업 훈련 전문기관에서는 분야별 전문교육 제공은 물론 취업처 발굴과 알선 서비스를 제공하고 있다.

2) 결혼이민자의 사회적응

한국이 다문화사회로 진입하면서 직면하는 통합 문제 중에서 그동안 중요성에 비해 상대적으로 경시되었던 분야는 다문화가족 2세대의 사회통합이라는 지적이 있다(강부자 & 최연실, 2020). 현재 국내 다문화가족의 자녀는 한국에서 출생 후 곧바로 국적을 취득한 자녀가 25만1,977명으로 전체 다문화가족 자녀의 94.6%를 차지하였다(행정안전부, 2021). 전반적인 저출산 상황에도 불구하고 다문화가족 내 출생아 비중은 증가하고 있다. 2020년 전체 출생아 27만 2,337명 중 다문화가정의 출생아 수는 1만 6,421명으로 6%로 나타났는데, 이는 100명의 출생 자녀 중 6명 이상이 다문화가족의 자녀일 정도로 역대 최고치를 기록하고 있다(통계청, 2021). 초등학교 입학과 청소년기로의 이행은 꾸준한 증가세를 이어갈 것으로 예측되며, 조만간 2만 5,000여 명의 청소년들이 성인기로 진입하는 만큼, 이들에 관한 관심은 지속되어야 한다.

다문화가족 실태조사에 따르면, 다문화가족의 자녀 15.5%는 졸업이나 중퇴, 또는 비진학 등으로 인해 학교에 다니지 않는 것으로 나타났다. 일반 청소년들의 학업 중단율이 1% 미만 수준인 것을 감안하면 다문화 자녀의 학업 중단 비율이 상대적으로 높다는 것을 의미한다(한국청소년상담복지개발원,

2016). 이에 더해 다문화가족 자녀가 장래 희망하는 교육 수준은 낮아졌다. 이들 중 19.2%가 우울감을 경험한 적이 있으며, 학교에 재학 중이지 않는 자녀가 더 많이 경험하는 것으로 나타났다(한국여성정책연구원, 2016). 이와 같이 다문화가족 2세대 자녀들은 매우 불리한 위치의 교육 환경에 처해 있다.

다문화가족 2세대들의 또 다른 어려움은 이들이 대한민국의 국적자로서 한국 사회와 문화를 배경으로 성장했음에도 불구하고 우리 사회의 차별적인 시선에 노출되어 있다. 다문화가족 자녀는 외국인 부모와는 서로 다른 문화와 생활습관, 교육방식 등 극복해야 할 다양한 문제에 직면한다. 이들은 국제결혼 부모와의 갈등뿐 아니라 혼혈에 따른 피부색이나 외모가 다르다는 점 등의 복합적인 이유로 또래 집단 내에서 사회적 관계를 형성하는 데 어려움을 겪고 있으며, 여러 가지 차별과 더불어 부적응 문제가 끊임없이 지속되고 있다(여성가족부, 2019).

특히, 다문화가족 가운데 국내에서 출생한 성인 초기 자녀는 성장 과정 중에 경험한 현상으로 인해 심리적 소외, 불안, 정체성 등의 딜레마에 놓이게 된다(강부자 & 최연실, 2020). 또한, 태어나는 순간부터 다문화가족의 일원이라는 이유만으로 차이와 차별을 경험하게 되고, 이러한 현실을 감당해야 한다는 사실에 좌절하게 된다. 그리고 사회에서 부여받는 다문화라는 낙인은 또래로부터 소외감을 느끼게 되고, 이로 인해 우울감과 자살 생각을 경험하게 된다. 이처럼 다문화가족의 성인 초기 자녀가 경험하게 되는 심리적 소외, 불안, 정체성 딜레마 등은 한국 사회의 순수혈통이라는 국민적 정서 및 관습적 문화요인 간에 밀접한 관계를 지닌다. 다문화가정에 대한 사회적 차별은 다양한 심리적 문제를 유발한다.

다문화가족 자녀들의 심리적 적응을 연구한 선행연구에서 다문화가정 아동들은 분노와 소외감, 결핍감, 불안감 등을 느낀다고 주장한다(박진우 & 장재

홍, 2014). 이들은 정체성 딜레마를 극복하기 위해 모국의 정체성을 고민하지 않으며, 미래를 꿈꾸고 계획을 세워 도전하지 않는다는 것이다. 오히려, 그동안 겪은 지속적이고 부정적 경험으로 인해 자신의 열등감을 확인하고 효능감을 상실하는 경우가 생겨난다. 이에 더해 절망을 느낄 때면 미래가 막연해지므로, 고민해 본 적 없는 어머니 나라로 도피하고자 하는 양가감정도 드러난다. 이처럼 자아개념 약화와 정체성 혼란은 미래의 계획을 포기하거나 보류하게 만든다. 더불어 모든 문제가 해결되기를 기다리거나, 어머니를 부정하거나, 모국의 뿌리에 대한 불인정 혹은 과대 이상화하면서 우울과 좌절의 시간을 보내는 경우가 늘어나게 된다. 다문화가족 청소년은 성장 과정에서 이중 정체성으로 고민하고 정체성의 혼란을 겪으며, 그 결과 학교 부적응과 낮은 자부심을 갖게 된다.

여성 결혼이민자 한국 출생 다문화 성인 초기 자녀들의 사회 적응의 결정적 시기는 일정하게 존재하지 않는다. 이들이 성인 초기로 성장하기까지는 개별화된 발달 단계 내에서 이루어지는 사회, 환경, 자아의 상태 등 지속적인 상호작용을 통해 점진적이고 계속적인 적응이 진행되었다. 다문화가족 초기 자녀들의 적응은 4단계로 진행된다(강부자 & 최연실, 2020).

첫째, 혼란단계이다. 이 단계에서는 불안과 소외를 겪게 되고, 내적 갈등, 정체성에 대한 딜레마 등 부모 또는 사회적 지지가 자본이라는 점을 인식하지 못한 채 낮은 자존감을 경험한다. 이때 사회적으로 동화되기를 강요받는 무언의 압력 기간 및 집단적 배제 정도, 자기 계발이 제한적인 상황에 따라 다음 단계로의 진행 양상은 달라진다. 둘째, 자기가능성 탐색 및 유보단계로 나아간다. 이 단계는 학교 및 지역사회에서 문화경계를 초월하고자 하는 노력과 선택할 수 있는 다양한 자원을 인식하고 가족 회복력이 발현된다. 어머니의 이중언어 자원을 이용해 학업성취에 대한 자신감을 획득하거나, 대안적인 삶이 가능하다는 자기가능성의 확인과정이다. 더불어 이들은 확보된 지지체계를 확인하고 미래를 계획하는 반면, 꿈을 유보하기도 한다. 셋째, 상황 재구성 및 가능성 탐지단계로 진입한다. 이 단계에서는 자신의 가능성을 소환하여 이것을 재구성하려고 한다. 자기의 고유한 정체성 회복을 추구하고, 우월한 문화자원의 인식과 의연한 대처 방안 확보라는 요소를 토대로 다음 단계로 진입하려는 주체적 노력이 작용한다. 넷째, 점진적 성취단계에 도달한다. 여기에는 연속적이며 순환적인 자기 증명의 노력으로 주체적 자기실현이라는 요소가 작용한다. 이중언어를 배우고자 도전하기도 한다.

이러한 추세에 따라 다문화가족지원센터에서 일부 지원 중인 이중언어 코칭 사업 확대의 필요성이 요구된다. 따라서 다문화 배경 자녀의 가장 큰 언어 자원이면서 장점인 이중언어 습득을 위한 교육 커리큘럼을 개선하고, 유아기부터 체계적으로 어머니 나라의 언어를 습득할 수 있도록 이중언어 교육 정책이 마련되어야 한다.

여성 결혼이민자의 가족 내 한국 출생인 자녀들의 성장 과정에 영향을 주는 것은 개인, 가족, 학교, 사회적 차원이다. 다문화 배경 자녀에게 가족은 자아 존중감 형성과 역량 강화(empowering)에 중요한 역할을 하는 구성원이며, 특히, 사회적인 배척과 또래 집단의 따돌림 상황에서의 고립을 막는 동시에 친밀감을 통해 자녀의 사회적응에 많은 영향을 미친다(손유자, 조춘범, & 김정화, 2018; 박진우 & 장재홍, 2014).

또한, 국가의 '다문화가족지원특별법'에서 정책적으로 지원되는 고등학교, 대학교 특별전형 혜택과 모국방문사업, 부모-자녀 관계개선 프로그램 등은 다문화 배경 청소년들이 난관을 돌파하고, 잠재력을 발휘하기 위해 노력하는데 기여하는 역할을 하고 있다. 이들은 지역사회 구성원으로부터 많은 지지를 받을수록 적응력이 강화된다(정선진 & 김진숙, 2012).

여성 결혼이민자의 취업 환경을 개선하기 위해 가장 중요한 사항은 스스로의 적극적인 노력과 더불어 가족 구성원의 이해와 협조가 우선되어야 한다. 또한, 정부에서는 남성 배우자를 대상으로 여성 배우자의 모국 언어와 문화에 대한 이해 교육을 시행하고, 여성 결혼이민자의 문화 · 심리적 고충 해결 방안 등을 지원해야 한다(안일선, 2021). 아울러 제도적 환경을 개선하기 위해서는 사회통합프로그램 운영의 유연성 확보, 의사소통 및 직무 능력의 향상 등의 필요성이 제기된다. 이에 따라 직업 목적 한국어 교육 과정의 운영, 수요자 맞춤형 중심의 취업 준비 프로그램 제공, 취업 지원 기관의 홍보 강화와 전담 직원 전문성 제고, 여성 결혼이민자 모국의 학력 혹은 자격 인증 제도 도입 등이 제시되어야 한다.

3) 여성 결혼이민자의 취업 활동

한국에 거주하는 결혼이민자 · 귀화자의 경제활동을 몇 가지 유형에 따라 분류하고 있다(최윤정 외, 2019). 먼저, 성별에 따른 고용률을 살펴보면, 남성 결혼이민자의 고용 비율 85.3%에 비해 여성 결혼이민자의 고용률 62.5%로 20% 이상 낮은 것으로 조사되었다. 다음으로, 연령별 고용률에서는 40대와 50대가 75%로 집계되었으며, 30대가 67%, 20대는 52%에 불과하였다. 40대와 50대에 비해 20대와 30대의 고용률이 낮은 이유는 결혼 정착 초기의 여성 결혼이민자들이 출산과 양육을 이어가는 상황에서 취업의 기회가 줄어들게 된다. 이로 인해 취업 활동 비율이 낮은 것으로 여겨진다 이에 연령별 고용률과 관련해서 여성 결혼이민자의 출산과 양육에 대한 개인 환경 수준을 고려한 지원이 요구된다.

셋째, 교육 수준별 고용률을 살펴보면, 학력 수준과 관계없이 결혼이민자

· 귀화자 고용률이 전체 취업률의 60% 수준에 머무르고 있다. 이로써 한국에 거주 중인 결혼이민자들이 교육 수준과 무관한 취업 활동에 종사하고 있음을 알 수 있다. 그러므로 고학력의 결혼이민자에게 적합한 취업 분야를 개발하는 것에 더해 여성 결혼이민자가 모국에서 취득한 고학력 이력을 국내 취업 과정에 반영할 수 있는 방안 마련이 모색되어야 한다.

넷째, 여성 결혼이민자의 취업 형태에 따른 질적 수준 현황을 살펴보면, 결혼이민자들의 취업 직종과 관련된 전문직 종사자 성별 비율은 남성 결혼이민자가 일반 국민 남성과 비슷한 수준이지만, 여성 결혼이민자는 일반 국민 여성 23.2%에 비해 8.4%의 비율로 1/3 수준에 그쳤다. 여성 결혼이민자의 전문직에 종사하는 비율이 낮다는 것은 단순 직종 종사자가 많다는 것을 의미한다. 따라서 이들이 가진 무한한 능력을 사장시키기보다 질 높은 교육을 통해 전문적 지식을 상승시켜 줄 필요가 있다. 이를 토대로 고학력과 연계한 전문직 관련 취업 지원과 연동된다면 그 상승효과는 배가 될 것으로 예측된다.

마지막으로 결혼이민자의 취업 직종을 살펴보면, 단순 직종 종사자 비율이 27.9%로 가장 많으며, 이는 일반 국민 13.0%에 비해 2배 이상 높은 것을 알 수 있다. 여성 결혼이민자 취업 실태가 질적으로 열악하며, 양질의 취업 분야 개발이 필요하다는 것을 알 수 있다(여성가족부, 2018).

다문화가족실태조사를 통해 조사된 여성 결혼이민자의 구직경로는 다음과 같다. '모국인 친구를 아는 사람의 소개'를 통해 직장을 찾은 경우가 가장 높게 나타났고, '대중매체나 전단을 보고서', '나의 가족이나 친척', '한국인 친구나 이웃' 순이었으며, 이에 비해, 고용센터 '공공기관 소개'를 통한 구직은 10% 미만에 불과한 것으로 조사되었다. 이 같은 결과는 여성 결혼이민자들이 구직 활동 시 공공기관을 이용하기보다는 모국인 지인이나 대중매체 및 전단을 통해서 직업을 구하는 경우가 대다수라는 것을 알 수 있다. 이런 점에서 여성 결혼이민자를 위한 취업 관련 기관에 대한 지속적인 홍보가 선행되어야 한다.

취업 준비 중이거나 직장생활을 하는 여성 결혼이민자가 구직 과정 또는 직장생활 과정에서 겪는 어려움으로 임금 수준이나 근로조건에서의 어려움, 주변에 일자리가 없는 것의 어려움, 자녀 또는 가족을 돌보아야 하는 것을 어려움, 일자리 정보 부족이나 취업 방법에서의 어려움 등이 있다. 이외에 한국어 문제로 인한 어려움, 외국인에 대한 차별에서 오는 어려움이 있다. 여성 결혼이민자의 취업 활동을 지원하기 위해서는 임금과 근로조건, 그리고 집 인근에 있는 직장 연계가 먼저 고려되어야 한다. 더불어 자녀 양육과 가족부양을 위한 지원, 취업에 관한 정보제공, 언어 문제 해결, 그리고 외국인에 대한 차별이 시정되어야 한다.

4. 결혼이민자 사회적응을 위한 이민 행정

1) 이민 행정 인프라 구축

우리나라는 체류 외국인 수의 증가와 더불어 구성에 있어서도 결혼이민자와 그 자녀, 외국인노동자, 외국국적 동포, 난민 등 체류 유형이 다양화·다원화되고 있다. 최근에는 국제결혼의 증가, 국내 대학들의 외국인 유학생 유치 도입 등으로 말미암아 장기체류하는 외국인이 증가하고 있으며, 일부 지역에 외국인 거주지역이 만들어지는 등 정주화 현상이 나타나고 있다. 이러한 현상들은 이질적 문화 간의 충돌, 외국인 근로자의 인권침해, 결혼이민자 및 그 자녀에 대한 사회적 편견과 차별 문제 등을 낳고 있다. 이에 따라 국내 체류 외국인에 대한 통합정책 및 사회적응을 위한 지원을 강화하고, 보다 체계적이고 실현 가능한 교육 프로그램을 시행해야 한다.

미국, 프랑스, 독일 등 타 국가의 경우, 이민자통합정책의 개발 및 수행, 취업 허가와 비자 · 여권발급기관과의 협력, 난민 인정과 난민 자진 귀국 장려, 불법 입국자 관리, 외국인등록, 외국인노동자 어학 교육 지원, 사회통합 및 상담 지원 등의 이민 행정 업무를 총괄 담당하도록 하고 있다. 외국인 정책의 중요성에도 불구하고 현재 우리나라는 이에 대한 총괄적 추진체계를 갖추고 있지 않다. 물론 현재 법무부 산하 출입국, 외국인 정책본부가 그 역할 수행을 하고 있지만, 충분히 작동되지 못하고 있는 실정이다. 외국인 관련 업무를 여러 부처에서 단편적으로 처리함으로 인해 체계적이고 일관된 정책추진이 이루어지지 않고 있어, 여러 면에서 효율적인 일처리가 되지 못하고 있다.

따라서 우리나라도 이민청 신설을 통해 현재 여러 부처에 분산되어 있는 외국인 관련 업무를 통합적으로 관리, 조정할 수 있도록 해야 한다. 이민정책 기획 및 집행, 난민심사, 체류 외국인 관리 및 보호, 이민 자녀 교육을 제외한 이민자 정착 지원, 귀화 및 다문화 업무 등을 통합하여 수행하는 이민 행정 업무를 통괄하고, 나아가 종합적 시각에서의 외국인 정책을 마련하여 관련 정책의 집행 및 추진상황을 점검 · 평가하는 기능을 수행토록 해야 한다.

2) 이민법 개정 및 차별금지법 제정

체계적이고 일관성 있는 외국인 정책의 추진을 위해서는 외국인 정책 총괄 추진체계의 구축과 함께 외국인 정책에 관한 통합법의 마련이 시급하다.

우리나라도 국경관리와 체류 관리, 국적 관리를 기본으로 하되, 장기체류 외국인 및 영주 외국인, 외국 국적 동포, 결혼이민자, 난민 등에 대한 사회통합 지원과 인권 향상에 가치를 둔 통합 이민법 제정이 필요하다.

미국, 영국, 독일, 캐나다, 호주 등 선진국의 경우 국제기준에 기반하여 각 사회가 추구하는 이념, 역사적 배경, 차별의 현실, 시민운동의 성격 등에 따라 각기 다양한 차별금지법을 두고 있다. 즉 인종, 피부색, 종교, 성별, 국적, 연령, 장애의 유무에 상관없이 평등한 삶을 누릴 수 있도록 법적, 제도적 장치들을 마련해 왔다.

그러나 우리 법제는 민족 내지 인종에 대한 편견을 금지하고 있으나 사회적 현실은 그러하지 못하다. 사실상 결혼이민자 및 그 자녀에 대한 차별이 사회 여러 면에서 행해지고 있으며, 이러한 사회적 차별은 빈곤의 문제와 함께 이들을 주류사회로부터 배제시키는 결과를 초래하고 있다. 결혼이민자 및 그 자녀를 대상으로 평등실현을 위해서는, 이에 대한 사회적 합의가 우선적으로 고려되어야 하며, 선택에 있어서도 여러 가지 입법적 논증을 거쳐 신중을 기해야 한다. 이처럼 이주민에 대한 편견과 사회적 차별은 인권을 보장하는 인종차별금지의 법제화가 시급한 이유라고 할 수 있다.

참고문헌

김유정 (2021). 결혼이주여성 체류안정을 위한 법제개선 방안. **강원법학, 63,** 35-85.

강부자 & 최연실(2020). 여성결혼이민자 가족 내 한국출생 성인 초기 자녀의 성장과정과 사회적응: 근거이론접근. **가정과 삶의 질연구, 38**(1), 171-203.

김남진(2017). 결혼이민자의 제한적 복수국적에 대한 소고. **법이론 실무연구, 5**(2), 113-136.

김대환(2020). 다문화가족지원법의 문제점과 개선방안. **세계헌법연구, 26**(3), 67-97.

김복태(2020). 다문화가족지원센터의 결혼이민자 취업지원서비스: 현황과 발전방향. **한국이민정책학회보, 3**(2), 79-98.

김정옥 & 구자경(2020). 결혼이주여성의 진로관련 연구동향 분석. **현대사회와다문화, 10**(2), 79-106.

박승용(2014). 국제결혼이주여성에 관한 법적 · 제도적 측면 고찰. **한국정책연구, 14**(3), 107-130.

박진우 & 장재홍(2014). 다문화가정 청소년의 자아정체성에 영향을 미치는 환경, 심리적인 요인. **청소년학연구, 21**(4), 133-154.

손유자, 조춘범, & 김정화(2018). 다문화부부 간의 의사소통이 자녀의 일상생활적응에 미치는 영향과 다문화가정 어머니의 자아존중감 매개효과 검증. **다문화와 평화, 12**(1), 80-106.

손지연(2021). 신유형 시장에서의 취약소비자 역량강화 방안 연구: 결혼이주여성의 디지털 소비생활. **정책연구보고서,** 1-192.

안일선(2021). 여성결혼이민자의 한국 사회 적응 지원을 위한 취업환경 개선 방안 연구. **문화교류와 다문화교육(구 문화교류연구), 10**(3), 111-133.

이지연 & 유조안(2014). 결혼이주여성의 문화적응유형과 영향요인. **가정과 삶의 질연구, 32**(3), 1-15.

장주영(2021). 결혼이주여성의 사회적 자본 접근성과 우울감 경험: 출신 국가의 영향을 중심으로. **한국생활과학회지, 30**(2), 241-258.

정성진 & 김진숙(2012). 지역아동센터의 프로그램 만족도와 사회적 지지가 다문화가
　　정 청소년의 사회적응에 미치는 영향. **청소년학연구**, 19(8), 77-102.

조성호 & 변수정(2015). 여성결혼이민자의 고용과 정책적 시사점. **노동정책연구**,
　　15(2), 25-55.

채종훈 & 서정원(2019). 고령자 삶의 만족도에 미치는 영향요인에 관한 연구: 도 · 농간
　　비교 분석. **한국지역개발학회지**, 31(3), 137-157.

최윤정, 김이선, 선보영, 동제연, 정해숙, 양계민, 이은아, & 황정미(2019). 2018년 전국
　　다문화가족실태조사. 서울: 여성가족부.

최순례 & 이홍직 (2021). 여성결혼이민자의 생활만족도에 영향을 미치는 요인. **한국케**
　　어매니지먼트 연구, 38 , 1-25.

제6장

. . .

이주노동자

외국 국적을 가지고 외국인 신분으로 한국에 체류하면서 노동의 대가인 임금, 급료 등 이에 준하는 수입을 목적으로 노동을 제공하는 사람을 이주노 동자라고 부른다. 이 밖에 이주근로자, 외국인 근로자, 외국인노동자, 계약노 동자 등의 다양한 용어를 사용하여 지칭되기도 한다. 대한민국의 〈외국인 근 로자의 고용 등에 관한 법률〉에는 법률 용어상 외국인 근로자로 공식화된 명칭을 사용하고 있다. 그러나 국제노동기구(International Labour Organization)에 서는 이주노동자(migrant worker)라는 용어를 사용하고 있다.

외국인노동자의 입국, 체류 및 출국 등에 관한 일반적인 사항은 〈출입국 관리법〉에서 규정하고 있으며, 특정 분야(비전문, 단순 노무 등)의 근로를 위한 외국인노동자의 고용 및 취업에 관한 사항은 〈외국인 근로자의 고용 등에 관한 법률〉에서 규정하고 있다. 특히, 대한민국 국적을 가지지 않은 외국 국 적 동포의 출입국 및 경제활동에 관한 사항은 〈재외동포의 출입국과 법적지 위에 관한 법률〉에서 규정한다.

1. 외국인노동자의 현황

1) 외국인노동자의 규모 및 분포

2019년 6만 6,221개 사업장에서 21만 8,581명의 외국인노동자들이 취업하였다. 2020년 외국인은 2,524,656명으로, 전체인구 중 외국인이 차지하는 비율은 4.9%에 달한다. 이 중 고용허가제 적용을 받는 외국인노동자는 503,077명으로, 체류 외국인 중 19.9%의 비율을 차지하고 있다(법무부, 2020). 2021년 3월 말 체류 외국인은 1,999,946명으로 이들 중 등록외국인은 1,106,502명, 외국국적 동포 국내 거소 신고자는 468,203명, 단기 체류 외국인은 425,241명으로 집계되었다(표3 & 그림2).

〈표 3〉 체류 외국인 현황(법무부, 단위:명)

구분	2016	2017	2018	2019	2020
장기체류외국인	1,530,539	1,583,009	1,687,733	1,731,803	1,610,323
단기체류외국인	518,902	597,399	679,874	792,853	425,752

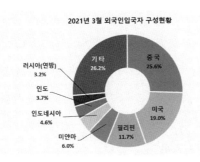

〈그림 2〉 2021년 3월 외국인 입국자 구성현황

1994년 이후부터 2021년 3월 말까지 난민신청자는 71,699명이며, 심사 결정 종료자는 37,959명이다. 이 중 1,100명이 난민 인정을 받았고, 2,385명이 인도적 체류 허가를 받아 총 3,485명이 난민 인정(보호)을 받고 있다. 난민 신청 사유는 종교(17,005명), 정치적 사유(12,999명), 특정 사회집단 구성원(7,302명), 인종(3,867명), 국적(385명), 기타(30,141명)로 나타났다.

체류자격별 현황을 보면, 비전문취업(E-9)은 남성(91.7%)이 대다수인 것으로 나타났다. 방문취업(H-2)의 경우 남성 60.3%, 여성 39.7%이다. 고용허가제 적용을 받는 외국인노동자(비전문취업+방문취업) 성비는 남성 77.6%, 여성 22.4%로 남성의 비율이 압도적으로 높게 나타났다. 이에 반해 국제결혼에 의한 결혼이민(F-6)은 여성 81.5%, 남성 18.5%로 외국인노동자와는 반대의 양상을 보이고 있다. 즉, 남성 외국인노동자와 결혼이주여성이라는 성별에 따라 분화된 이주 양태를 확인할 수 있다. 체류 외국인을 국적별로 살펴보면 한국계 중국인을 포함한 중국이 44%(894,906명)를 차지하고 있으며, 베트남 10.4%(211,243명), 태국 8.9%(181,386명), 미국 7.2%(145,580명), 우즈베키스탄 3.2%(65,205명), 순으로 나타났다.

외국인노동자의 거처 종류와 점유 형태는 체류자격과 산업에 따라 다양하다. 비전문 취업의 경우 기숙사(47.7%)와 기타(31.5%)가 대부분이고, 점유 형태는 무상(84.7%) 비율이 매우 높게 나타났다. 이는 농림어업과 광·제조업의 특징과 연관되어 있다. 방문취업의 주거 형태는 일반주택(84.9%)이 대부분을 차지했으며, 점유 형태는 전세보다 월세(84.9%)의 비율이 높게 나타났다. 현재 지역에서 거주하는 이유로는 비전문 취업의 경우 근무하는 사업장 소재지(76.1%)에 따른 비율이 가장 높게 나타났으며, 직장 변경 또는 회사의 이사(17%)까지 포함하면 절대다수가 일하는 사업장의 지역에 따라 거주지가 정해지는 것으로 예측된다.

종사산업 분포를 살펴보면, 비전문 취업은 취업 가능 분야가 제조업에 집중되어 있는 반면, 방문취업은 분야에 따른 제약이 덜하고 특례고용가능확인서가 발급된 사업장에 취업 가능한 고용허가제의 특성이 나타나고 있다. 외국인노동자 10명 중 약 1명(10.4%)은 일하고 있는 사업체 내 이주자 비율이 80% 이상이다. 비전문 취업의 경우 30%~50% 미만(31.8%), 10%~30% 미만(20.6%), 50%~80% 미만(20.3%) 순으로 나타났다. 비전문 취업자 10명 중 3명 정도가 사업체 이주자 비율 50% 이상(29.6%)이고, '함께 일하는 외국인 및 귀화 허가자 없음'은 3%에 불과하다. 이들의 주당 노동시간은 40~50시간 미만(51.9%)이 절반 정도이고, 그다음으로 50~60시간 미만(26.9%), 60시간 이상(15.2%) 등 순으로 나타났다. 즉, 52시간 이상 장시간 노동 비율이 높은 것으로 파악되었다. 특히 비전문 취업은 50시간 이상 비율(34.2%)이 매우 높았다. 비전문 취업자는 사업장 이동의 자유가 제한되어 있다는 점을 감안하면 만성적으로 장시간 노동을 수행하고 있는 것으로 추정되었다.

　현재 담당업무 직무 수준은 실무 지식과 기술이 필요 없는 단순 반복적인 일(65.7%), 약간의 실무 지식과 기술이 필요한 일(28.7%), 상당한 실무 지식과 기술이 필요한 일(4%), 전문 지식과 기술이 필요한 일(1.6%) 등 순으로 나타났다. 고용노동부「직종별사업체노동력조사(2019)」에 의하면 외국인은 내국인에 비해 낮은 직능수준에서 주로 채용이 이루지는 바, 한국의 노동시장은 일부 산업을 제외하고 상대적으로 높은 직능수준을 요구하는 내국인 일자리와 상대적으로 낮은 직능수준을 요구하는 외국인 일자리로 양분되는 양상을 보인다.

　사회보험 미가입률을 살펴보면, 고용보험(64.9%), 국민연금(60.5%), 산재보험(22.3%), 건강보험(16.3%) 순으로 나타났다. 가입 여부 모름을 포함하면 실질적인 미가입률은 더 높을 것으로 보인다. 고용보험과 국민연금 미가입률이 높은 것은 산재보험 및 건강보험과 달리 임의가입이거나(고용보험), 상호주의(국민연금)를 따르고 있기 때문이다. 전반적으로 비전문 취업보다 방문 취업의 사회보험 미가입률이 높다.

외국인노동자 10명 중 약 1명이 한국에서 경제적 어려움을 겪은 적이 있는 것으로 나타났다(전체 8.8%, 비전문 취업 3.5%, 방문 취업 15.7%). 내용을 살펴보면, 방문 취업(38.3%)과 비전문 취업(49.1%) 모두 '병원비가 부담되어 진료를 받지 못한다'는 비율이 가장 높은 것으로 나타났다. 코로나19 상황이 장기화되며 각국의 외국인노동자는 내국인노동자에 비해 상대적으로 더 큰 타격을 받았으며, 한국도 예외는 아닌 것으로 조사되었다.

국가인권위원회(2020)에 의하면 이주민 10명 중 약 7명(73.8%)은 코로나19 관련 정부 정책과 제도에서 차별을 겪고 있음을 나타냈다. 산업현장에서는 일손 부족을 우려하는 한편, 감염병의 위험 속에서 외국인노동자의 열악한 주거 환경이 또다시 가시화되었다. 이에 정부는 '외국인력정책위원회'를 열고, 외국인노동자의 주거 환경 개선과 소규모 농가 산재보험 및 농업인 안전보험 의무가입, 그리고 외국인노동자 취업 활동 기간 일시적 연장 등의 내용을 담은 「2021년도 외국인력 도입 운용 계획」을 발표했다. 정책적 논의의 흐름이 '인력이 모자란 산업현장에 외국인노동자 투입'한다는 일과 관련된 방향에서 외국인노동자의 안전권을 보장하고자 하는 내용이 추가되었다. 한국에서는 이미 수많은 외국인노동자가 일하고 있으며, 어떤 산업현장에서는 필수적인 인력으로 자리하고 있다. 따라서 이미 산적해 있는 문제를 면밀하게 응시해야 할 뿐 아니라, 산업별 이해 당사자의 목소리를 포함하는 정책적 논의와 개입이 우선되어야 한다.

자격별 전문인력의 구성은 다음과 같다(표4 & 표5).

〈표 4〉 연도별 취업자격 현황(법무부, 단위:명)

구분	2016	2017	2018	2019	2020
전문인력	48,334	47,404	46,851	46,581	43,258
단순기능 인력	549,449	534,076	548,140	520,680	409,039

〈표 5〉 연도별 영주 자격자(법무부, 단위:명)

구분	2016	2017	2018	2019	2020
영주 자격자 (F-5)	130,237	136,334	142,151	153,291	160,947

외국인노동자 국가별 도입현황은 다음과 같다(표6).

〈표 6〉 국가별 고용허가제 외국인노동자(E-9) 국가별 도입 현황

나라별	2020	2019	2018
라오스	17	167	136
중국	24	171	347
동티모르	28	561	352
키르기스스탄	13	153	384
파키스탄	44	507	759
몽골	63	785	793
우즈베키스탄	94	1,715	2,250
방글라데시	141	1,646	2,354
스리랑카	500	3,579	3,414
베트남	260	6,471	3,774
필리핀	409	4,575	4,766
태국	627	5,236	6,195
미얀마	700	4,736	6,378
캄보디아	2,172	7,773	6,626
인도네시아	641	6,202	6,923
네팔	955	7,088	8,404
합계	6,688	51,365	53,855

한편 불법 체류자 현황은 다음과 같다(표7).

〈표 7〉 불법체류외국인 장 · 단기(법무부. 단위:명)

구분	총계	등록	단기체류	거소신고
2020년 3월	387,001	97,084	288,372	1,545
2021년 3월	390,857	113,062	275,705	2,090
전년 대비 증감률	1.0%	16.5%	-4.4%	35.3%
구성비	100%	28.9%	70.5%	0.5%

연령별 분포에서 가장 비중이 큰 부분은 20세~40세로 전체의 절반에 해당된다(그림 3).

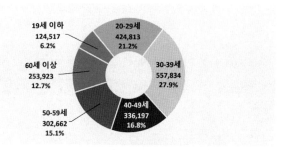

〈그림 3〉 2021년 3월 외국인입국자 연령별 분포

등록외국인 거주지역별 현황을 살펴보면 경기도는 전체의 33.3%를 차지하고 서울은 20.8%, 그다음으로 경남은 6.0%, 충남 5.6%, 경북 4.7% 순으로 차지하고 있다(표 8).

〈표 8〉 등록외국인 거주지역별 현황(법무부, 단위:명)

계	경기	서울	충남	인천	경남	경북	부산	충북
	365,047	229,610	67,411	65,990	65,763	51,510	40,154	35,930
709,351	전남	전북	대구	제주	광주	울산	대전	강원
	32,104	30,640	27,636	22,299	20,928	17,307	17,132	17,041

외국인등록 자격별로 살펴보면 다음과 같다(표 9).

〈표 9〉 등록외국인 자격별 현황(법무부, 단위:명)

계	문화 예술 (D-1)	유학 (D-2)	일반 연수 (D-4)	취재 (D-5)	종교 (D-6)	상사주재 (D-7)	기업 투자 (D-8)	무역 경영 (D-9)
	28	104,235	44,222	110	1,200	1,031	5,476	1,973
	교수 (E-1)	회화 지도 (E-2)	연구 (E-3)	기술 지도 (E-4)	전문 직업 (E-5)	예술 흥행 (E-6)	특정 활동 (E-7)	비전문 취업 (E-9)
1,106,502	2,157	12,435	3,205	199	329	2,850	19,276	223,486
	선원 취업 (E-10)	방문 동거 (F-1)	거주 (F-2)	동반 (F-3)	영주 (F-5)	결혼 이민 (F-6)	방문 취업 (H-2)	기타
	16,927	99,831	43,082	19,465	162,690	132,310	134,947	75,038

자격별 현황을 살펴보면 전문인력과 단순기능인력으로 나누어진다. 전문인력은 특정 활동이 19,703명, 회화지도가 12,720명으로 나타났다(표 10).

〈표 10〉 2021년 등록외국인 전문인력 구성(법무부, 단위:명)

계	단기취업 (C-4)	교수 (E-1)	회화지도 (E-2)	연구 (E-3)	기술 지도 (E-4)	전문 직업 (E-5)	예술흥행 (E-6)	특정 활동 (E-7)
44,475	2,941	2,194	12,720	3,274	202	330	3,111	19,703

단순기능인력은 전체 385,303명으로 그중에서 비전문취업(E-9)이 226,553명으로 가장 많은 부분을 차지하는 것으로 나타났다(표11).

〈표 11〉 2021 등록외국인 단순기능인력 구성(법무부, 단위: 명)

계	비전문취업 (E-9)	선원취업 (E-10)	방문취업 (H-2)
385,303	226,553	17,456	141,294

2) 외국인노동자의 유입 배경

1992년 도입된 산업연수생제도는 외국의 단순기능인력을 연수생이라는 명목으로 도입하여 국내 제조업에 투입하였다. 이들은 정규 노동자 범주에 속하지 않아 근로기준법 등 각종 노동 관련법의 보호를 받지 못한다는 이유로 인권 유린, 임금 체불 등의 다양한 문제가 발생하였다. 이에 따라 사회보장권에 대한 문제가 제기되기 시작하였다. 이 제도는 연수생의 신분이기에 한 사업장에 고정 근무해야 되는 점과 선발 과정 및 본국으로의 임금 송금 문제, 기술 전수 등의 연수 시간 없이 노동력만 활용하는 형태로 대내외적으로 많은 비판을 받았다. 또한, 산업연수생제도는 더 많은 임금을 받기 위해 연수생 스스로 불법체류 노동자로 전락하게 만드는 제도적 결함이 드러났다. 이로 인한 외국인노동자들의 사업장 일탈도 빈번하게 발생하게 만들었다. 이러한 문제를 개선하고자 노동부가 〈외국인 근로자 고용 등에 관한 법률〉을 제정하기에 이르렀다.

〈외국인 근로자 고용 등에 관한 법률〉에 따라 고용허가제가 시행되었다. 고용허가제는 국내에서 인력을 구하지 못하는 국내기업들이 노동부로부터 고용허가서를 발급받아 합법적으로 외국인 인력을 근로자로 고용할 수 있는 제도이다. 2004년부터 도입된 고용허가제는 산업연수생제도와 함께 유지하게 되었다. 2007년부터는 산업연수생제도를 폐지하고 고용허가제로 일원화하였다. 고용허가제의 주요 내용은 내국인의 일자리를 보장하면서 국적의 차별 없이 외국인력을 활용하는 것으로 먼저 내국인에 대한 구인 노력을 의무적으로 실시한 후 외국인노동자의 선정 과정의 투명성과 산업구조조정 저해방지에 근거하여 외국인노동자를 선정하는 제도이다.

고용허가제의 〈외국인노동자의 고용 등에 관한 법률〉에 따라 외국인노동자가 국내에 취업할 수 있는 기간은 법적 주체로 공식 인정되었다. 이후 4대 사회보험에 외국인노동자를 포함하는 등 이들 복지는 점진적으로 개선되고 있다. 그렇지만 오랜 기간 사회문제가 되었던 외국인노동자에 대한 착취의 문제는 완전히 해결되지 않고 있다.

2. 외국인노동자의 고용허가제도

1) 외국인노동자 취업제도

외국인노동자에 대한 고용허가제도란 〈외국인 근로자의 고용 등에 관한 법률〉의 의해 내국인 인력을 구하지 못한 대한민국의 중소기업이 정부로부터 고용허가를 받아 비전문취업(E-9) 체류자격과 방문취업(H-2) 체류자격을 가진 비전문 외국인노동자를 합법적으로 고용할 수 있도록 한 제도이다. 대한민국과 외국인노동자에 관한 송출양해각서(MOU)가 체결된 송출국가의 외국인노동자는 한국어능력시험 합격, 외국인 구직자 명부 등록, 근로계약 체결, 사증발급, 입국, 외국인등록, 그리고 외국인 취업교육 이수 등의 절차를 거쳐 대한민국에서 취업할 수 있다. 이와 더불어, 방문취업(H-2) 체류자격 외국인노동자에 대한 특례고용가능확인제도는 국내 인력을 구하지 못한 대한민국 기업(일정한 규모의 건설업, 서비스업, 제조업, 농업, 어업 또는 광업 분야)이 정부로부터 특례고용가능 확인을 받아 3년간 그 허용 인원수 범위에서 방문취업(H-2) 체류자격을 가진 외국 국적의 동포를 고용할 수 있도록 한 제도이다. 방문취업(H-2) 체류자격을 가진 외국인노동자는 외국인 취업교육 이수, 구직 신청, 외국인 구직자 명부 등록, 그리고 근로계약 체결 등의 절차를 거쳐 대한민국에서 취업할 수 있다.

외국인노동자는 표준근로계약 체결을 하고 있다. 표준근로계약서를 사용함으로써 근로조건에 관한 분쟁을 예방하고 사용자에 비해 상대적 약자인 외국인노동자의 권익을 보호하고 사용자의 노동관계법 준수를 위해 작성한다. 사용자와 근로자 간에 근로계약 기간, 취업의 장소, 업무 내용, 근무시간, 휴게시간, 휴일, 급여 등에 관한 사항을 합의한 후 표준근로계약서를 작성한다. 특례외국인노동자와 표준근로계약서를 체결하고자 하는 사업주 또는 사업장은 특례고용가능확인서를 발급받아야 한다.

2) 외국인노동자 고용 절차

외외국인노동자 고용절차는 〈직업안정법〉에 따른 직업안정기관의 장은 내국인 구인 신청을 받은 경우에는 사용자가 적절한 구인조건을 제세할 수 있도록 상담, 지원하여야 하며, 구인조건을 갖춘 내국인이 우선적으로 채용될 수 있도록 직업소개를 적극적으로 하여야 한다.

외국인 구직자 명부의 작성으로 고용노동부 장관은 지정된 송출국가의 노동 행정을 관장하는 정부 기관의 장과 협의하여 대통령령으로 정하는 바에 따라 외국인 구직자 명부를 작성하여야 한다. 다만, 송출국가에 노동 행정을 관장하는 독립된 정부 기관이 없을 경우 가장 가까운 기능을 가진 부서를 정하여 정책위원회의 심의를 받아 그 부서의 장과 협의한다. 고용노동부 장관은 외국인 구직자 명부 작성 시 선발기준 등을 제시하고, 이를 활용할 수 있도록 한국어 구사 능력 평가 시험을 실시해야 한다. 다만, 한국어능력시험 실시기관의 선정 및 선정 취소, 평가 방법 등 그 외에 필요한 사항은 대통령령으로 정하고 있다. 고용노동부 장관은 외국인 구직자 선발기준 등으로 활용하기 위해 필요한 경우, 기능 수준 등 인력 수요에 부합되는 자격요건을 평가할 수 있다.

외국인노동자 고용허가는 내국인 구인 신청을 한 사업자는 직업소개를 받았음에도 불구하고 인력을 채용하지 못한 경우, 고용노동부령에 따라 직업안정기관장에게 외국인노동자 고용허가 신청을 해야 한다. 고용허가 신청의 유효기간은 3개월이지만, 일시적으로 경영이 악화되어 신규 근로자 채용이 불가능할 경우 등에는 대통령령에 따라 1회에 한해 고용허가 신청의 효력 연장을 할 수 있다. 직업안정기관의 장은 신청을 받으면 외국인노동자 도입 업종과 규모 등 대통령령에서 정해 놓은 요건을 갖춘 사용자에게는 명부에 등록된 외국인 구직자 가운데 적격자를 추천해야 한다. 직업안정기관의 장은 추천한 적격자를 선정한 사용자에게 지체 없이 고용을 허가하고, 선정된 외국인노동자의 성명 등이 기재된 외국인 근로자 고용허가서를 발급해야 한다. 직업안정기관 소속이 아닌 사람은 외국인노동자의 선발이나 알선, 그 밖의 채용에 개입해서는 안 된다.

근로계약에 관하여서는 사용자가 선정한 외국인노동자를 고용하려면 고용노동부령으로 정하는 표준근로계약서를 사용하여 근로계약을 체결하여야 한다. 사용자는 근로계약을 체결하려는 경우 이를 한국산업인력공단에 대행하게 할 수 있다. 고용허가를 받은 사용자와 외국인노동자는 기간 내에서 당사자 간의 합의에 따라 근로계약을 체결하거나 갱신할 수 있다. 취업 활동의 기간 연장이 가능한 외국인노동자와 사용자는 연장된 취업 활동의 기간 범위 내에서 근로계약 체결이 가능하다. 근로계약을 체결하는 절차 및 효력 발생 시기 등에 관하여 필요한 사항은 대통령령으로 정한다. 외국인노동자와 근로계약을 체결한 사용자는 〈출입국관리법〉에 따라 그 외국인노동자를 대리하여 법무부 장관에게 사증발급인정서를 신청할 수 있다.

외국인 취업교육은 외국인노동자는 입국한 이후 고용노동부령이 정하는 기간과 대통령령이 정하는 기관을 통해 국내의 취업 활동에 필요한 여러 숙지할 사항 등을 교육을 받아야 한다. 이를 위해 고용노동부는 입국 후 2박 3일간 합숙교육의 형태로 총 16시간의 한국문화 이해 및 고용허가제, 관계 법령, 산업안전보건에 대한 취업 교육을 실시하고 있다(정부24, 2020). 따라서 사용자는 외국인노동자가 외국인 취업교육을 받을 수 있도록 하여야 한다. 외국인의 취업교육 시간과 내용, 그 밖의 외국인 취업교육과 관련해서 필요한 사항들은 고용노동부령으로 정한다. 이때 사용자 역시 고용노동부령이 정한 교육을 받아야 하는데, 이는 '외국인노동자 고용허가를 최초로 받은 사용자는 노동관계법령, 인권 등에 관한 교육을 받아야 한다'라고 명시하고 있다. 사용자 교육의 내용, 시간, 그 밖에 사용자 교육에 필요한 사항은 고용노동부령으로 정한다.

외국인노동자 고용의 특례는 다음의 내용 중 어느 하나에 해당하는 사업 또는 사업장의 사용자는 특례고용가능 확인을 받은 후 대통령령으로 정하는 사증을 발급받고 입국한 외국인으로서 국내에서 취업하려는 사람을 고용할 수 있다. 그 내용으로는 ① 건설업으로 정책위원회가 일용근로자의 노동시장 현황, 내국인 근로자의 고용기회 침해 여부, 사업장 규모 등을 고려해 정하는 사업 또는 사업장, ② 서비스업, 제조업, 농업, 어업 또는 광업으로 정책위원회가 산업별 특성을 고려해 정하는 사업 또는 사업장에 해당되어야 한다. 내국인 구인을 신청한 사용자는 직업안정기관 장의 직업소개를 받았음에도 인력 채용을 하지 못한 경우는 고용노동부령에 따라 직업안정기관의 장에게 특례고용가능 확인을 신청할 수 있다. 이 경우 직업안정기관의 장은 외국인노동자의 도입 업종 및 규모 등 대통령령으로 정하는 요건을 갖춘 사용자에게 특례고용가능 확인을 하여야 한다.

특례고용가능 확인을 받은 사용자는 외국인 구직자 명부에 등록된 사람 중에서 채용하여야 하고, 외국인노동자가 근로를 시작하면 고용노동부령으로 정하는 바에 따라 직업안정기관의 장에게 신고하여야 한다. 이때 특례고용가능 확인의 유효기간은 3년으로 하며, 다만, 해당하는 사업 또는 사업장으로서 공사 기간이 3년보다 짧은 경우에는 그 기간으로 한다. 직업안정기관의 장이 특례고용가능 확인을 한 경우에는 대통령령으로 정하는 바에 따라 해당 사용자에게 특례고용가능확인서를 발급하여야 한다. 외국인노동자에 대하여는 〈출입국관리법〉를 적용하지 아니한다. 고용노동부 장관은 외국인이 취업을 희망하는 경우에는 입국 전에 고용정보를 제공할 수 있다.

3) 외국인노동자의 고용관리

외국인노동자의 고용·관리의 측면에서 사용자는 외국인노동자와의 근로계약을 해지하거나 그 밖에 고용과 관련된 중요 사항을 변경하는 등 대통령령으로 정하는 사유의 발생 시 고용노동부령으로 정하는 바에 따라 직업안정기관의 장에게 신고하여야 한다. 사용자가 신고를 한 경우 그 신고 사실이 〈출입국관리법〉에 따른 신고 사유에 해당할 때에는 동일 항에 따라 신고를 한 것으로 여긴다. 신고를 받은 직업안정기관의 장은 지체 없이 사용자 소재지 관할지방 출입국·외국인 관서의 장에게 통보해야 한다. 외국인노동자의 고용관리 적절성 등에 관한 사항은 대통령령으로 정해 놓고 있다.

취업 활동 기간의 제한은 외국인노동자는 입국한 날부터 3년의 범위에서 취업 활동을 할 수 있다. 취업 활동 기간 제한에 관한 특례는 다음 사항에 해당하는 외국인노동자는 한 차례만 2년 미만의 범위에서 취업 활동 기간을 연장받을 수 있다. ① 고용허가를 받은 사용자에게 고용된 외국인노동자로서 취업 활동 기간 3년이 만료되어 출국하기 전에 사용자가 고용노동부 장관에게 재고용 허가를 요청한 근로자, ② 특례고용가능 확인을 받은 사용자에게 고용된 외국인노동자로서 취업 활동 기간 3년이 만료되어 출국하기 전에 사용자가 고용노동부 장관에게 재고용 허가를 요청한 근로자이다. 고용노동부 장관은 감염병 확산, 천재지변 등의 사유로 외국인노동자의 입국과 출국이 어렵다고 인정되는 경우에는 정책위원회의 심의, 의결을 거쳐 1년의 범위에서 취업 활동 기간을 연장할 수 있다. ③ 사용자의 재고용 허가 요청 절차 및 그 밖에 필요한 사항은 고용노동부령으로 정한다.

숙련 외국인 인력의 경우에는 사용자의 안정적인 인력 운용 지원을 위해 '재입국 특례제도'를 운영하고 있다. 그러나 법률 제18조의4의 재입국 취업 제한의 특례에 따라 출국한 후 3개월이 지나야 재입국이 가능하므로 사용자는 인력 공백으로 인한 어려움을 호소해 왔다. 이에 따라 재입국의 제한 기간을 행정처리 절차의 최소 기간인 1개월로 단축하고, 출국 후 1개월이 지나면 재입국이 가능하도록 개선하였다. 재입국 취업 제한의 특례는 고용노동부 장관은 다음 각호의 요건을 모두 갖춘 외국인노동자로서 연장된 취업 활동 기간이 끝나 출국하기 전에 사용자가 재입국 후의 고용허가를 신청한 외국인노동자에 대하여 출국한 날부터 1개월이 지나면 이 법에 따라 다시 취업하도록 할 수 있다.

이에 대해서는 다음 내용 중 어느 하나에 해당해야 한다. 취업 활동 기간 중에 사업 또는 사업장을 변경하지 아니하였을 것, 또는 사업 또는 사업장을 변경하는 경우(재입국 후의 고용허가를 신청하는 사용자와 취업 활동 기간 종료일까지의 근로계약 기간이 1년 이상인 경우만 해당한다)로서 동일업종 내 근속기간 등 고용노동부 장관이 정하여 고시하는 기준을 충족할 것, 또는 사업 또는 사업장을 변경하는 경우로서 재입국 후의 고용허가를 신청하는 사용자와 취업 활동 기간 종료일까지의 근로계약 기간이 1년 이상일 것, 또는 사업 또는 사업장을 변경하는 경우로서 재입국 후의 고용허가를 신청하는 사용자와 취업 활동 기간 종료일까지의 근로계약 기간이 1년 미만이나 직업안정기관의 장이 외국인노동자 권익보호협의회의 의견을 들어 재입국 후의 고용허가를 하는 것이 타당하다고 인정하였을 것에 해당되어야 한다. 재입국 취업은 한 차례만 허용되고 사용자의 고용허가 신청 절차 및 그 밖에 필요한 사항은 고용노동부령으로 정한다.

외국인노동자 고용허가 또는 특례고용가능 확인의 취소는 직업안정기관의 장은 다음의 내용 중 어느 하나에 해당하는 사용자에 대하여 대통령령으로 정하는 바에 따라 고용허가나 특례고용가능 확인을 취소할 수 있다. ① 거짓 또는 그 밖의 부정한 방법을 이용해 고용허가 및 특례고용가능 확인을 받은 경우. ② 사용자가 입국 전 계약한 임금이나 그 밖의 근로조건을 위반하는 경우. ③ 사용자의 임금 체불이나 그 밖의 노동관계법 위반 등에 의해 근로계약 유지가 어렵다고 인정되는 경우에 해당하는 사항이다. 사용자는 외국인노동자 고용허가 및 특례고용가능 확인이 취소된 경우 취소된 날로부터 15일 이내에 해당 외국인노동자와의 근로계약을 종결하여야 한다.

외국인노동자 고용의 제한으로는 직업안정기관의 장은 다음 내용 중 어느 하나에 해당하는 사용자에 대하여 그 사실이 발생한 날부터 3년간 외국인노동자의 고용을 제한할 수 있다. 고용허가 또는 특례고용가능 확인을 받지 아니하고 외국인노동자를 고용한 자, 외국인노동자의 고용허가나 특례고용가능 확인이 취소된 자, 해당 법 혹은 〈출입국관리법〉을 위반해 처벌받은 자, 이 외에 대통령령에서 정하는 사유에 해당하는 자로서 고용노동부 장관은 외국인노동자의 고용을 제한하는 경우에는 그 사용자에게 고용노동부령에 따라 고지해야 한다.

외국인노동자 관련 사업은 고용노동부 장관이 외국인노동자의 원활한 국내 취업 활동 및 효율적인 고용관리를 위하여 외국인노동자의 출입국 지원사업, 외국인노동자와 그 사용자에 대한 교육사업, 송출국가의 공공기관과 외국인노동자 관련 민간단체와의 협력사업, 외국인노동자와 그 사용자에 대한 상담 등의 편의 제공 사업, 외국인노동자 고용제도 등에 대한 홍보사업, 그 밖에 외국인노동자의 고용관리에 관한 사업으로서 대통령령으로 정하는 사업을 한다.

4) 외국인노동자의 보호

차별금지에 관하여서는 사용자는 외국인노동자라는 이유로 부당하게 차별하여 처우하여서는 아니 된다(외국인노동자의 고용 등에 관한 법률, 법률 제18041호). 기숙사의 제공 등에 관하여서는 사용자가 외국인노동자 기숙사 제공의 경우, 〈근로기준법〉에서 규정하는 기준을 준수하고 건강 및 안전을 지킬 수 있도록 해야 한다. 사용자는 기숙사를 제공하는 경우, 외국인노동자와 근로계약을 체결할 때와 근로계약 체결 후에 변경할 경우에도 외국인노동자에게 기숙사의 구조와 설비, 기숙사의 설치 장소, 기숙사의 주거 환경, 기숙사의 면적, 그 밖에 기숙사 설치 및 운영에 필요한 사항에 관한 정보를 사전에 제공하여야 한다. 기숙사 정보 제공의 기준 등에 필요한 사항은 대통령령으로 정한다.

보증보험 등의 가입은 사업 규모 및 산업별 특성 등을 고려하여 대통령령에서 정하는 사업이나 사업장의 사용자는 고용한 외국인노동자의 임금 체불에 대비하여 보증보험에 가입하여야 한다. 산업별 특성 등을 고려하여 대통령령으로 정하는 사업 또는 사업장에서 취업하는 외국인노동자는 질병, 사망 등에 대비한 상해보험에 가입하여야 한다. 그리고 보증보험, 상해보험의 가입방법, 내용, 관리 및 지급 등에 필요한 사항은 대통령령으로 정한다.

외국인노동자 관련 단체 등에서는 외국인노동자를 대상으로 한 상담 및 교육, 그 외에 대통령령에 따른 사업 기관이나 단체에 대해 사업에 필요한 비용 일부를 정해진 예산의 범위 내에서 지원할 수 있다. 지원요건, 기준, 절차 등에 관한 필요한 사항은 대통령령으로 정한다. 외국인노동자 권익보호협의회는 외국인노동자의 권익 보호에 관한 사항을 협의하기 위하여 직업안정기관에 관할 구역의 노동자단체와 사용자단체 등이 참여하는 외국인노동자 권익보호협의회를 둘 수 있다. 외국인노동자 권익 보호협의회의 구성, 운영 등에 필요한 사항은 고용노동부령으로 정한다.

사업 또는 사업장 변경의 허용은 외국인노동자는 다음 내용 중 어느 하나에 해당하는 사유가 발생한 경우에는 고용노동부령에 따라 직업안정기관의 장에게 다른 사업 또는 사업장으로의 변경을 신청할 수 있다. ① 사용자가 정당한 사유로 근로계약 기간 중 근로계약을 해지하려고 하거나 근로계약이 만료된 후 갱신을 거절하려는 경우, ② 휴업, 폐업, 고용허가의 취소, 고용의 제한, 위반한 기숙사의 제공, 사용자의 근로조건 위반 또는 부당한 처우 등 외국인노동자의 책임이 아닌 사유로 인하여 사회 통념상 그 사업 또는 사업장에서 근로를 계속할 수 없게 되었다고 인정하여 고용노동부 장관이 고시한 경우에 해당된다. ③ 그 밖에 대통령령으로 정하는 사유가 발생한 경우이다.

사용자가 사업 또는 사업장 변경 신청을 한 후 재취업하려는 외국인노동자를 고용할 경우 그 절차 및 방법에 관하여는 제6조 · 제8조 및 제9조를 준용한다. 〈출입국관리법〉에 따라 사업 및 사업장 변경 신청일로부터 3개월 이내에 근무처 변경의 허가를 받지 못하거나, 사용자와의 근로계약 종료일로부터 1개월 이내에 사업 및 사업장 변경 신청을 하지 않은 외국인노동자는 출국하여야 한다. 단, 업무상 재해, 질병, 임신 및 출산 등의 사유로 인해 근무처 변경허가를 받을 수 없다거나 근무처 변경신청을 할 수 없을 경우에는 그 사유가 없어진 날로부터 그 기간을 계산한다. 외국인노동자의 사업 및 사업장 변경은 기간 중에는 원칙적으로 3회를 초과할 수 없으며, 연장된 기간 중에는 2회를 초과할 수 없다. 단, 사업 또는 사업장을 변경한 경우는 포함하지 아니한다. 외국인노동자에 대한 처우의 문제는 여전히 한국 사회에 숙제를 던지고 있다. 또한, 외국인노동자 집단과 내국인 노동자 혹은 저소득층의 사회권과의 균형의 문제도 제기되고 있다.

3. 사회복지 서비스

고용허가제도에서는 외국인노동자가 국내 체류 시 생명과 재산을 안전하게 보호하도록 최소한의 금액을 통해 보험에 가입하도록 하고 있다. 만약 이들을 고용하고 있는 사업 주체가 보험 가입을 위반했을 때 법적 제제를 받게 된다. 보험의 종류로 출국만기보험(사업주), 임금체불보증보험(사업주), 귀국비용보험(외국인노동자), 상해보험(외국인노동자), 고용보험(사업주), 산재보험(사업주), 건강보험(사업주), 국민연금(사업주)이 있다(곽윤경 & 김기태, 2021).

1) 출국만기보험

출국만기보험은 외국인노동자의 불법체류 가능성을 사전에 예방하고, 퇴직금 일시 지급에 따른 부담을 줄이기 위해 도입되었다. 외국인노동자를 고용한 사업자는 출국만기보험을 가입하여야 한다(외국인노동자의 고용 등에 관한 법률, 법률 제18041호). 출국만기보험은 비전문취업(E-9) 자격의 외국인노동자를 고용한 사업장의 사용자는 이들의 출국 등에 따른 퇴직금 지급을 위해 근로계약의 효력이 발생하는 날로부터 15일 이내에 의무 가입해야 한다. 이 경우 보험료 또는 신탁금은 매월 납부하거나 위탁하여야 한다.

사용자가 출국만기보험에 가입한 경우 〈근로자퇴직급여 보장법〉에 따른 퇴직금제도를 설정한 것으로 여긴다. 출국만기보험의 가입자인 사용자의 가입방법 및 내용, 그리고 관리와 지급 등에 관한 사항은 대통령령으로 정하고 있다. 그러나 지급 시기와 관련해서는 피보험자(외국인노동자) 등이 출국한 때로부터 14일 이내로 한다. 단, 체류자격이 변경되었거나 사망하는 등의 이유에 의해 신청, 또는 출국일 이후 신청의 경우, 신청일로부터 14일 이내로 한다. 이를 어길 경우에 사용자는 500만 원 이하의 벌금을 내야 한다.

출국만기보험의 지급 사유 발생에 따라 피보험자 등이 받을 금액에 대한 청구권은 〈상법〉에도 불구하고 지급 사유가 발생한 날부터 3년간 이를 행사하지 않으면 소멸시효가 완성한다. 이 경우 출국만기보험을 취급하는 금융기관은 소멸시효가 완성한 보험금 등을 1개월 이내에 한국산업인력공단에 이전해야 한다. 그러나 산업현장에서 출국만기보험에 가입하지 않은 사업장들의 사례는 빈번하게 적발되고 있다. 출국만기보험의 미가입 비율은 2013년 제조업체 기준으로 69.3%, 농축산업 기준으로는 87.2%로 나타났다(정기선 외, 2013). 출국만기보험은 퇴직금의 성격을 가지고 있음에도 불구하고 외국인노동자가 퇴사 이후에 출국만기보험금을 받는 것이 아니라, 출국 후 14일 이내 보험금을 받도록 하고 있다. 즉 출국하지 않으면 받을 수 없는 급여로, 외국인노동자들의 출국을 유인하려는 정책 취지가 담겨 있다.

2) 임금체불보증보험

임금체불보증보험은 사용자의 외국인노동자에 대한 임금 체불이 발생하였을 때를 대비하여 의무 가입해야 된다. 사업주가 보험료를 매년 1만5천 원 납입하면, 임금 체불 발생 시에 노동자는 최대 200만 원을 보장받을 수 있다. 임금체불보증보험에 가입하지 않으면 출국만기보험과 마찬가지로 사업주는 500만 원 이하의 벌금을 내야 한다. 임금채권보장법 적용 대상이 아니거나 상시 300명 미만 근로자를 고용하는 사업장이 가입 대상이다. 그러나 외국 국적의 동포만을 고용한 건설업이나 임금채권보장법 적용이 되지 않는 사업장은 가입 적용에서 제외된다.

3) 귀국비용보험

귀국비용보험은 외국인노동자가 귀국 시 경비를 확보하고 필요한 비용을 충당하기 위해 근로계약의 효력이 발생하는 날로부터 3개월 이내에 가입해야 하는데, 이 보험은 외국인노동자 외에 외국국적 동포도 의무 가입해야 한다. 가입 방법은 내용, 관리와 지급 등에 관한 사항은 대통령령으로 정하고 있다. 보험 또는 신탁의 지급 사유 발생에 따라 가입자가 받을 금액에 대한 청구권의 소멸시효, 소멸시효가 완성한 금액의 이전 및 관리·운용 등에 관하여는 법령에 따라 처리된다. 귀국에 필요한 조치로 사용자는 외국인노동자의 근로관계 종료, 체류 기간 만료 등의 사유에 의한 귀국 시 귀국하기 이전에 임금 등의 금품 관계 청산에 따른 필요한 조치를 취해야 한다.

보험료는 외국인노동자의 출신 국가별로 상이한데, 40-60만 원을 일시금 혹은 3회로 나누어서 분납한다. 노동자는 출국이 확정되면 출국 예정 확인서와 함께 귀국비용보험금을 신청할 수 있다. 보험금은 입금일로부터 경과 기간에 따라 다른데, 납부금액의 100~106% 수준이다. 보험금은 체류 기간이 만료되어 출국하려는 경우, 개인 사정으로 체류 기간의 만료 전에 출국하려는 경우, 사업 또는 사업장에서 이탈하였던 외국인노동자가 자진하여 출국하려고 하거나 강제로 퇴거하는 경우 신청할 수 있다(외국인고용지원, 2021).

4) 상해보험

외국인노동자 대상에 해당하는 상해보험은 외국인노동자가 업무상 발생하는 재해, 상해나 질병과 같은 사고에 대비하기 위하여 가입해야 한다. 이 보험은 근로계약의 효력이 발생한 날로부터 15일 이내로 가입해야 하며, 외국인노동자뿐 아니라 외국국적동포 역시 의무 가입해야 한다. 보험금의 지급 사유가 발생한 경우 외국인노동자 본인 또는 유족이 보험금을 청구할 수 있다.

비전문취업(E-9)과 방문취업(H-2) 노동자는 의무적으로 가입해야 하며, 미가입 시 500만 원 이하의 벌금을 내야 한다. 보험료는 연령, 성별, 보험기간에 따라 다른데, 30세 기준 남자는 1년에 9,100원이다. 지급금액으로는 질병 사망 및 고도 후유장해인 경우 최대 1,500만 원인 반면, 상해사망이나 후유장해는 최대 3,000만 원이다(한국산업인력공단, 2021).

5) 고용보험

고용보험은 전통적인 의미인 실업보험 사업을 비롯해 고용안정 사업, 직업능력 사업 등과 같은 노동시장 정책의 적극적인 연계를 통하여 통합적으로 실시되는 사회보장보험이다. 이 보험은 외국인노동자가 임의가입 대상이기 때문에 고용주는 반드시 이들의 동의를 얻어야 가입이 가능하다. 따라서 사업주는 외국인노동자 본인이 서명한 '외국인고용보험 가입신청서'를 제출해야 한다. 가입 후에는 내국인 근로자와 동일한 실업급여 혜택을 받을 수 있다.

고용보험 인지 및 가입 여부에 대해 외국인노동자 가운데서 고용보험에 가입이 가능하다는 사실을 아는 비율은 63.3%로 나타났고, 실제 가입률(49.9%)은 절반에 약간 미치지 못하는 수준이었다. 체류자격 별로는 비전문취업(E9) 노동자들의 인지도(70.5%)가 높았고, 실제로 가입한 비율(67.8%)도 높은 편이었다. 반면, 중국동포들(H2)의 인지도(56.5%)와 가입률(33.1%)은 상대적으로 낮은 편이었다. 남녀 사이에 인지도와 가입률 모두 차이가 뚜렷이 드러났고, 연령에 따른 인지도와 가입률 차이도 분명하게 나타났다. 나이가 많을수록 가입률이 크게 떨어졌다.

고용보험에 가입한 경험이 있는 이들 중에서 구직급여를 수급받는 비율은 13.5%에 그치는 것으로 나타났다. 이처럼 급여 수급률이 저조한 이유는 고용보험법 제40조에 의거하여 구직급여의 수급요건 가운데 하나인 '이직일 이전 18개월 동안의 피보험단위 기간 통산 180일 이상'에 못 미치는 경우도 일부 있을 것으로 추정된다. 이러한 자격 여부를 고려하더라도 이들의 급여 수급률은 매우 저조한 것으로 볼 수 있다. 외국인노동자 집단 가운데 고용보험에 가입한 뒤 구직급여를 받는 집단이 희소하다는 것을 의미한다.

6) 산재보험

1인 이상의 근로자를 고용하는 사업장은 산업재해를 당한 근로자 및 그 가족의 생활 보장을 위한 산재보험에 가입해야 한다. 이 보험은 근로자의 산업재해 발생 시 국가에서 책임을 보장하는 의무보험이다. 원래는 근로기준법상 사용자의 재해보상책임을 보장하기 위해 국가에서 사업주로부터 일정액의 보험료를 징수 받고, 그 기금을 통해 사업주를 대신해 산업재해 근로자를 보상해주는 제도이다.

한국에서 취업한 노동자는 모두 원칙적으로 산재보험에 가입되며, 이는 외국인노동자도 마찬가지다. 가구 내 고용 활동에 종사하는 가사, 간병 노동자나 농업, 임업, 어업, 수렵업 가운데 상시노동자가 5인 미만인 사업장에는 산재보험이 적용되지 않지만, 이런 사업장에서도 사업주가 원하면 보험에 가입할 수 있다. 특히, 산재보험의 적용을 받는 사업장에서는 산재보험에 가입하지 않아도 노동자는 산재보상을 받을 수 있다. 산재보험 미가입은 사용자의 책임이지, 노동자의 책임이 아니기 때문이다. 사용자가 산재 이후 노동자에게 협조하지 않아도 노동자가 요양신청서 등을 근로복지공단에 청구하면 된다(한국보건사회연구원, 2020).

7) 건강보험

건강보험은 의료 비용을 대신 지불해 주는 보험이며, 사용자와 외국인노동자는 〈국민건강보험법〉에 따라 반드시 가입해야 한다. 사용자에게 고용된 외국인노동자는 직장가입자로 본다. 고용허가제로 들어오는 비전문취업 집단에게 당연 적용되는 보험 중 하나이다. 외국인노동자들이 가입한 건강보험을 유형별로 살펴보면, 직장보험이 58.4%로 가장 많고 지역건강보험이 38.0% 순이다. 이를 집단별로 나눠보면 방문취업(H-2)/재외동포(F4)는 지역가입이 62.5%로 직장가입(34.6%)보다 많았으며, 비전문취업(E-9)은 직장가입이 84.9%로 가장 많고, 지역가입이 10.7%였다. 고용허가제를 통해 외국인노동자를 고용한 사업주는 14일 이내에 건강보험공단으로 직장가입자 자격취득 신고서를 제출해야 하며, 위반 시 법적인 제재를 받게 된다(고용노동부, 2020).

건강보험료는 내국인이 건강보험료를 6개월 이상 체납하면 보험급여가 제한될 수 있다는 내용이 통지되고, 이후에도 보험료 체납이 계속되면 건강보험급여 자격이 제한될 수 있다(주유선, 2021). 하지만 이주민의 경우 이러한 조건은 더욱 까다로워져 보험료를 체납한 경우 체납일부터 보험급여가 제한되며, 이후 보험료를 완납하더라도 급여제한 기간에 받은 보험급여는 환수 조치된다(김사강, 2020). 또한, 건강보험료를 체납하는 외국인의 정보를 법무부와 국민건강보험공단이 공유할 수 있도록 〈출입국관리법〉이 개정되어 '건강보험료 체납외국인 비자 연장 제한제도'를 시행하고 있다(보건복지부, 2019). 이처럼 체납은 보험급여 수급뿐 아니라 체류자격 유지에도 매우 중요한 요인 중 하나이다. 따라서 외국인노동자의 건강보험료 체납은 건강권 보장의 주요 위험요인이다.

8) 국민연금

국민연금은 가입자가 사용자와 국가로부터 일정액의 보험료를 매월 연금을 지급하여 국민 생활의 안정, 복지증진 도모 등 기본적인 생활 유지 등을 지원하는 소득보장제도이다. 이는 외국인도 내국인과 동일한 연금 수급 요건에 해당한다면 연금급여 모두를 지급받을 수 있다. 아울러 연수취업(E-8), 비전문취업(E-9), 방문 취업(H-2)의 체류자격으로 가입한 외국인이 본국으로 귀환하거나 이미 귀환한 경우 반환 일시금 형태로 지급받을 수 있다.

국민연금은 국민연금법 127조에서는 외국인노동자의 국민연금 가입, 보험료의 납부 등에 관한 내용은 본국과의 사회보장협정에 따른다고 적시돼 있다. 즉, 국가 간 상호주의에 따라 당연 적용하는 국가의 외국인근로자에게만 적용이 되고, 그렇지 않을 경우, 국민연금이 적용되지 않는다. 이에 따라, 중국과 필리핀, 우즈베키스탄 출신 이주민은 사업장 및 지역 가입이 당연 적용되고, 몽골, 인도네시아, 스리랑카, 태국, 키르기즈스탄 출신 이주민은 사업장 가입은 당연 적용이나 지역 가입은 적용 제외된다(Employment Permit System, 2021). 그밖에 베트남, 캄보디아, 파키스탄, 방글라데시, 네팔, 미얀마, 그리고 동티모르 7개국 출신 외국인노동자들은 모두 적용 제외 대상이 된다(Employment Permit System, 2021).

전반적으로 소득 수준이 높을수록, 종사상 지위가 안정적일수록, 학력 수준이 높을수록 국민연금에 대한 인지도가 높았다. 실제 국민연금 가입 비율을 보면, 방문취업(28.0%)과 재외동포(31.3%)로 후자인 재외동포 집단에서 큰 차이 없이 소폭 더 높게 나왔다. 방문취업 노동자들은 단순 노무 업종에 주로 종사하는 반면, 재외동포들은 국가자격증을 취득한 이른바 전문인력들이기 때문이다. 재외동포 집단은 단순 노무 업종에 취업하는 것이 금지되어 있다. 그러나 현실에서는 중국동포들 대부분 더 안정적인 체류자격(F4)으로 변경하기 위해서 자격증을 취득하지만, 실제로는 대부분 전문직에서 일자리를 찾지 못하고 다수가 다시 단순 노무를 선택하기 때문이다.

중국동포들의 국민연금 가입 여부는 종사상 지위에 따라서 크게 차이가 나타났다. 상용직 노동자의 경우에는 한국에서 국민연금에 가입할 수 있다는 사실을 아는 비율이 75.7%로 인지도가 높았지만, 이들의 가입률은 60%를 조금 넘는 수준이었다. 반면, 국민연금에 가입하지 않은 상용/임시/일용직 중국동포들은 보험료를 납부할 경제적 여유가 없어서가 가장 큰 이유였다. 이들 가운데 다수가 한국에서 노령을 맞게 된다는 점을 고려하면, 국민연금 혹은 다른 공적인 토대 없이는 다수가 빈곤화할 가능성이 매우 높다.

참고문헌

곽윤경 & 김기태(2021). 외국인노동자의 사회보험과 4대 전용보험 정책 과제. **보건복지포럼,** 2021(5), 42-56.

김사강(2020). 이주노동자(E-9, H-2, F-4)의 건강보험과 산재보험. 한국보건사회연구원 제8차 이주민포럼 발표자료.

주유선(2021). 이주노동자의 건강권 보장 실태 및 정책 과제. **보건복지포럼,** 2021(5), 25-41.

한국보건사회연구원(2020). 사회배제 대응을 위한 새로운 복지국가 체제 개발: 외국인노동자 연구, 한국보건사회연구원.

정기선, 김석호, 고지영, 이규용, 이혜경, 이창원, 최서리. (2013). 2013년 체류외국인 실태 조사: 고용허가제와 방문취업제 외국인의 취업 및 사회생활. 세종: 법무부 출입국 · 외국인정책본부.

제7장

⋮

북한이탈주민

북한이탈주민이란 북한에 주소·직계가족·배우자·직장 등을 두고 있는 자로서 북한을 벗어난 후 외국의 국적을 취득하지 아니한 자를 말한다. 아울러 북한을 이탈하는 과정에서 제3국에 체류 중인 북한이탈주민도 포함한다. 이 중 제3국에 체류 중인 북한이탈주민에 대한 법적 지위는 3가지로 분류하고 있다(류지성, 2016). 먼저, 이들을 대한민국 국민으로 여기는 경우이고, 다음으로 이중국적자로 보는 견해, 그리고 난민으로 보는 경우이다. 제3국에 체류 중인 북한이탈주민은 사실상 북한 국적의 보유자이면서 동시에 잠재적 대한민국 국적 소유자이다. 그러므로 우리나라의 관할권 하에 들어오는 시점에 대한민국 국적을 취득하게 된다.

한국 정부는 외국에 체류하고 있는 북한이탈주민이 한국행을 희망하는 경우, 인도주의와 동포애 차원에서 전원 수용한다는 원칙 하에 국내법과 UN 난민협약 등 국제법에 근거하여 이들을 보호·수용하고 있다. 현행 제도상 북한이탈주민의 정착과 지원체계는 3단계로 구분된다. 시기별로 초기 입국 지원, 보호 지원, 거주지 편입 지원으로 이루어진다. 특히, 정착지원 체계는 통일부와 북한이탈주민대책협의회로 구성되는 중앙정부와 고용지원센터, 경찰, 교육청, 학교로 구성되는 지방자치단체, 그리고 남북하나재단이 중심이 되는 민간기관으로 구분된다(류지성, 2016).

북한이탈주민이 국내에 정착하기 위한 우리의 법 정책 과정은 다음과 같다. 먼저, 탈북민이 우리 재외공간에 보호 요청을 하게 되면, 둘째, 재외공간은 관계부처에 상황을 보고하게 되고, 셋째, 해외공관 또는 주재국의 임시 보호시설에 탈북민을 수용하게 된다. 이때 신원확인을 거쳐 주재국과 입국 교섭 및 국내 입국을 지원하여 입국하게 된다. 입국 후에는 먼저 국정원, 경찰청 등 관계기관에 의한 합동조사를 받게 되고, 조사 종료 후에 사회적응교육 시설인 하나원으로 이동된다. 하나원으로 이동한 이들은 한국 사회적응을 위한 과정으로 12주 392시간 동안 심리안정, 진로지도 상담, 기초 직업훈련 등을 이수하게 된다. 초기 정착 지원 단계에서 가족관계를 창설하고 주거 알선, 정착금, 장려금 지원 등을 받게 된다. 이후 거주지에 전입하게 되면 5년간 거주지 보호를 받게 되고, 이 기간 동안 생계 및 의료급여, 교육, 취업에 대한 특별지원을 받는다.

1. 북한이탈주민 입국 현황

북한이탈주민은 1990년대 중반, 북한의 식량 사정 악화를 계기로 꾸준히 증가하기 시작하였다. 1998년도까지만 해도 국내 입국자는 947명에 불과했으나 지속적으로 증가하여 이후 3년간(1999년~2001년) 1,043명이 입국하였다. 2002년 1,000명을 넘어선 이래 2006년에는 2,000명을 초과하였으며, 2007년 북한이탈주민 총 입국자 수는 1만 명을 넘어서기 시작하였고, 2010년 2만 명을 넘어섰다. 2005년 이후 지속적인 증가 추세를 유지하던 입국자 수는 2012년 이후부터 점차 감소 추세로 전환되면서 2020년에는 229명만이 입국하였다(표 12). 특히, 2020년은 코로나19로 인한 북 · 중 국경통제 등의 영향으로 입국 인원이 감소한 것으로 예측된다. 이런 가운데 여성의 입국 비율은 꾸준한 증가 추세를 보이다가 2002년을 기점으로 남성 비율을 넘어서기 시작하면서 2021년 9월 전체 북한이탈주민 3만 3천8백여 명 중 72%를 기록하였다. 2019년 중반기까지 3만 3천 명이 넘는 북한이탈주민이 한국으로 입국하면서 이들의 남한 사회로의 정착과 통합에 관한 사회적 관심과 학문적 관심은 점차 높아지고 있다(김안나 & 이은미, 2019).

〈표 12〉 북한이탈주민 입국 현황(통일부, 단위:명)

		2015	2016	2017	2018	2019	2020
인원	계	1,275	1418	1127	1137	1047	229
	남	251	302	188	168	202	72
	여	1,024	1116	939	969	845	157

한국 정부는 북한이탈주민들이 한국 사회의 일원으로 자립 · 자활 의지를 갖고 안정적으로 정착하도록 〈북한이탈주민의 보호 및 정착지원에 관한 법률〉에 따라 다양한 정책적 지원을 시행하고 있다. 2012년에는 북한이탈주민 정착지원사무소(제2 하나원) 시설을 확충하고, 여성특화 교육을 강화하여 심리안정 및 건강회복 지원과 같은 교육프로그램을 지원하고 있다. 아울러 신속한 자립 · 자활 지원을 위해 북한이탈주민들이 직면하고 있는 취업 문제가 가장 시급히 해결되어야 한다. 이에 노동부와 기업 간의 유기적인 협력관계 구축을 통해, 북한이탈주민의 일자리 창출을 위한 사업을 진행하고 있다.

2010년 9월 27일을 기점으로 새로 개정된 〈북한이탈주민의 보호 및 정착지원에 관한 법률〉을 근거로 하는 법률을 시행하고 있으며, 이 법률은 북한이탈주민 지원재단, 북한이탈주민 예비학교 설립, 취업 지원 강화방안 등의 내용이 포함된다. 이후 2013년, 2014년 두 번에 걸쳐 〈북한이탈주민의 보호 및 정착지원에 관한 법률〉 개정을 단행하였다. 이 법률에서는 북한이탈주민 자산형성지원, 취업, 교육 등 실태조사의 근거를 마련하는 한편, 기본계획(3년 주기)을 신설하고 자산형성제도를 도입하였다.

2. 북한이탈주민 지원사업

북한이탈주민지원재단은 북한이탈주민의 안정적인 정착을 돕기 위하여 주요사업들을 시행하고 있다. 일반에 잘 알려진 남북하나재단은 대외적인 또 다른 이름이며, 별칭으로 사용된다. 재단은 한국에 온 탈북민들의 초기 정착부터 생활보호, 취업 및 교육 지원, 통일 미래리더 양성, 국민 인식개선 캠페인까지 다양한 사업을 통해 탈북민들의 경제적 자립과 사회적 통합을 돕고 있다. 북한이탈주민의 정착지원은 초기의 북한이탈주민의 '보호'에서 '자립'으로 그리고 이제는 '사회통합'으로 변화하고 있다(장명선 & 김선옥, 2017). 남북하나재단에서 지원하는 주요사업은 다음과 같다.

1) 초기 정착, 생활 안정 지원

초기 정착, 생활 안정 지원으로 정착도우미, 생활안정키트 및 가전제품 지원, 의료지원, 생활 안정 지원, 전문상담사, 하나센터, 종합상담 콜센터, 공동생활 시설이 있다. 정착도우미란 북한이탈주민이 하나원에서 거주지에 도착할 때까지 그 신변을 보호하고, 거주지에서의 생활 안내를 하는 등 북한이탈주민을 돕기 위한 민간 자원봉사자(북한이탈주민법 시행령 제41조의2)이며, 거주지 안내, 초기 물품 구입, 가정방문 활동 등을 하고 있다. 생활안정키트 및 가전제품 지원사업은 하나원을 수료한 북한이탈주민에게 전입 초기에 필요한 생활용품과 120만 원 상당의 가전제품 상품권을 제공함으로써 안정적인 정착을 할 수 있도록 지원하고 있다.

지원내용으로는 식료품, 생활용품과 가전제품을 제공하고 있다. 의료지원으로는 탈북민이 건강하게 정착해 자립할 수 있도록 병원비를 지원하는 사업을 시행하고 있다. 소득 기준은 2021년 질환으로 치료받은 기준 중위소득 120% 이하 북한이탈주민 1인 가구로 월 2,193,397원 이하에 해당되는 금액이다. 기초생활수급자 및 차상위 계층은 지방자치단체 등에서 저소득층으로 확인된 가구이므로 가구 구성, 소득 기준을 적용하지 않는다.

생활 안정 지원이 필요한 긴급생계지원 대상은 위기 상황에 놓인 북한이탈주민으로 연 최대 100만 원 이내의 지원금을 관할 하나센터(전문상담사)에 요청할 수 있다. 또한, 비보호자 긴급생계비 지원은 당해 연도 비보호 결정통지를 받은 북한이탈주민으로 1인 1회, 긴급생계비 100만 원을 지원한다. 위기가정 위로 방문(명절)은 북한이탈주민 중 독거노인, 무연고, 중증질환자 등 위로 방문이 필요한 가정에 1가구당 20만 원 상당의 위로 물품을 지원한다. 사망위로금 지원은 당해 연도 질병, 사고 등으로 사망한 북한이탈주민 가족에게 1회 30만 원을 가족관계증명서 및 주민등록등본으로 확인이 되는 유가족에게 지원하며(직계존비속 등), 무연고 장제비 및 납골 안치 지원도 하고 있다. 이와 더불어, 북한이탈주민에 대한 심층적 이해를 바탕으로 심리, 의료, 교육, 복지, 취업 지원 등 전문적이고 종합적인 정착지원 서비스를 제공하기 위해 전국 하나센터에 전문상담사를 배치하고 있다.

하나센터는 북한이탈주민의 거주지 적응교육과 북한이탈주민의 특성을 고려한 심리 및 진로상담, 생활 정보 제공, 취업서비스 및 사회서비스 안내 등을 종합적으로 실시하는 지역적응센터로 관할지역 전입자 신병 인수 및 초기 전입 지원, 초기집중교육, 지역적응지원, 취업 지원, 사례관리, 정착지원 유관기관 협력 연계 등의 역할을 하고 있다. 공동생활 시설 지원으로는 하나원 수료 후 주택 배정이 완료되지 않았거나 주택 미배정 북한이탈주민은 주택 배정 시까지, 긴급 보호의 경우에는 6개월 이내로 이용 가능하다. 2020년 서울지역 4곳과 경기, 인천 4개소로 전체 8개소가 운영 중에 있다.

2) 정착지원금 사업

정착지원금으로는 가산금, 교육지원금, 미래행복통장, 하나원 정착지원금이 있다. 가산금 제도는 북한이탈주민의 초기 정착을 돕고자 마련된 정착금의 일종으로 고령 가산금, 한부모가정 아동보호 가산금, 장기치료가산금, 장애가산금으로 이루어져 있다. 남북하나재단에서는 위 5가지 중 장기치료, 장애가산금을 지원하고 있다.

교육지원금으로는 정부의 북한이탈주민 교육지원이 있다. 이것을 크게 두 가지로 나누면, 첫 번째로 중고등학교에 편·입학하는 경우이며, 두 번째로 대학에 편입학하는 경우이다. 대학원의 경우 각 대학별 자율기준에 의하여 지원한다. 중고등학생의 경우는 교육부에서(전액 무료), 국공립대학에 편입학하는 경우 정부에서(전액 무료), 사립대학에 편입학하는 경우 남북하나재단에서 등록금(반액)을 지원하고 있다. 미래행복통장제도는 근로소득이 있는 북한이탈주민이 지정된 은행에 일정 금액을 저축할 경우 재단이 같은 금액을 적립하여 지원함으로써 북한이탈주민의 경제적 자립에 필요한 목돈 마련을 돕기 위한 자산형성지원 제도이다. 하나원 정착지원금으로는 고용지원금,

취업장려금(직업훈련 및 자격취득 장려금 포함), 주거지원금 잔액(거주 보호 기간 종료 후 주거지원금 잔액) 지급, 지방거주장려금을 지급한다.

3) 자립 · 자활 지원

자립 · 자활 지원으로는 통일형 예비사업 기업지정 지원, 자활사업단 운영, 영농정착 지원, 창업 지원, 우선구매제도, 지역취업 지원사업 운영, 단기연수 지원사업, 그리고 직업역량강화사업이 있다. 또한, 통일형 예비사회적 기업 지정, 지원을 통한 사회적기업 육성 및 북한이탈주민 일자리 창출로 지정, (예비)사회적기업 사후관리 및 사회적기업인증 지원, 사업개발비 2천만 원 이내 지원, 경영컨설팅 교육 등을 지원한다. 이때 지정 기간은 3년이다. 창업희망자 지원 자활사업은 자활사업을 통해 근로 능력이 있는 탈북민 스스로 자립할 수 있도록 근로 기회를 제공하고 기능습득을 지원하며, 자활 능력을 배양시킨다. 더불어 조건부 수급자, 차상위 계층의 참여를 통해 수급탈피 및 일반시장 진입을 유도하고, 북한이탈주민 밀집 지역을 중심으로 지역자활센터와의 연계를 추진한다. 이에 더해 북한이탈주민 적합업종 중심으로 사업단을 운영하며(사회서비스형, 시장진입형 등), 보건복지부 자활사업단 제도 활용(일자리 창출, 공동 · 개인 창업 등), 노동시장 진입을 위한 디딤돌 역할 수행 및 참여 북한이탈주민 대상 정서, 교육프로그램을 제공한다.

우선구매제도는 탈북민 고용기업이 생산한 물품을 공공기관에서 우선 구매할 수 있도록 하는 제도를 통해 탈북민의 고용 촉진을 유도하고, 일자리를 창출하기 위함이다. 또한, 단기연수 지원사업은 미취업 북한이탈주민에게는 취업현장 연수를 통해 기술습득 및 직업 적응과 직업의식을 고취하는 계기를 마련하고, 기업주에게는 예비 고용 후 검증된 인재 채용의 기회를 제공한다.

4) 교육, 인재양성 지원사업

교육, 인재양성 지원으로는 통일미래 인재육성, 청소년 교육 및 적응 지원, 그리고 정착지원 전문인력 양성이 있다. 통일미래 인재육성은 중고등학생 및 대학(원)생을 대상으로 안정적인 학업 수행을 위한 생활 보조금을 연 2회 지원한다. 청소년 교육 및 적응 지원은 탈북청소년의 학교 및 학업 적응을 지원하고, 중도이탈 및 방과 후 방임 등을 예방하기 위한 맞춤형 교육과 보호시설 운영을 지원한다. 아울러 탈북 학생 및 북한이탈주민 자녀들의 일반학교 적응을 위한 통일전담교육사를 파견하고, 정착지원 인력의 체계적 교육을 통한 역량을 강화한다. 따라서 이 사업은 지원의 효과성 제고 및 통일기반 인력을 육성하는 데 목적을 둔다. 현재 26개교에 파견되어 있는 재북교사들은 학부모 상담, 탈북청소년 학교적응 지원 등을 담당하고 있다. 정착지원 전문인력 양성은 북한이탈 정착지원 실무자를 대상으로 총 3단계 교육과정 이수 후 검정고시를 거쳐 민간자격증을 취득하게 된다.

5) 사회통합 지원

남북하나재단은 남북주민 상호 간 긍정적 인식과 이해를 높이기 위한 다양한 사업을 통해 통일 한국 사회통합 기반 조성을 위한 정기간행물(동포사랑)을 발간하고 있다. 온라인 홍보 및 공익광고를 통하여 남북주민 상호인식 제고를 위한 사회통합 메시지 확산, 정착사례 확산을 위한 탈북민이 살아가는 이야기 발굴 등 국민들이 쉽게 알 수 있도록 전달하고 있다. 대회 협력 확대를 위해 민간사업공모와 착한봉사단을 두고 있으며, 남북소통 이야기를 통해 남북주민 사회통합 및 인식 제고를 위한 사회통합 교육프로그램을 운영하고 있다.

6) 실태조사, 정책연구

남북하나재단은 북한이탈주민 실태조사, 문제해결 지향 정책연구 등을 통해 북한이탈주민 자립 정착과 통일 준비를 위한 정책사업 근거자료를 축적하고, 정착지원 현장의 현안 문제해결을 위한 다양한 해법 등을 제시하고 있다. 북한이탈주민 실태조사는 2011년부터 매년 전국 단위로 실시하는 국내 유일의 북한이탈주민 통계조사로 정책 입안, 사업 수립 등의 근거자료로 활용하고 있다. 이러한 조사는 통일 대비 남북한 사회통합 및 정책개발 등에 필요한 북한이탈주민 시계열 데이터 축적 및 관련 연구의 기초데이터를 제공하기 위해서다. 정착실태조사(주거와 생활, 구직과 취업 등 생활 안정과 경제활동 상태)와 사회통합조사(노동, 소비, 여가, 복지, 보건 및 건강, 사회참여 등)는 매년 이루어지고 있으며, 탈북청소년(만10세-만18세) 조사는 격년으로 교육 및 학교생활, 탈북과정과 교육경험, 보건실태 등을 조사하고 있다.

북한이탈주민이 본격적으로 발생하기 시작한 1990년대 이후부터 현재까지 탈북에서 남한 사회의 정착에 이르는 모든 과정에 기독교 단체들이 관여해왔다(최현종, 2018). 이들은 공개적인 민간단체나 정부 차원의 활동이 어려운 해외 거주 북한이탈주민들의 지원을 전담하다시피 했다. 최근 전문 브로커들에게 주도권이 넘어가기 전까지 이들의 국내 입국은 기독교 관계자의 도움이 큰 역할을 하였다. 그러나 증가하고 있는 북한이탈주민 정착지원 단체 중 기독교는 현재도 일정 부분의 중요한 역할을 담당하고 있다. 이처럼 기독교의 기여에 의해 북한이탈주민의 상당수가 교회에 다니고 있으며, 기독교 신앙을 유지해 오고 있다. 그러나 물량 공세개별적·경쟁적 지원, 일회성·이벤트성 지원 등은 북한이탈주민 관련한 기독교의 역할에서 문제점으로 지적되고 있다.

3. 북한이탈주민의 적응실태

북한이탈주민의 2000년 이후 탈북은 브로커의 등장과 먼저 입국한 탈북이탈주민의 잔류 가정 기획 탈북 요청에 따른 연쇄 이동이 증가하였다. 북한이탈주민 사회는 자체적인 성장 메커니즘을 가지면서 급성장하다가 2012년 김정은 정권부터 입국자 수가 감소하였다. 현재는 여성의 입국 비율이 압도적이다. 이러한 현상은 북한 내의 탈북은 여성, 아동, 노년층에서도 가능한 일반화 현상에서 비롯되었으며, 특히 여성은 남성에 비해 상대적으로 중국 내에서 은폐 생활이 더 유리하기 때문이다.

1999년 이후의 북한이탈주민은 학력이나 직업, 계층적인 측면에서 그 이전의 입국자들에 비해 낮은 수준인 것으로 조사되었다. 북한인권정보센터의 북한이탈주민 실태조사 결과에 따르면, 학생, 무직, 주부와 같이 한 번도 직업을 가져 보지 못한 사람의 비율이 29%를 차지하였다. 직업 보유자 중에서도 노동자와 농장원의 비율이 높게 나타났으며, 사무직 및 관리직, 예술인 및 체육인, 그리고 교원이나 의사 등 전문직 종사자의 비율은 현저히 낮은 것으로 조사되었다(채경희, 2017).

북한이탈주민의 사회 부적응 요인은 경제활동의 어려움, 남북의 정치체제의 차이, 남북의 다른 경제 제도, 남북의 서로 상충되는 문화, 가족관계로부터 오는 어려움으로 나타났다(채경희, 2017). 남북의 정치체제의 차이는 인민민주주의와 자유민주주의 차이에서 오는 어려움이다. 정형화된 정치체제를 지지하든지 반대하고 숙청되든지 양자택일해야 한다. 또한, 이들의 유일사상, 유일지도, 유일 체제, 일원화, 일편단심, 일심단결 등의 구호는 생활 속에서 행위규범으로 강요되었다. 그러므로 모든 북한 주민이 이 기준에 따라 사고하고 행동할 것을 요구한다. 따라서 북한이탈주민은 진정한 자유민주주의에 대한 인식이 부족할 수밖에 없다. 감시와 통제, 총화와 비판을 수반한 긴장된 조직 생활과 강제성을 띤 사회 동원, 노력 동원, 각종 사회 지원, 노력 지원이 일상화되어왔다. 이들은 사회 동원 또는 노력 동원 참가 여부에 대해서 개인의 의지에 의한 결정이 어렵다. 사회 지원 및 노력 지원 또한 자율성이 주어지지 않으며, 수십 년에 걸쳐 진행되어 온 감시제는 사람들 간의 불신을 조장하고 공식·비공식 규범 사이에서 이중적 가치관을 형성한다.

남북의 서로 다른 경제 제도에 의한 어려움은 능동적 시장경제와는 구별되는 수동적 계획경제 사회의 책임성과 적극성이 결여된 생활방식에 따른다. 계획경제 사회는 모든 것이 분명하게 구분되어 있으며, 필요 재화와 용역은 개인이 알아서 마련해야 한다. 대가 지불이 원칙인 시장경제 사회에 반해 사회 재산은 공동의 것이며, 무상의 원리가 작용한다. 공급소나 배급소 앞에 물건 확보를 위해 늘어선 긴 줄은 흔히 계획경제와 공급제에 길들여진 사람들의 모습이다. 이러한 상황은 사람들이 절대재화 부족에 따라 물량이 있을 때 확보해 두고자 하는 데 있다.

또한, 노동 강도의 차이는 북한이탈주민을 더욱 힘들게 한다. 개인이란 없으며, 국가가 모든 것을 선택하고 결정한다. 예컨대, 거주할 지역 및 주거 공간, 직장, 공급받을 물품, 공급해주는 상점 및 배급소, 다닐 학교와 치료받을 병원에 이르기까지 선택받는다. 따라서 북한이탈주민이 남한에서의 사회적응 과정에서 가장 큰 어려움으로 꼽는 것이 '선택'이다. 개인이 선택해야 한다는 것, 선택에 따른 결과 역시 개인이 책임져야 한다는 것은 어렵고 복잡한 경쟁과는 무관한 공급제 사회에서는 알 수 없었던 선택과 책임이라는 개념의 학습 결여는 북한이탈주민의 사회적응을 어렵게 만드는 요소로 작용된다.

남북의 상충되는 문화가 주는 어려움은 지난 반세기를 거쳐 북한 주민들에게 과거 외부, 종교 등과의 단절을 강요하였다. 이는 다른 국가, 다른 사회

사람들과 심한 문화적 이질감을 느끼게 하며 폐쇄적인 사회적 분위기가 고조되고 있다. 북한에서 특히 외부와의 단절은 더욱 심각한 수준이다. 평양 및 일부 대도시를 제외하면 대다수의 북한 주민들은 외국인을 본 일이 거의 없다. 또한, 외국 서적이나 타문화를 받아들일 기회가 제공되지 않는다. 특히 한국 문화나 미국 문화에 대한 차단의 수위는 매우 높은 것으로 알려져 있다.

공산주의 이념에 길들여진 북한 주민은 타협에 서툴 수밖에 없다. 즉, 북한의 전투적인 사회 분위기는 주민들로 하여금 전투, 행군, 운동, 투쟁이라는 용어 사용 등 공격적이고 비타협적이기 때문에 집단의 이익에 개인이 희생되는 것을 당연시한다. 이로부터 오는 개인주의는 곧 이기주의와 같이 나쁜 사상임을 강조한다. 특히, 낙후된 북한의 정보화 인프라는 온라인 문화의 부재를 초래했고, 이는 타국과의 문화 단절로 이어지고 있다.

가족관계나 양육으로부터 오는 어려움은 어느 사회에서나 여성이 남성에 비해 강한 책임을 부여받게 된다. 가족 형성 측면에서 볼 때 탈북 여성은 이별, 이혼, 별거 등의 이유로 결혼율이 낮게 나타나고 있다. 또한, 결혼 상태에서는 결혼은 했지만 혼인신고를 하지 않았거나, 결혼하지 않은 채 동거만 하는 비율이 30~40대에서 20%로 나타났다. 이는 이별, 이혼, 별거 등에 따른 가족 해체로 인해 불안정성이 매우 높다는 것을 의미한다. 특히 북한이탈주민이 겪게 되는 가족 해체 및 불안정한 결혼 생활은 이들의 상당수가 한국 입국 후의 결혼 생활에서 발생한 것으로 보인다. 북한이탈주민 가운데 북한이나 중국 등지에 일부 가족을 두고 입국한 이산가족의 경우 가족의 신변 안전에 대한 불안으로 인해 정서적 불안을 경험하기도 한다. 특히 가족의 이산은 남한 사회적응의 심각한 장애 요인으로 작용하게 된다(윤인진, 2012).

북한이탈주민 가족은 남한 사회에 적응하면서 부부관계, 성역할 의식, 부모와 자녀관계 등에서 변화를 경험하게 된다. 북한 사회의 남성 중심적이던 부부관계가 남한 생활 중에도 일정 부분 유지되고 있으나, 자녀 양육과 교육, 의논 대상, 경제적인 기여 등 북한에서의 생활과 비교해 여성의 역할이 더 커지게 된다. 이로 인해 자녀의 양육 및 교육의 책임이 가중된 탈북여성에게 사회적응의 어려움도 동시에 가중시키는 것으로 여겨진다(채경희, 2017).

북한이탈주민의 가족 송금은 사회적 측면에서 볼 때, 북한의 경제적, 사회적 변화와 송금의 사회적 의미가 남북한에 주는 시사점은 다음과 같다(최희, 2021). 첫째, 북한이탈주민의 북한가족 송금은 가족 만남을 위한 교류 비용이며, 또한 통일 비용을 절감할 수 있는 잠재적 투자이다. 둘째, 북한의 가족 경제가 느리지만 조금씩 나아지고 있다. 셋째, 북한 가족으로의 송금 행위에 대해 법적인 보호 조치가 필요하다. 넷째, 남북한 간의 송금 시스템과 관련하여 제도적인 보완이 필요하다.

북한이탈주민을 가시화하고 집단적 정체성을 강조하는 제도와 프로그램이 도리어 북한과 북한이탈주민에 대한 편견으로 이어지면서 갈등을 강화하고 교착시킨다(오주연, 2021). 북한이탈주민이 가시화될수록 남한 주민들로 하여금 북한이탈주민에 대한 지원이 집단의 이익을 저해한다는 부정적 인식을 갖게 한다. 이는 기존에 북한이탈주민의 집단적 정체성을 강조하여 남한 주민들의 북한이탈주민에 대한 인식을 개선하고자 했던 사회통합 프로그램들이 그 자체로 한계일 수 있음을 보여준다. 북한이탈주민이 남한 사회에 잘 적응하려면 사회구성원들과의 어울림과 정서적인 공유가 무엇보다 중요하다. 따라서 북한이탈주민의 남한 사회 조기 적응을 위한 국가적 차원의 사회안전망 구축, 재정 부담 감소 등 구체적인 방안이 논의되어야 한다(채경희, 2017).

1) 북한이탈주민지원법의 문제점과 개선방안

　북한이탈주민의 법적 지위인 국적에 관련된 쟁점은 이미 앞서 언급되었듯이 먼저, 대한민국 국민이라는 견해로 이는 헌법 제3조 영토조항과 헌법 제4조 평화통일조항의 해석에서 규범적 효력에 근거하여 북한지역은 미수복지역이라고 여기는 견해에 따라 북한이탈주민 및 북한 주민은 대한민국 국민에 해당된다는 입장이다. 북한은 국제법 또는 대한민국 입장에서는 국가가 아니므로 북한주민은 대한민국 국민이라는 견해로, 제헌헌법 제3조는 대한민국 국민의 요건을 법률로 정하였다. 이에 북한 주민은 한국 국적을 가진다는 입장이다. 다음으로, 무국적 또는 외국이라는 견해는 헌법 제3조의 규범력을 부인하거나 헌법 제4조의 우월적 효력을 인정하는 입장에서는 북한 주민이 북한을 국가로 인정할 경우는 외국인으로, 또는 국가로 인정하지 않을 경우는 무국적자로 보아야 한다는 입장이다. 마지막으로, 이중국적자라는 견해는 대한민국이 북한의 UN 가입에 동의함으로써 북한을 국가 즉, 국제법적인 주체로 인정하고 존중해주는 것으로 보았다. 이 때문에 북한 주민은 대한민국 국민이면서, 그들이 제3국에 소재하는 경우에는 국제법적 견지에서 이중국적을 지니는 특수한 지위에 있다고 보았다. 최근 북한 주민의 난민 신청과 관련하여 영국, 호주 등이 우리의 〈헌법〉, 〈국적법〉, 〈북한이탈주민의 보호 및 정착지원에 관한 법률〉 등에 기초하여 북한 주민의 국적을 북한과 남한의 복수 국적으로 인정하고 있다.

　북한이탈주민은 제3국에서 출생한 자녀들과 동반하여 입국한 경우 주거지 구청에 방문하여 출생신고 절차를 거쳐야 한다. 그러나 북한이탈주민법의 적용 시 탈북 여성과 그 자녀가 동반하여 남한에 입국하는 경우나 자녀 홀로 입국하는 경우, 그 자녀에 대해서는 북한이탈주민법의 적용이 불가능하다. 외국 국적을 취득하는 경우에는 보호 대상에서 제외되기 때문에 부계

혈통주의를 취하는 중국의 남성이 부인 경우, 탈북 아동은 중국 국적자로 분류되어 배제된다. 예를 들어, 북한 여성이 북한에서 출산하여 동반 탈북한 아이와 탈북 여성이 탈북 과정 중 외국에서 출산한 아이는 모와 서로 다른 국적이라는 것이다. 이때 유전자 검사 또는 인우보증을 하도록 하고 있지만, 장시간 탈북 과정을 거치는 동안 이를 입증하기는 쉽지 않다. 그러므로 제3국 출생 자녀들을 보호하기 위해서는 하나원 퇴소 이전에 출생신고를 정리할 수 있도록 하는 정책을 모색해야 한다.

또한, 교육수급에 대한 근거법률 부재로 인해 제3국 출생이 늘어나는 추세에도 불구하고 입학 특례나 자격취득 등에 관한 특례에서 배제되고 있다. 이에 통일부는 2014년부터 탈북청소년 특성화 학교인 한겨레 중고등학교에 재학하는 제3국 출생 탈북청소년에게도 입학금을 비롯하여 학교운영비, 기숙사비를 지원하는 것에 대한 합법성을 제기하고 있다.

아울러 북한 이탈 과정에서 가장 중요시되어야 하는 신변 보호 규정의 부재를 지적한다. 북한이탈주민은 북한을 탈출하여 남한에 입국하는 과정에서 제3국을 거치게 된다. 이들은 제3국에서 숨어지내다가 한국 정부에 보호 요청을 함으로써 입국하게 되는데, 이 과정에서 언론 등을 통해 신분이 공개되면서 북한에 남겨진 가족 등의 신변에 위협이 생기게 된다. 더구나 탈북과정을 비공개로 요청함에도 불구하고 언론에 노출되어 정보가 유출되기도 한다. 이에 따라 북한이탈주민의 안전을 보장하고, 이들이 한국 사회의 일원으로 적응하면서 자유롭게 살아갈 수 있도록 비밀 유지를 의무화하는 입법이 고려되어야 한다.

2) 북한이탈주민에 대한 인식

최근 입국하는 북한이탈주민의 과반수는 가족 초청에 의한 기획 탈북이다. 한편 재외 탈북자의 70% 이상을 여성이 차지할 정도로 이주의 여성화가 두드러진다. 특히 2002년부터는 해마다 그 수가 1,000명을 넘어섰고 2006년부터는 2,000명을 넘어섰다. 북한이탈주민들이 한국에 정착하면서 겪게 되는 가장 큰 어려움은 사회부적응 문제다. 특히 경제적인 어려움과 문화 차이에 따른 어려움, 그리고 심리적인 어려움 등은 시급한 해결을 요하는 사안들이라 할 수 있다. 이러한 문제들은 북한이탈주민 개인의 노력만으로 될 수 있는 문제는 아니며, 남한 사회의 제반 사항이 뒷받침될 때 성공적인 사회 정착으로 이어질 수 있다.

북한이탈주민 4명 중 1명은 생계급여를 지급받는 수급자이며, 고용률은 54.6%에 그치고 있다(2015년 기준). 탈북자의 생계급여율과 경제활동 참가율은 점차 개선되고 있지만, 이들의 생활은 여전히 많은 어려움에 직면해 있다. 뿐만 아니라 한국 사회 선주민들에 의한 편견과 차별의 시선까지 감당해야 한다. 이들 중 상당수는 위험을 무릅쓴 탈출과 장기간의 제3국 생활 등 어려운 과정을 거쳐 남한으로 들어오는 것으로 알려져 있다.

북한이탈주민을 마주하는 한국 사회의 관심은 북한 및 통일에 관한 인식과 같이 매우 복합적으로 작용한다(황정미, 2016). 북한을 바라볼 때 민족의 동질성보다는 이질성과 격차를 더 민감하게 받아들이고 있다. 이러한 심리적인 현상으로 인해 북한 주민이나 북한 동포에 대한 친밀감은 점차 낮아지는 추세다. 북한 거주 동포 집단과 해외거주 동포 집단에 대한 선주민의 친밀감을 비교한 결과 재미동포와 재일동포, 그리고 재중(조선족)동포에 비해 가장 낮은 것으로 조사되었다(윤인진, 2011). 남한 시민 내부에서도 인식의 차이는 다르게 나타나고 있는데 특히 세대별 태도의 격차가 커지는 추세이다. 북한 체제 및 북한이탈주민에 대한 부정적 평가는 장년이나 노년층보다 청년층에서 더 많이 나타났다. 더욱이 20대의 청년층에서는 다른 연령층에 비해 통일의 필요성에 대해 공감하는 태도가 낮은 편이다.

북한에 대한 인식은 매우 복합적인 가치로 구성되며, 세계화에 따른 다양한 환경 변화 즉, 대미 · 대중관계와 국내의 정책 변화 등에 따라 유동적인 변화 양상을 보인다. 정치 성향이나 성격이 북한에 대한 인식을 좌우하는지 또는 그 역의 관계에 따라 성립되는지 여부는 여전히 논쟁적이다(박종철 외, 2015). 다른 한편으로는 냉전 시대와 탈냉전 시대를 거쳐 온 경험에 따라, 즉 세대 혹은 연령별 대상에 따라 서로 상이한 태도로 나타난다. 그러나 동일 세대 간에도 통일 의식 분화는 존재하며, 경제적 계층 혹은 정치 성향에 따라 차이가 존재할 수도 있다. 특히 세대에 따른 격차의 지나친 강조는 자칫 현실 세계와 동떨어진 해석으로 연결될 수 있다(김병조, 2015).

통일 인식의 세대별 차이를 보다 체계적으로 분석한 연구에서 세대는 단순한 연령 집단과 구분되는 개념이며, 비슷한 시기에 동일 문화권에서 태어나 역사적 경험을 공유하는 동시기 출생 집단으로 정의된다(김병조, 2015). 통일 또는 남북관계에 관련된 역사적 사건을 기반으로 체제 경쟁 세대(1941-1960년 출생), 민주화 통일 세대(1961-1970년 출생), 탈냉전 통일 세대(1971-1980년 출생), 통일 준비 세대(1981-1995년 출생)의 네 단계로 세대를 구분하고 있다. 이들 중 가장 최근에 출생한 세대인 통일 준비 세대는 통일은 필요치 않다고 생각하였고, 대부분은 통일에 관심이 없다고 응답하였으며, (분단 상태인) 현재에 만족한다는 인식을 가진 응답이 다른 세대에 비해 두드러지는 특징이 있다. 1981년 이후에 출생한 통일 준비 세대가 통일의 필요성에 대해 크게 공감하지 않는 이유는 통일이라는 개념이 청소년기 이후의 경험이라는 맥락에서 이해할 수 있다. 예컨대 1997년 IMF 경제 위기 이후 빠르게 성장하던 한국 사회의 경제가 제 기능을 발휘하지 못한 상태에서 미래의 통일보다 현재의 생존이 더 절박하다는 사실을 고민해야 하는 입장에 있다. 또한, 통일 인식에서 세대별 차이가 나타나지만, 같은 세대 내에서도 인식의 분화가 존재하며, 특히 경제적 계층이나 정치 성향에 따른 차이가 존재하기 때문이다(김병조, 2015).

통일에 대한 인식은 연령에 따른 차이를 보이는데, 사회적 위협을 인지하는 태도가 북한이탈주민 또는 통일에 대한 인식의 차이로 이어질 가능성을 시사한다. 오늘날 청년들의 높은 대학진학률에도 학업에서 취업으로의 이행이 난관에 봉착해 있으며, 청년들의 실업률도 과거에 비해 크게 증가하는 상황에 있다. 이로 인해 이들은 미래에 대한 불안감이나 위협감, 초조함과 같은 부정적 심리 상태가 증폭되고 있다. 따라서 북한이탈주민 등의 외집단이나 통일 과정에서 수반되는 예측 불가능한 사회변동 현상이 개인에 대한 사회적 위협 요소로 인지할 가능성을 배제하기 어렵다. 이러한 배경에는 통일 관련 역사적 경험 공유라는 '세대' 요인뿐 아니라 생애주기 중 성년이행기 단계에 속해 있다는 점에서 유사한 위기감에 직면하고 있다는 해석도 가능하다.

통일이 가져다줄 국가 차원의 편익은 대체로 높게 평가되는 반면, 개인적 편익은 낮게 평가되는 것으로 나타났다. 통일연구원의 남북통합에 관한 국민의식 조사 결과 역시 통일의 국가 편익에 비해 개인적 편익은 상대적으로 크지 않다는 인식이다(박종철 외, 2015). 또한, 통일은 국가와 민족의 연합이라는 차원에서 중요하게 작용하지만, '나'의 일상적인 삶이나 개인의 이익에는 실질적으로 와닿지 않을 것이라는 이중적 인식을 지닌다. 통일에 따른 편익이 남한의 모든 사람에게 골고루 배분되지 않을 거라는 우려, 통일에 수반되는 사회·경제적 변화 양상을 주도하고 관리를 책임져야 하는 국가를 향한 불신이 담겨 있다(황정미, 2016). 이러한 불신은 통일 및 대북정책으로 인해 국가와 사회 간의 갈등이 발생할 수 있음을 시사한다. 아울러 불신에서 발생되는 갈등은 통일의 편익뿐만 아니라 대북지원 및 남북관계, 북한이탈주민 증가에 따른 국가의 지원정책에서 나타나기도 한다. 통일 및 대북정책, 그리고 북한이탈주민 관련 문제들은 이미 남한 사회의 정치 · 사회 · 경제 분야의 균열 지점들과의 교차를 통해 다양하게 분화된 입장과 담론들을 우리 내부에 만들어낸다.

북한이탈주민을 향한 시선은 북한과 통일에 대한 태도와는 일관되게 구분되면서도 또한 상호 연관 관계에 놓여 있다. 대체로 통일에 관한 관심뿐 아니라 북한에 대해 우호적일수록 북한이탈주민에 대한 태도 역시 포용적인 것으로 나타났다. 그러나 북한의 체제, 북한 정권에 대한 태도, 북한 주민을 바라보는 시선 등은 동일하지 않다. 또한, 빨리 통일을 추진해야 한다는 적극적인 태도 또한 개인의 체제 선호도에 따라 그 의미 양상은 달라질 수 있다. 따라서 북한 및 통일에 대한 인식은 복합적인 가치들로 구성된다. 이러한 인식들은 북한이탈주민에 대한 태도와 분명한 구분이 필요하지만 또 다른 측면에서는 서로 연관성을 갖기도 한다. 70년 이상 고착 상태로 분단되어 있는 상황으로 인해 남한과 북한 주민 간에 사회 · 문화적 이질감은 커졌으며, 남한 사람들의 생활세계 속에서 북한 사람으로서 느끼게 되는 이질감은 동질감보다 더 크게 인지될 수밖에 없다.

참고문헌

김병조(2015). 한국인의 통일 인식 2007~2015: 세대별 격차와 세대 내 분화. **통일과 평화**, 7.

김안나 & 이은미(2019). 북한이탈주민의 한국 사회 '통합'에 관한 연구 동향 분석. **한국사회정책**, 26(3), 171-194.

류지성(2016). **북한이탈주민 지원법제의 현황과 개선방안에 관한 연구**. 한국법제연구원.

박종철, 박주화, 홍석훈, 송영훈, 이상신, & 조원빈(2015). 2015 남북통합에 대한 국민의 식조사: 인식, 요인, 범주, 유형. 통일연구원 **연구총서**, 1(1), 1-396.

오주연(2021). 갈등분석을 통한 북한이탈주민 사회통합사업의 방향성 제고. **현대사회와 다문화**, 11(2), 163-197.

윤인진(2011). 민족에서 국민으로: 재외동포, 북한이탈주민, 외국인 이주민에 대한 인식 변화. 한국인, 우리는 누구인가, 165-187.

윤인진(2012). 북한이주민의 문화변용과 사회적응. **한국학연구**, 41, 37-61.

장명선 & 김선욱(2017). 북한이탈주민정착지원 법제의 쟁점과 과제: 젠더적 관점을 중심으로. **법학논총**, 29(3), 379-422.

채경희 (2017). 북한이탈주민의 적응실태 및 방안. 한국산학기술학회 논문지, 18(10), 524-530.

최희(2021). 북한이탈주민의 가족송금의 사회적 의미. **다문화사회 연구**, 14(3), 325-355.

황정미(2016). 사회적 위협 인식과 북한이탈주민에 대한 사회적 거리. **아태연구**, 23(2), 311-346.

제8장

∶

재외동포의 귀환이주

1. 귀환이주 동포현황

국내 체류 외국국적 동포는 2019년 878,439명에서 2020년 811,211명으로 전년보다 7.7%(67,228명)의 감소 추세로 전환되었다. 이는 코로나 팬데믹으로 인한 일시적인 현상으로 판단된다. 정부 수립 이전에는 국외 이주 동포(중국·CIS 지역 동포)를 적용 대상에서 제외하는 재외동포법이 시행되었으나 평등의 원칙에 위배된다는 헌법불합치 결정(2001. 11.)이 내려졌다. 이후, 거주국 동포 간 차별을 최소화하기 위한 취업관리제(2002년) 및 방문취업제(2007년)가 새로 도입되었다. 이에 따라 자유 왕래와 국내 취업을 확대·허용하면서 중국 및 독립국가연합(CIS) 재외동포들이 지속적으로 증가하고 있다.

1) 체류자격

외국국적 동포를 체류자격 별로 살펴보면 재외동포(F-4) 자격 444,880명(50.6%), 방문취업(H-2) 자격 250,381명(28.5%), 영주(F-5) 자격 92,245명(10.5%), 방문동거(F-1) 35,421명(4.0%) 등 순이다(표 13). 중국 및 CIS 국적 동포에 대해 재외동포(F-4) 자격을 부여하고 확대함으로써 재외동포(F-4) 자격자가 증가하고 있다. 또한, 재외동포(F-4) 자격으로 일정한 소득 및 재산을 가진 사람, 국적취득 요건을 갖춘 사람, 제조업, 농축산업, 어업 분야에 장기 근속한 사람에 대해 일정한 요건을 갖춘 영주(F-5) 자격을 부여하는 정책을 시행하고 있어 영주 자격 소지자는 지속적인 증가 추세에 있다. 재외동포에 대한 포용 정책으로 외국국적 동포는 지속적으로 증가될 것으로 추정된다(출입국·외국인정책 통계연보, 2021).

〈표 13〉 외국국적 동포현황 출입국 외국인정책 통계연보, 단위:명)

연도		2018	2019	2020
국적별	중국	728,539	719,269	662,845
	미국	45,011	45,655	44,039
	캐나다	15,933	16,046	15,975
	기타	89,182	97,470	88,352
	거주(F-2)	10,488	10,959	11,454
체류자격별	재외동포(F-4)	444,880	464,152	466,682
	영주(F-5)	92,245	100,375	107,337
	방문취업(H-2)	250,381	226,322	154,533
	기타	80,671	76,631	71,205
합계		878,665	878,439	811,211

2) 한국의 이주역사

한국 사회는 1990년대부터 이주민 유입이 본격화되기 시작한 만큼 다른 나라에 비해 비교적 짧은 이주의 역사를 지니고 있으며, 이에 따라 이주민을 정주하는 인구가 아닌 단기체류자로 보는 경향의 사회적 시각이 존재하고 있다. 국내 거주 중인 귀환 동포는 정주의 성격을 가진 가시적인 집단과 단기체류 성격의 비가시적인 집단으로 나눌 수 있다. 전자는 재외동포 귀환 이주민 공동체로 분류되는 중국동포와 고려인동포, 그리고 사할린동포 등을 포함하며, 후자는 일반 형태의 재외동포인 재미동포와 재일동포 등이 해당된다. 법적으로는 귀환 동포로 분류되지는 않지만, 귀환 이주민 공동체 성격을 지닌 북한이탈주민의 경우는 자발적이라기보다 정부 정책에 따른 무상 주거지 제공에 의해 공동체가 형성된다(윤인진 & 김희상, 2016).

우리나라 이주의 역사를 살펴보면 몇 단계로 구분되어진다. 먼저, 1860년 대 초반부터 시작되어 1945년 해방되기 이전까지의 구이민 단계이다. 이 당시 한인들은 주로 중국과 러시아, 일본, 그리고 미국, 멕시코 등지로 이주하였다. 두 번째는 해방된 이후부터 1990년 한·소 수교가 되기 이전까지를 신이민 단계이다. 이때는 대부분 북미나 중남미, 유럽, 오세아니아, 동남아시아 등으로 이주하였다. 끝으로 1990년대 초 한·소 수교와 한·중 수교를 거치면서 역으로 재외동포들의 모국 귀환이 증가하였는데, 이처럼 최근에는 귀환 이민 현상이 나타나고 있다(윤인진, 2019). 현재, 초국가적 네트워크를 활용하여 모국과 거주국이 상호 긴밀하게 연관되어 지리적 경계가 허물어져 가고 있다.

반면에, 1970년대부터 해외 이민이 본격화되면서 남미, 북미, 오세아니아의 한인사회는 성장하게 되었다. 그러나 1980년대 후반을 거쳐 1990년대 초반에 이르면서 해외 이민이 줄어들기 시작했다. 오히려, 1990년대부터 재외동포들의 귀환 이민이 증가하면서 2000년대 들어 본격적인 정체기에 진입하게 되었다. 1990년대 초 한국 정부가 구소련과 중국과의 수교를 체결한 이후 그동안 잊혀졌던 중국동포와 고려인동포의 귀환 이주가 증가하였고, 국내 귀환 동포 공동체가 형성되기 시작했다. 재외동포 귀환 이주민 공동체 는 공동체의 성격에 따라 고려인동포와 중국동포를 이주노동자 공동체, 사할린동포를 정책보호대상자 공동체로 구분하고 있다(윤인진 & 김희상, 2016). 중국동포와 고려인동포에 대하여 한국 정부는 제조업 분야의 인력 부족을 해결하기 위한 일환으로 외국인 산업연수생 제도 및 외국인고용허가제를 시행하였고, 이들의 국제이주를 가능케 하였다.

2. 중국동포

한국에서 가장 큰 재외동포 집단은 중국동포이다(윤인진 & 김희상, 2016). 이들은 모국인 동시에 중국과 인접해 있어 접근성이 좋을 뿐 아니라 쉽게 구할 수 있는 일자리와 높은 임금으로 인해 한국으로의 이주를 선택하게 된다(강지혜, 장우권, & 선봉규, 2018). 중국동포의 한국 이주는 한·중 수교와 더불어 한국 정부의 정책적 변화에 따라 시작되었다. 예컨대, 특히 1992~1999년 〈재외동포법〉 제정과 2007년 방문취업제의 도입 등이 계기가 되었다. 2020년 한국에 체류 중인 외국인 수는 총 2,524,656명으로 집계되었다.

국적별 체류 외국인을 살펴보면, 중국이 1,018,074명으로 46.7%를 차지하고 있으며, 베트남이 169,738명으로 7.8%, 타이가 153,259명으로 7.0%, 미국이 143,568명으로 6.6%, 우즈베키스탄이 62,870명으로 2.9% 등의 순이다. 외국 국적을 보유한 동포 수는 841,308명인 것으로 나타났으며, 자격별로는 재외동포(F-4)가 415,121명, 방문취업(H-2)이 238,880명, 그리고 영주(F-5) 89,426명, 방문동거(F-1) 30,328명 순이었다.

1) 중국동포의 형성 과정

법무부 통계에 따르면 취업 자격에 따른 체류 외국인 가운데 중국동포가 절반에 달하는 것으로 나타났다. 그간 한국 사회의 중국동포에 대한 인식과 대우가 우호적이지 않았음에도 한국으로의 유입은 꾸준히 증가하는 추세에 있다. 예컨대 1982년 중국 정부로부터 공식적인 중국동포 한국 친척 방문이 허용되었는데, 중국동포를 대상으로 하는 이산가족 찾기 프로그램을 통해 이산가족의 일원으로 홍콩을 거쳐 한국을 방문하면서 시작되었다. 1988

년 서울올림픽 이후 한국 친척의 방문하기 형식을 취한 한국행 증가가 시작되었는데, 그 이유는 체류 기간이 30일 이하인 입국은 재외공관장 발급의 입국사증만 입국이 허락되었기 때문이다. 1992년 한·중 수교를 계기로 코리안 드림을 기대하는 중국동포들의 한국 입국은 더욱 증가하기 시작했다. 동포 간의 화합과 자긍심 고양이라는 취지에 따라 한국에 연고가 있는 중국동포를 대상으로 6개월 간의 여행비자 또는 산업연수생 제도를 통해 입국할 수 있도록 허용하였다(윤인진 & 김희상, 2016).

그러나 한국에 입국한 중국동포들은 비자가 만료된 이후에도 본국으로 돌아가지 않아 불법체류자 신분으로 전락하고 있다. 이들은 3D 업종에 계속 종사하였는데, 당시 한국에서의 높은 임금이 불법체류를 부추기는 주된 동기가 되었다. 또한, 동일한 언어와 문화적 유사성은 중국동포들이 한국 사회에 적응하는 데 이점으로 작용하며 다른 외국인보다 빠른 증가로 이어졌다. 이에 정부는 1992년 체계적인 출입국 규제를 위한 사증 심사제도를 도입하게 되었고, 중국동포의 한국 입국은 제한되었다. 이후 중국동포의 불법 체류로 인한 국내 노동시장 교란의 문제가 대두되면서 이들은 1999년 제정된〈재외동포의 출입국과 법적 지위에 대한 법률(재외동포법)〉적용 대상에서 배제되었다. 당시 정부는 1948년 대한민국 정부가 수립되기 이전에 해외 이주한 사람과 그 직계비속에 한정하여 재외동포 범위를 제한하였는데, 이로써 중국 및 독립국가연합에 거주 중인 재외동포들은 실제적으로 제외하였다.

재외동포들은 2004년〈재외동포법〉에 대한 개정에 따라 법률이 정하는 테두리 안에서 법적 지위를 획득하게 되었다. 2002년 취업관리제(특례고용허가제) 도입에 따라 방문동거비자로 입국한 중국동포들은 입국 후 취업자격비자로 갱신하여 건설업을 포함한 8개 분야에서 합법적인 노동 활동을 할 수 있게 되었다. 즉, 이 제도를 통해 방문동거(F-1-4)에서 취업자격(E-9)으로 전환하였고, 노동부를 통해 취업 알선을 받았으며, 건설업 등 8개 분야에서 취업 가능한 3년 단수 비자를 발급받을 수 있게 되었다. 또한, 취업관리제(특례고용허가제)는 외국 국적을 소유 중인 동포들이 일부 서비스 부문에서도 합법적인 취업을 할 수 있도록 허용하였다. 공단 주변이나 서비스 업종이 많이 분포되어 있는 수도권 일대 등 거주 비용이 대체로 저렴한 지역을 중심으로 중국동포 커뮤니티 형성이 시작하였다.

정부는 불법으로 체류 중인 중국동포 수를 감량하기 위해 2002년 두 번에 걸친 '불법체류자 자진신고'를 실시하였다. 더불어 자진 신고한 중국동포는 귀국 후 재입국하여 취업할 수 있게 하였다. 이러한 노력 덕분에 불법체류자 수는 2003년 급감하였으며, 이후 2005년에 불법체류자 귀국이 이루어졌고, 2006년에는 밀입국자와 형사 처벌 대상자를 포함한 약 2만 6,000여 명이 자진 귀국하였다.

'방문취업제'에 따라 연고가 불분명한 해외 거주 한인동포 등의 재입국자도 3년에서 5년의 기간 동안 자유로운 한국 방문을 통해 취업의 기회를 제공하였다. 즉, 방문취업제는 중국과 구소련 동포를 대상으로 단순노무 분야의 취업만을 허용해 오던 종전의 특례고용허가제를 연고 동포뿐 아니라 무연고 동포에게도 입국 문호 개방을 확대 시행한 제도이다. 이 제도는 〈재외동포법〉의 실질적 적용 과정에서 상대적으로 소외당한 중국동포 및 구소련동포 등의 차별 해소와 포용정책의 하나로 도입되었다. 25세 이상의 동포 가운데 한국에 연고가 있을 경우는 무제한으로 국내 입국이 허용되지만, 연고가 없는 경우라면 한국어 능력 시험(TOPIC)에 합격한 사람 중에서 정해진 인원 범위 내에서 국내 입국 허용을 가능케 하였다. 이 제도에 의해 발급받은 방문취업복수사증(H-2) 유효기간은 5년으로, 1회 입국 시 최장 3년간 체류가 가능하다.

방문취업사증(H-2)을 통해 신규 입국한 13만 5천여 명의 동포와 기존에 체류 중인 동포 14만 5천여 명에게 방문취업자격 전환 유도함으로써 약 27만 5천여 명이 방문취업자격을 얻게 되어 최대 5년간 한국에 체류할 수 있게 되었다. 또한, 입국하는 동포들이 취업을 원할 경우 제조업, 건설업, 서비스업 등의 32개 업종(단순노무 분야)에 취업이 가능하도록 하였다. 이후 무연고 동포 3만 명 이상이 입국하여, 국내 중소기업, 공장, 서비스업, 가사도우미 등으로 일하고 있다(윤인진 & 김희상, 2016).

재외동포(F-4)비자제도가 도입(2008)되면서 중국동포들의 장기간 한국 거주가 가능하게 되었다. 특히, 다른 이주민 집단과는 구분되는 특징을 가진 중국동포들은 언어소통에 따른 어려움이 없으므로 요식업이나 가사도우미, 그리고 간병인 등과 같이 의사소통을 필요로 하는 서비스 직종 분포도가 높은 서울 시내에 집중적으로 거주하고 있다. 따라서 초기 입국한 대부분의 중국동포들은 한국인들의 기피 업종에서 주로 종사하고 있다. 예컨대 건축업이나 경비, 목욕탕과 같은 직종에는 주로 남성들이 종사하고 있으며, 여성들은 주로 음식점 또는 가사도우미나 청소부와 같은 서비스 직종에 종사하고 있다. 그러나 2000년 중반부터는 노동의 적응과 경험이 축적되면서 중국동포들은 숙련공으로 변모하기 시작하였다.

방문취업제가 시행된 이후부터 합법체류자가 증가하면서 중국동포의 자영업 비율도 함께 증가하였다. 그러나 3D 업종과 자영업으로 편입하던 부모 세대와 달리 3세대 중국동포 청년 세대들은 한국으로 유학 후 한국에서 취업하여 정착하는 수가 증가하고 있으며, 이들 중에는 대학교수나 대기업에 채용되는 등 소수의 엘리트층으로 형성되고 있다. 더불어, 중국인 여행객이 증가하면서 백화점이나 고급상가, 레스토랑, 그리고 여행 가이드와 통역 등의 서비스 직종에 취업함으로써 취업의 질적 차원에서도 향상되고 있다. 한편 중국동포가 가진 문화적, 민족적 동질성이 한국 진출의 용이한 장점으로 작용했지만, 반면 한국 사회에서 겪게 되는 편견과 차별은 피하지 못하고 있다. 중국동포들이 모여 사는 집성촌의 경우 우범지역으로 인식되는 등 한국인들은 부정적인 측면으로 인식하고 있다. 하지만 최근에는 한국인 중에서도 중국동포가 운영하는 식당을 통해 음식문화를 즐기거나 중국동포 단체 또는 모임에 참석하는 등의 교류나 연대가 늘어가고 있다.

한국 정부가 전문기술이 있는 중국동포에게 체류 제한이 없는 재외동포 자격(F-4)을 주는 방안 등을 추진하고 있다. 인구감소 등에 따른 인력 부족을 완화하고 국가 성장동력을 키우기 위한 목적이다. 숙련기능인력 제도를 확대하고 외국인 우수 인재에게 신속히 거주비자(F-2)를 제공하는 내용도 포함된다. 우수 동포의 유치와 정착 지원을 위해 전문기술이 있는 중국·구소련 지역의 우수 동포에게는 출신 국가에 따른 구분 없이 재외동포비자(F-4)를 부여한다. 재외동포 자격을 받는 경우 1회 최장 3년간 체류할 수 있고 국내에 계속 체류하고자 하는 경우 연장허가를 받을 수 있다.

숙련기능인력 제도는 고용허가제로 입국한 외국인(E-9, 비전문취업)이 일정 기준을 충족할 경우 숙련기능인력(E-7-4)으로 체류자격을 변경해 장기체류를 허용하는 제도다. 법무부는 현재 연간 1,250명인 인력을 2025년까지 2,000명으로 늘린다는 계획이다. 재외동포 자격이 부여되면 단순 노무 행위를 하거나 사행 행위 등 선량한 풍속이나 사회질서에 반하는 업종에 취업하는 경우, 그 밖에 공공의 이익이나 국내 취업질서 유지를 위해 제한할 필요가 있다고 인정되는 경우를 제외하고는 체류자격 구분에 따른 활동 제한을 받지 않는다. 이같이 한국에 거주 중인 중국동포는 국내 체류 외국인 중 가장 높은 비중을 차지하고 있으며, 이들은 무엇보다 한국인과 매우 유사한 민족적인 기질과 문화적 전통을 지니고 있다(강지혜 외, 2018).

2) 재한 조선족 단체의 주요 특징

중국동포 이주는 한국 사회에 적지 않은 변화의 양상을 보여주고 있다. 이들은 2003년 불법체류자 합법화 조치 시행 이후 서울지역에 자리한 가리봉동 연변거리, 대림동 대림역 주변, 자양동의 양꼬치 거리, 신림동과 신대방동을 비롯해 경기도의 안산시 원곡동과 수원시 수원역 일대를 중심으로 중국동포 밀집지역을 형성하였다. 이같이 여러 곳에 걸쳐 분포하고 있는 중국동포 밀집지역은 지역에 따라 각기 다른 특성을 나타낸다. 서울시 구로구에 위치한 가리봉동은 1990년대에서부터 최근까지 독신 중국동포들이 주로 거주 중에 있으며, 대부분 일용직이나 건설 현장에서 근무하는 50~70대 연령층으로 구성되어 있다. 또한, 영등포구 대림동의 경우에는 주로 20~40대 연령의 젊은 층으로 구성되어 있으며, 광진구 자양동의 경우 '양꼬치 거리', '소황제 거리'라고 불리며 부유한 한족 유학생과 젊은 자영업자들이 많이 거주하고 있다(강지혜 외, 2018).

1990년대 중국동포사회는 취업 사기, 불법체류, 동포 지위 인정 등의 문제를 중심으로 한국 교회의 지원에 힘입어 공동 활동을 벌여 나갔다. 이 과정에서 중국노동자협회와 서울조선족교회가 설립되었다. 단체의 특징을 살펴보면, 한국 교회 목사 주도 하에 한국NGO와의 연대를 통해 중국동포들이 직면하고 있는 여러 현안을 해결하는 데 주안점을 두고 활동하였다. 2000년도에 들어서면서 재한조선족연합회, 귀환동포연합총회 등 중국동포를 주체로 하는 단체들이 서울조선족교회와 같은 한국 교회의 지원으로 설립되었다.

2003년에는 중국동포 유학생들의 단체인 재한 조선족 유학생 네트워크(KCN)가 설립되었다. 이를 통해 중국동포들의 권익 향상, 이미지 개선 등 한국 사회 내에서의 적응력을 추구하였다. 방문취업제 도입 이후에는 다양한 종류의 체류자격을 부여받은 중국동포들이 본격적으로 유입되었다. 한국에 체류 중인 중국동포들은 보다 안정적인 정착을 위한 높은 의지를 갖게 되었으며, 다양한 영역에서 단체가 결성되었다. 오늘날 이들 단체는 정치, 경제, 문화, 체육, 예술 등 사회의 다양한 분야뿐 아니라 기업인, 여성, 노인, 청년, 교사 등 특정한 집단을 대변하는 역할을 전개해 나가며 활발한 활동을 하고 있다.

한국에 거주 중인 중국동포의 단체 참여와 활동에 관해 인식조사를 한 결과, 경제와 사회, 정보 문화, 그리고 정치와 권익옹호 등 각 부문 단체 중에서 가장 높은 회원 참여율 및 활동 만족도를 보인 단체는 사회 부문인 것으로 조사되었다. 즉, 중국동포들은 대체로 단체 활동이 중국동포사회의 발전에 일정한 기여하고 있다는 인식이 퍼져 있는 것으로 예측된다. 또한, 이들은 중국동포 단체의 향후 발전 가능성에 대해서 매우 긍정적인 인식이 있는 것으로 나타났다.

한국 사회의 중국동포에 대한 인식조사 결과를 살펴보면, 청년 세대(20~35세)의 94%가 중국동포에 대해 부정적 인식을 가지는 것으로 나타났다. 이러한 중국동포 이미지 형성의 주요 원인은 언론과 방송 매체 등의 영향이 전체의 85%를 차지하는 것으로 조사되었다. 중국동포의 강력 범죄에 대해 미디어 등에서 과장되게 확대하여 노출하거나, 중국동포 전체가 범죄자인 것 같은 묘사로 인해 한국 사회와 중국동포 간의 정상적인 관계 맺기가 힘들어지고 있다(강지혜 외, 2018).

3. 고려인동포

구소련이 해체되고 독립국가연합이 형성된 이후 중앙아시아, 특히 우즈베키스탄의 내전으로 인해 혼란에 직면해 있는 타지키스탄 거주 고려인동포 가운데 중 러시아 볼고그라드 및 연해주 등지로 이주를 선택하는 사람들이 크게 증가하였다(윤인진 & 김희상, 2016). 또한, 1991년 체결된 한·소 간의 국교 수립을 통해 그동안 단절되어 있던 모국으로 귀환을 가능하게 하였다. 1990년대 고려인동포 한국 체류는 단기방문 형태가 대부분이었으며, 장기체류 형태는 전문직에 국한되었다.

1) 고려인동포의 형성 과정

2000년 중반을 시작으로 고려인동포의 한국으로 이주는 큰 폭으로 증가하였다. 아울러 이주 및 체류 유형이 더 다양해졌으며, 2007년 방문취업제의 시행으로 제도적인 측면에서도 고려인동포의 이주를 촉진하는 계기가 마련되었다. 이에 더해 한국 교회와 한국인 선교사들은 이주와 정착하는 과정에서 실질적인 편의를 제공하고 있다. 2010년 재외동포의 기술연수 활성화에 따라 재외동포 자격에서 고려인동포로 확대 시행되었으나, 재외동포(F-4) 비자를 소지한 고려인은 전체 고려인 중 6%에 불과했다. 하지만 2013년에는 26%로 크게 증가하였으며, 재외동포 비자를 소지한 사람은 출신국에 두고 온 미성년 자녀의 한국 초청이 가능하므로 고려인의 증가는 지속될 것으로 예측된다(김경학, 2015).

중국동포의 한국 이주에 대한 계기가 한국의 높은 위상과 경제발전 수준의 영향에 의한 것과 마찬가지로 고려인동포 역시 같은 이유에 따른 이주인 것으로 파악된다(윤인진 & 김희상, 2016). 특히, 카자흐스탄과 비교하여 경제발전 수준 및 낮은 국민소득으로 인해 우즈베키스탄 거주 고려인동포의 한국 이주 경향이 더욱 높게 나타났다(윤영도, 2014). 우즈베키스탄의 동포들은 출신국의 정치·경제적 낙후를 이유로 한국의 계속 거주 및 한국 국적취득을 원한다. 이런 이유에서 이들은 자유 왕래를 선호하며, 국적취득에는 관심을 적게 두는 중국동포와는 다른 큰 차이를 보이고 있다.

2015년 법무부 통계에 따르면, 재외동포에게 발급되는 방문취업(H-2) 비자 및 재외동포(F-4) 비자를 기준으로 한 국내 입국 고려인동포 수는 약 2만 3천여 명 정도인 것으로 조사되었다. 그 외 각종 비자로 입국한 이들과 불법 체류자를 더하면 한국에 거주 중인 고려인동포 수는 약 3만여 명에 이르는 것으로 추정된다(윤인진 & 김희상, 2016). 방문취업(H-2) 비자의 경우에는 단순 노무에 종사할 수 있지만 3년 후 강제 출국을 해야 한다. 이에 따라 고려인동포 역시 3년이나 5년마다 출신국으로 귀환하여 새롭게 비자를 갱신해야 한다.

재외동포(F-4) 비자의 경우는 한국에 계속해서 거주가 가능하지만 일자리 구하기가 힘들고, 특히 19~25세의 청년들은 발급 대상에서 제외되기 때문에 항상 단속의 불안에 처해 있다. 더불어 이들은 열악한 거주 환경과 불안정한 고용형태, 언어 등 다양한 이유로 삶의 질이 높지 못하다. 3만여 명에 이르는 고려인동포는 전국 각지에 산재되어 있으나, 경기도 안산시에 최대의 거주 밀집 지역이 형성되어 있다. 이 중 일부는 유학 및 사업상의 필요에 의해 한국 입국을 하지만, 방문취업(H-2) 비자와 재외동포(F-4) 비자를 통해 한국에 입국한 사람들은 주로 저임금 업종과 3D 업종에 근무하고 있는 것으로 나타났다(윤인진 & 김희상, 2016).

2) 고려인동포의 주요 특징

국내의 고려인동포 공동체는 여러 지역에 분포한다. 중앙아시아 고려인 마을은 서울시 동대문구 광희동에 위치하고 있고, 광주광역시의 광산구에 초기 형태의 고려인 마을이 형성되고 있다. 우즈베키스탄 고려인동포들은 주로 경기도 시흥시와 안산시 단원구 원곡동, 경남 김해시의 서상동 등에 거주하고 있다. 이중 최대 밀집 지역은 경기도 안산 지역이다. 전국에 흩어져 있던 고려인동포들은 2008년을 시작으로 광주시 광산구 월곡동과 산정동 지역 일대에 정착하였다. 이들은 주로 광산구에 소재해 있는 하남 공단의 단순 근로자나 공사 현장 등에서 근무하면서 월평균 임금 160만 원 정도의 소득을 얻고 있다. 주거 형태는 거주가 대부분이며, 일부는 단독 주택을 임대해서 여러 세대가 함께 거주하고 있다(김재기, 2014). 이 지역은 고려인 수가 증가하면서 이들을 지원하기 위한 고려인센터와 어린이집, 그리고 고려인 아동지원센터 등이 개관하면서 월곡동과 산정동 일대는 고려인 집거지 모습을 형성하기 시작하였다.

러시아 연해주와 사할린 지역 출신의 고려인동포들은 서울 동대문 시장의 주변 지역과 부산역 주변의 소규모 교역에 종사하기도 한다(김기영, 2019). 또한, 고려인 여성 중에는 한국 남성과의 결혼을 통해 농어촌 지역 등으로 이주해 결혼이주여성으로 살아가기도 한다. 그러나 대체로 한국어에 익숙하지 못한 고려인동포들은 많은 어려움을 겪고 있으며, 중국동포에 비해 소규모이고 조직화 되지 않아 사회적 지위도 낮은 편이다. 이에 이들의 한국 국적취득을 통한 정착 지원, 한국어 교육, 자녀 보육 지원이 절실하다.

중도입국 자녀들은 정규 학교가 아닌 위탁 대안학교에서 교육을 받는 경우가 많다. 대안학교에서 정규 보통 교과 과정과 대안 교육 교과 과정을 동시에 진행하고 있지만, 낮은 한국어 구사 능력으로 인해 이들이 정규 교육과정을 이수하는 데 한계를 나타내고 있다. 또한, 고려인 자녀들의 경우에는 이들을 받아주는 교육기관이 없어 고등학교 진학이 불가능한 상황이며, 진학을 못 하게 되면 만 18세가 되는 시점에 강제 출국 대상이 된 다수의 고려인 동포들이 한국 영주 거주를 원한다는 점을 고려해 그들이 한국 사회로부터 격리되지 않도록 다양한 제도와 규범, 그리고 한국어를 학습할 수 있는 체계적인 지원이 필요하다(김경학, 2014).

4. 사할린동포

사할린동포란 1945년 8월 15일 이전에 사할린에서 출생하였거나 사할린으로 이주한 한인과 그 배우자, 그리고 동반가족(직계비속 1명과 그 배우자)을 일컫는다. 직계비속은 사할린동포가 동의한 8촌 이내 1명을 가리킨다. 사할린 한인 이주에 관해 정치적·역사적 배경과 상황의 변화, 인구의 특성과 이주 형태를 살펴보면 다음과 같다(이재혁, 2011).

1) 역사적 배경

17세기에 사할린은 유럽인들에 의해 발견되었다. 그러나 19세기 중반 사할린에 대한 조사와 개발은 러시아인들에 의해 시작되었으며, 1855년 러시아와 일본의 조약 체결에 따라 두 나라의 공동 소유가 되었다. 1870년대 당시 67명의 한국인들이 사할린에 거주하고 있었는데, 1875년까지만 해도 사할린은 러시아 소유에 있었다. 그러나 1905년 러일전쟁에서 러시아가 패한 이후 사할린의 남부지역은 일본 영토에 속하게 되었다. 1920년 당시 한인 수는 1,431명인 것으로 나타났다. 1937년에 이르러 소련은 강제이주 정책을 시행하였고, 이에 의해 1,155명의 한국인들은 북부 사할린에서 중앙아시아 지역으로 강제이주되었다. 이후 2차 대전 기간에는 한국인들이 남부 사할린으로 강제 노동자로 이동되었다(이재혁, 2011).

제2차 세계대전에서 일본이 패망한 후에 사할린은 소련에 귀속되었다. 제2차 세계대전이 끝나는 시기에 대부분의 한인은 일본의 점유하에 있던 남부 사할린에서 노동자로 생활하게 되었다. 일본이 2차 세계대전에서 패하고 남부 사할린이 소련의 점유 하에 들어가면서 사할린의 한인들은 구소련의 사할린에 남겨지게 되었다. 당시 사할린 거주 한인들은 한국으로 돌아가길 원했으나, 소련은 광업, 어업 등 이 지역 전 산업에 걸쳐 한인 노동 인력을 필요로 했기 때문에 한인들의 귀환에는 관심을 두지 않았다.

세계적 냉전기의 오랜 시간 동안, 이념과 체제의 대립이 첨예한 상황이었던 한국은 소련과의 교류가 없었으므로 러시아 한인의 실체는 한국에 거의 알려지지 않았다. 당시 소련의 한인들은 한국과의 모든 공식적인 접촉이나 대화가 단절된 상태로 소련 내 다른 소수민족과는 차별된 삶을 살아가야만 했다. 특히 대부분의 사할린 한인들이 2차 세계대전 말기에 강제이주 되었고, 단기간의 이주 대상이었던 점에서 예기치 못한 단절이 되었다.

일본의 침략기가 지속되는 동안 중국과 일본, 그리고 구소련 등지에서 흩어져 살고 있던 한인들의 운명은 해당 국가 또는 지역의 정세 및 이해도에 따라 각각 달라졌다. 그중에도 사할린 지역의 한인들은 구소련과 일본, 미국 등의 이해관계가 얽히면서 봉쇄되었던 곳으로 재귀환하게 되었고, 이는 세계사에서 아주 특별한 이주민 사례로 여겨지고 있다. 1991년 말 소련의 해체와 더불어 한국과 러시아 사이의 교류 확대는 그동안 알려지지 않았던 사할린 한인들의 생활이 러시아의 자료들로 연구하게 되었다.

2) 이주의 역사

사할린동포의 삶은 전통적인 디아스포라 개념을 내포하고 있는 한인의 이주사를 보여주는데, 역사적으로 최초의 사할린 한인 이주는 1870~1880년으로 추정된다. 모국으로 귀환 의식을 지닌 디아스포라의 원형은 강제이주 시기인 1937년과 1945년에 이주한 사할린 한인들이다. 이 시기의 한인들은 일제의 반강제적 모집으로 인한 징용을 통해 이주되었고, 제2차 세계대전 종전 이후에도 해방된 고국으로 귀환할 수 없었다. 그들을 둘러싼 각국의 이해관계로 인해 기회를 박탈당한 채 사할린에 머무를 수밖에 없게 되었기 때문이다(박신규 & 이채문, 2016).

사할린 한인 이주는 자유 이주기(1905~1937년)와 일본의 강제이주기(1937-1945년)로 구분해서 살펴볼 수 있다(이재혁, 2011). 먼저, 자유 이주의 시기에는 현실의 어려움을 극복하고 좀 더 나은 삶을 살기 위해 사할린 이주를 선택하였다. 또한, 강제이주 시기에는 일본 노동력을 메우기 위한 강제 동원 형태로 고향을 떠나 이주한 후 실향민이 되었다. 따라서 사할린 한인에게 고향은 태어난 곳이 아닌 부모에게서 물려받은 고향으로, 즉 그들에게 있어 고향이라는 개념은 부모의 기원지이자 자신의 거주국이라는 통합적인 의미가 있다. 이들은 자신의 거주지를 고향과 유사한 정서적 장소로 만들어 안정을 추구하였고, 언제든지 기회가 되면 고향으로 귀환하고자 하는 대표적인 한인 디아스포라이다(윤인진, 2002).

구소련의 개방과 더불어 한·러 사이의 교류는 활발하게 이루어졌다. 사할린의 한인들이 고향을 방문하였으며, 많은 한국인들은 사할린을 방문하였다. 이들 중에는 사할린에 있는 가족 방문을 위해 입국하는 사람들뿐 아니라, 특히 장사와 선교를 목적으로 찾는 사람들이 가장 많이 증가하였다. 2007년 독립국가연합(구 소련지역)의 재외동포 수는 53만 3,976명으로, 2009년 러시아에만 22만 2,027명의 재외동포가 거주하고 있는 것으로 집계되었다. 그중 약 3만 명이 러시아 극동 지역의 사할린에 살고 있었다. 2002년의 국가인구조사에서 사할린의 한인 인구 비율이 전체의 5.4%를 차지하는 것으로 나타났다. 3만여 명의 한인이 사할린에 살고 있으며, 이 가운데 1세는 530여 명, 2세는 5천여 명이다. 1992년 사할린동포 영주귀국 사업이 시작되어, 30년 동안 '동포 1세 당사자 또는 배우자' 4천400여 명이 이주하였고, 이들 중 일부가 사망하면서 3천 명 정도의 1세대 이민자가 남아 있는 것으로 조사되었다.

1980년대 후반부터 소비에트에서 페레스트로이카(1985) 정책이 시작되었고, 서울올림픽 개최 등은 사할린동포들에게 고국이 무엇인지에 대해 다시 생각하게 되었다(박봉수 & 이미정, 2016). 이에 사할린 한인사회에서는 1세대가 고향으로 갈 수 있는 길을 모색하기에 이른다. 각 사할린 한인사회 단체의 결성으로 고향 방문단이 추진되었고, 이로 인해 일본을 경유한 한국 방문이 가능하게 되었다. 사할린 이산가족회에서는 고향 방문단에 그치지 않고 1세대가 영주 귀국할 수 있도록 하였다(박봉수 & 이미정, 2016).

그러나 사할린 한인의 영주귀국 시범사업에 따라 한·일 양국 정부는 영주귀국의 대상자를 1945년 8월 15일까지의 출생자로 제한하고 한 가구에 2인이 거주하게 되었다(박봉수 & 이미정, 2016). 2017년 우리나라에 거주 중인 영주귀국 사할린 한인 동포 수는 전국의 기관과 지역을 통틀어 약 4,300여 명이 거주 중인 것으로 집계되었지만, 이들 수는 자연 사망 등에 따라 매년 감소하고 있다(지구촌동포연대, 2017).

다른 형태의 재외동포에 비해 사할린동포의 규모는 매우 소규모에 해당하며, 주로 70세 이상의 노인이 대부분을 차지한다. 이들은 사할린 경로당에서 노후를 보내고 있어 지역사회에서 고립된 생활을 하는 경우가 많다. 이들은 경제활동보다는 주로 자신들끼리의 공동체 형성을 통한 친교 활동에 주력하고 있다(윤인진 & 김희상, 2016). 비록 건강한 신체 조건을 갖추고 있어 노동력이 충족된다 하더라도 기초생활보장 수급자로 지정되어 있기 때문에 노동을 할 수 없게 된다.

이같이 현재의 제도는 이들이 경제적 어려움에서 벗어나기 어려운 구조적인 문제점이 있다. 이로 인해 이전에 살던 사할린으로 다시 돌아가 자녀 곁에서 노후를 맞이하기 원하지만 이미 한국 생활에 익숙해진 이들에게는 사할린 또한 타향이 되어 디아스포라가 되었다(윤인진, 2016). 영주귀국 사할린 한인 동포들은 강제이주로 인한 부모와의 이별을 경험하고, 영주귀국에 따른 자녀와의 이별을 경험하고 있다. 이들의 거듭된 이산은 건강 악화와 정서적 외로움 및 소외감 등 다양한 문제들을 야기하고 있다(박봉수 & 임지혜, 2015; 정진아, 2014).

사할린 한인 동포의 이주는 자발적 이주가 아닌 비자발적 이주라 할 수 있다. 일제강점기 당시의 강압에 의한 이주인데도 불구하고 광복 이후 고국으로 갈 희망이 사라진 사할린 한인들은 거주 중인 마을에 조선 학교를 세우고, 이곳을 통해 자녀교육과 고유한 한글을 지키기 위해 힘썼다. 더구나 고국 귀향을 위해 차별과 멸시를 견뎌 가며 무국적을 고집하였다. 그러나 고국으로의 귀향이 어렵다는 사실을 인식한 후에는, 자녀들의 성장과 고등교육의 필요성으로 거주국의 국적을 받아들일 수밖에 없었다(박봉수 & 이미정, 2016). 사할린 한인들은 음력 달력이 없음에도 불구하고 음력을 사용하였고, 특히 결혼식, 환갑 같은 통과의례를 통해 민족을 묶어 주는 공동체 축제로 변화하여 사할린 한인을 하나로 묶어 주는 민족정체성을 유지할 수 있었다(김영순 & 박봉수, 2016).

현재 국내 체류 사할린동포 인원은 3,035명이다. 영주 귀국하는 사할린동포들을 위한 지원제도는 귀국 시 필요한 항공료와 초기정착금, 거주와 자활시설 운영비, 그리고 임대주택 지원 등이 있으며, 이들을 대상으로 한 복지급여제도가 있다(박신규 & 이채문, 2016). 복지급여제도는 국민기초생활보장법과 주거급여법에 따라 일정액의 급여를 제공해 주고 있다. 또한, 기초연금법에 따라 기초연금과 장애인 연금, 그리고 의료급여를 지원하고, 사망했을 때는 국립 망향의 동산 납골묘에 무료 안장한다. 한편 국내 거주 시 2인 1가구 형태로 입주하게 되며, 부부가 아닌 경우에는 부부 이외의 동거인과 짝을 지어 사는 것을 조건으로 하며, 영주 귀국 신청서 작성 시 귀국 사유는 국외 생활 부적응, 노령 및 질병 치료, 그리고 국내 취업, 국내 취학, 이혼, 기타의 분류항목 중에서 선택하도록 하였다.

참고문헌

강지혜, 장우권, & 선봉규(2018). 한국 거주 조선족의 단체 형성과 활동 인식에 관한 연구. 로컬리티 인문학, (19), 65-94.

김경학(2014). 중앙아시아 고려인의 한국 이주와 정착: 광주. 국제지역연구, 17(4), 259-281.

김경학(2015). 우즈베키스탄 고려인의 한국 이주와 가족 유형의 성격: 광주광역시 고려인 사례를 중심으로. 디아스포라연구, 9(2), 37-67.

김기영(2019). 고려인 고학력 여성의 초국가주의적 선택과 전략-이주와 자녀교육을 중심으로. 디아스포라연구, 13(2), 45-79.

김영순 & 박봉수(2016). 영주귀국 사할린 한인의 한국어 교사 경험에 관한 연구. 언어와 문화, 12(4), 55-81.

김재기(2014). 광주광역시 광산구 지역 귀환 고려인의 이주배경1과 특성. 재외한인연구, (32), 139-163.

박봉수 & 이미정(2016). 사할린 영주귀국 노인의 자원봉사활동 경험과 의미. 디아스포라연구, 10(1), 41-70.

박봉수 & 임지혜(2015). 사할린 동포의 영주귀국 경험과 그 의미 탐색. 언어와 문화, 11(2), 161-192.

박신규 & 이채문(2016). 영주귀국 사할린 한인의 귀환 이후 삶과 적응과정에 대한 분석: 부산 정관 신도시 사례를 중심으 로. 한국민족문화, (60), 3-36.

윤영도(2014). 신자유주의 시대 중국계 이주민의 초국적 사회공간(Transnational Social Space)의 형성과 변천. 중국 현대문학, 68, 183-215.

윤인진 & 김희상(2016). 재외동포 귀환 이주민 공동체의 형성과 현황. 한국민족문화, (60), 37-81.

윤인진(2002). 세계 한민족의 이주 및 정착의 역사와 한민족 정체성의 비교연구. 재외한인연구, 12(1), 5-64.

윤인진(2016). 다문화 소수자에 대한 국민인식의 지형과 변화. 디아스포라연구,

10(1), 125-154.

윤인진(2019). 탈북민의 사회통합 모델과 통합 실태. **문화와 정치**, 6(1), 61-92.

이재혁(2011). 일제강점기 사할린의 한국인 이주. **한국 시베리아 연구**, 15(1), 85-135.

정진아(2014). 국내 거주 고려인, 사할린 한인의 생활문화와 한국 인과의 문화갈등. **통일인문학**, 58, 35-65.

제9장

⋮

해외거주 재외동포

재외동포는 재외국민 및 외국국적 동포에 해당하는 자이다. 2020년 2월에 시행한 〈재외동포의 출입국과 법적지위에 관한 법률〉 제2조에 따르면, 재외국민이란 대한민국의 국민이면서 외국의 영주권을 취득한 사람이나 영주를 목적으로 외국에서 장기간 거주하는 사람을 일컫는다. 외국국적 동포란 대한민국 국적을 보유하였던 사람(대한민국 정부 수립 전에 국외로 이주한 동포를 포함한다) 또는 그 직계비속이면서 외국 국적을 취득한 사람 가운데 대통령령으로 정하는 사람이다. 또한, 〈재외동포재단법〉 제2조(2020년 시행)에서는 '재외동포'란 대한민국 국민이면서 외국에 장기체류 및 외국 영주권을 취득한 사람, 또는 국적에 상관없이 한민족 혈통을 지닌 사람이면서 외국에서 거주하고 생활하는 사람으로 정의하고 있다.

　외교부의 재외동포 현황에 따르면, 대한민국을 떠나 해외에 거주 중인 재외동포는 2021년 193개국, 732만여 명에 이르는 것으로 나타났다. 동북아시아(43.9%)가 가장 많았고, 북미(37.2%), 유럽(9.2%), 남아시아태평양(7.9%), 중남미(1.4%), 중동(0.3%), 아프리카(0.2%) 순으로 나타났다. 국가별로는 미국이 2,633,777명으로 가장 많은 수가 분포되어 있으며, 다음으로 중국이 2,350,422명, 일본 818,865명, 캐나다 237,374명, 우즈베키스탄 177,270명, 베트남 172,684명, 러시아 169,933명, 호주 167,331명, 카자흐스탄 109,923명, 필리핀 85,125명 순으로 구성되어 있다. 이들 중 외국국적 동포(시민권자)

는 4,813,622명, 재외국민은 2,511,521명으로 집계되었다. 이와 같이 재외동포 수는 국내 총인구 5,164만여 명의 약 14%에 해당되는 것으로 나타났다. 이에 반해 한국 내의 외국인 주민 250만여 명은 4.9%에 해당한다.

재외동포 현황 파악 시 외국국적(시민권)자와 재외국민으로 나눌 수 있다. 외국 국적자가 전체의 65.5%로 다수의 재외동포가 외국국적을 소유한 것으로 파악되었는데 전반적으로 남성보다 여성의 수가 더 많은 것으로 나타났다(김민정, 2018). 특히, 미국이나 일본, 뉴질랜드, 캐나다, 그리고 독일, 프랑스 등과 같은 부유한 국가들에서 재외 한인 여성의 비율은 70%~73%로 남성의 수보다 월등히 높은 수치를 나타냈다. 이에 반해 과테말라, 이집트, 인도네시아, 말레이시아, 필리핀 등 재외동포가 드문 개발도상 국가에서 외국 국적을 취득한 재외한인 중에서 여성이 차지하는 비율은 45%~42%로 남자보다 약간 낮은 것으로 나타났다. 즉 일정 요건이 갖춰진다면 국적취득과 정착의 허용이 용이한 선진국 국가일수록 더 많은 재외한인 여성들이 진출하여 살고 있다. 살펴보았듯이 국제결혼을 통한 해외 정착 가능성은 남성보다 여성이 더 크다는 점으로 추정될 수 있다(김민정, 2018).

1. 미국 재외동포

한인사회는 1903년 한인 이민이 시작된 후 1950년대까지 하와이와 캘리포니아를 중심으로 형성되었다. 하지만 1960년대에 들어서 미국의 이민법(The Immigration and Nationality Act of 1965) 개정과 함께 새로운 부류의 이민자들이 이주해 오면서 한인들의 지리적 분포는 변화를 맞았다. 이들은 다른 아시아인들처럼 미국의 서부와 동부에 집중하는 경향이 있었지만 다른 아시아인 집단보다 빠른 속도로 미국 전 지역으로 확산되었다.

미국 인구조사에 따르면, 미국내 한인인구는 186만명으로 집계되었으며 또한, 미국인 전체 인구의 24%가 서부에 거주하였으며, 19%가 동북부, 21%가 중서부, 36%가 남부에 거주하는 점에 비추어 볼 때 한인들은 서부와 동북부에 더 많이 집중되어 있는 것으로 확인되었다. 이 수치에 의하면, 한인들은 주로 대도시에 거주하는 경향이 매우 강하다는 것을 알 수 있다. 로스앤젤레스와 같은 대도시를 중심으로 인접 도시들이 하나의 거대한 생활권을 이루는 한인들은 전체 한인 인구의 96%에 달한다.

이러한 현상은 미국 전체 인구의 80%가 광역지역에 거주하는 점을 고려하면 한인들의 대도시 집중도는 매우 높다. 광역지역 중에서도 한인들은 거대한 광역도시들에 거주하는 경향이 강하며, 이에 따라 한인 인구의 72%가 13개의 광역지역에 거주하고 있음을 알 수 있다. 특히 남부 캘리포니아의 로스앤젤레스, 리버사이드, 오렌지 카운티, 샌버나디노, 벤추라 지역에 전체 한인 인구의 1/4이 살고 있어 이 지역이 미주 한인의 중심지이다. 광역지역 내에서도 한인들은 중앙도시보다는 교외에 더욱 많이 살고 있다. 중앙도시에 거주하는 한인들의 비율 40%에 비해 교외에 거주하는 한인들의 비율은 57%에 달한다.

최근 수십 년간 미국인의 교외화가 증가한 것은 사실이지만 한인들의 교외화 정도는 미국 평균 50%보다 앞선다. 한인들의 교외화는 인도인을 제외하고는 아시아인 중에서 가장 높은 수준이며, 경제적 상황은 대체적으로 양호한 것으로 나타났다. 미국 인구조사 자료에 의하면, 16세 이상의 한인 중 63.3%가 노동시장에 참여하는 것으로 나타났다. 이 비율은 미국 전체 인구의 노동시장 참여율(65.3%)과 아시아인 중 가장 높은 사회경제적 지위를 점유하고 있는 일본인들의 노동시장 참여율(64.5%)과 비슷하다. 실업률에서도 한인의 실업률은 5.2%로서 미국 전체 인구의 6.3%에 비해 낮았다. 직업 분포에서 한인들은 미국 전체 노동자들과 비교해서 관리직과 전문직에 더욱 높은 비율로 종사하였다. 한인의 31%가 관리직 또는 전문직에 종사하였지만, 미국 전체 노동자의 25%만이 이 두 직종에 종사하였다. 그러나 한인들은 미국 사회에서 좀 더 안정되게 자리잡은 중국인들과 일본인들에 비해 이 두 직종에 종사하는 비율이 낮았다.

한인들의 경제적 적응에서 두드러진 것이 자영업의 높은 참여율이다. 이는 높은 학력과 중산층 배경에도 불구하고 미국 노동시장에서 이민자로서의 불이익을 경험하게 된 한인들이 좀 더 많은 소득을 확보하고 독립성을 획득하기 위해 자영업에 참여하게 된 것으로 예측된다. 또한, 이민을 통해서 경험하게 된 사회적신분 불일치를 극복하고 떨어진 자존심을 회복하기 위해서도 안정된 직장보다 자영업을 선택하게 되었다. 경제활동 한인 가운데 약 25%가 자영업에 종사하고 있는 것으로 나타났다. 이것은 미국 일반인들의 자영업 참여율인 10%에 비해서 2.5배 높다. 한인들의 자영업 참여율은 한인들이 집중해서 살고 있는 대도시에서는 더욱 높아서 성인 한인들의 30~50% 정도가 자영업에 종사하고 있는 것으로 보고되었다(인태정 & 오중환, 2012).

재미 한인들은 재일 한인들에 비교해서 상대적으로 단순한 민족 정체성을 갖는 것으로 보인다. 재미 한인의 경우에는 세대에 따른 차이만이 두드러지게 나타난다. 그리고 재일 한인의 경우 일본으로 귀화하는 것은 조국을 배반하는 것으로 인식되지만 재미 한인의 경우에는 민족성과 국민성은 별개로 인식한다. 이러한 차이의 근본 원인은 거주국 사회에서 소수민족에 대한 정책과 지배집단의 인식에 기인한다. 일본과는 달리 이민자들에 의해 건국된 미국은 소수민족에 대해 관용적인 가치체계가 있고, 소수민족에 대한 법적, 제도적 차별은 법적으로 금지되어 있다. 다문화를 허용하고 권장하는 다문화주의 사상이 확대되어가면서 한인을 비롯한 소수민족은 자신들의 혈통과 전통문화를 자랑스럽게 생각하고 정치적으로 필요할 경우에는 민족성을 자신들의 권익을 향상하기 위한 도구로 사용한다. 이로 인해 재미 한인들은 대체적으로 높은 수준의 민족적 자긍심을 갖고 있다.

재미 한인에서 나타나는 대표적인 정체성은 코리안 아메리칸이라는 이중 정체성이다. 특히 1.5세와 2세 한인에게서 이러한 이중 정체성은 강하게 나타난다. 반면 1세는 미국에서의 거주기간이 아무리 오래되고 모국과의 실질적인 관계가 미약해졌어도 미국이 자기 나라라기보다는 남의 나라라는 의식이 여전히 강하다. 이민 1세의 정체성은 미국에 사는 한인(Koreans in America)으로 여긴다.

1960년대 이후 한국과 미국의 정치·경제·군사 관계에 따라 한반도에서 미국으로의 이민이 급격히 증가하였다. 2017년 약 1백만 명의 한인 이민자들이 미국에 거주하고 있는데, 이는 미국 전체 이민자 4,450만 명 중 2.4%에 해당한다. 1965년 이민법(Immigration Act of 1965)이 아시아계 미국 이민에 대한 제한을 없앤 이후 한인 이민 인구는 1960년 1만 1천 명에서 1980년 29만 명으로 크게 증가해 2,500%의 증가를 기록했다. 이후 10년 동안 인구는 568천 명으로 두 배 가까이 증가했고, 110만 명의 이민자가 정점에 달했던 2010년에 또 다시 증가하였다. 2017년 기준 한국 이민자 인구는 2010년 이후 약 37,000명이 감소하였다. 2019년에는 미국내 거주 한인 인구가 총 185만 명 이상으로 집계되었다. 한인이 가장 많이 거주하는 주(State)는 캘리포니아주 이다 한국의 정치·경제 여건이 개선되었을 뿐 아니라 한국 정부는 경제·사업 기회 확대를 통해 귀국 이민을 유치하려고 시도했기 때문에 이민에 대한 인센티브가 줄어들었다.

현대 한인 이민자들은 다른 이민자 집단과 전체 미국 태생 인구에 비해 높은 학력과 높은 사회경제적 지위를 가진 경향이 있다. 한국 학생들은 중국, 인도 국적자들과 함께 미국 고등교육기관에 등록된 외국인 학생들의 상위 3개 그룹에 속해 있다. 그러나, 이 인구는 2012-13학년도 이후 매년 감소했는데, 그해에는 71,600명의 한국인만이 미국의 고등교육기관에 등록했다. 또한, 2016-17년부터 한국에서 온 유학생 수는 54,600명으로 7% 감소했다.

비록 지난 몇 년간 미국 내 한인 이민 인구가 감소했지만, 미국은 여전히 세계에서 가장 많은 한국인 이민자들의 고향이다. 일본(59만 3천 명), 중국(19만 1천 명), 캐나다(13만 1천 명) 등에도 한국 이민자가 많이 분포해 있다. 미국 내 한인 이민자 대부분은 귀화자로 합법적 영주권을 취득한 사람들은 고용주나 직계 친척의 후원에 의존해 왔다. 전반적으로 전체 외국 태생 인구에 비해 한국 이민자들은 소득과 학력 수준이 높고 빈곤이나 건강보험이 부족할 가능성이 낮은 것으로 나타났다. 하지만, 그들은 이민 1세대로 전체 이민자 인구에 비해 노동력 참여율이 낮고 영어 능력(English proficiency)이 제한적일 가능성이 더 높다.

미국 인구조사국(US Census Bureau, 2017)의 2017년 이민통계연보, 세계은행(World Bank Prospects Group, 2019) 연간 송금자료 등을 활용하여 미국 내 한인 이민자 인구 규모, 지리적 분포, 사회경제적 특성에 초점을 맞춘 정보에 의하면 다음과 같은 특징을 지닌다.

1) 지리적 분포

한국인 이민자의 거의 절반이 캘리포니아(31%), 뉴욕(9%), 뉴저지(7%)의 3개 주에 거주하고 있다. 4개 카운티를 합치면 미국 내 총 한인 이민자 인구의 약 29%를 차지한다. 한국인 이민자의 40%가 로스앤젤레스, 뉴욕, 워싱턴 DC와 같은 대도시 지역에 집중되어 있었다. 한국인 이민자가 가장 많은 상위 4개 카운티는 캘리포니아의 로스앤젤레스 카운티와 오렌지 카운티(Los Angeles County & Orange County in California), 뉴저지주의 버겐 카운티(Bergen County in New Jersey), 뉴욕의 퀸스 카운티(Queens County in New York)이다.

2019년 가장 많이 거주하는 도시로는 로스앤젤레스(Los Angeles, 326,000), 뉴욕(New York, 220,000), 워싱턴(Washington, 96,000), 시애틀(Seattle, 67,000), 시카고 (Chicago, 62,000), 샌프란시스코(San Francisco, 60,000), 애틀랜타(Atlanta, 51,000), 필라델피아(Philadelphia, 42,000), 달라스(Dallas, 41,000), 산호제(San Jose, 36,000)로 나타났다.

2) 사회경제적 특성

한국의 이민자들은 전체 외국인과 미국태생 인구에 비해 높은 교육수준을 나타내고 있다. 한국 이민자의 절반 이상(54%)이 학사 학위 이상을 소지하고 있는 데 비해 외국 태생은 31%, 미국 태생은 32%였다. 마찬가지로, 한국인 이민자는 다른 이민자(13%)와 원어민 출신(12%)보다 대학원 또는 전문학사(20%)가 더 많았다. 한국 이민자들은 전체 외국인과 미국태생 인구보다 나이가 많은 경향이 있다. 전체 외국 태생의 45세, 미국 태생의 36세에 비해 한국인 이민자의 중위 연령은 48세였다. 그러나 18세에서 64세 사이의 한국인 이민자들이 각각 77%와 59%로 미국 태생 개인보다 더 많은 노동력 참여 연령에 있다.

한국 이민자들의 민간 노동력 참여율은 외국 태생 개인(66%)보다 낮은 61%였다(현지인 노동력 참여율은 62%). 한국 이민 여성은 해외 출신(56%)과 미국 출신(59%)에 비해 노동인구에 참여할 가능성이 낮았다. 한국인 이민자의 절반 이상이 경영, 사업, 과학, 예술 직업에 고용되었는데, 이는 전체 이민자의 32%와 미국 태생의 39%에 불과했다. 반면 천연자원, 건설, 유지업(3%)과 생산, 운송, 자재 이동업(8%)에서 일하는 한국인 이민자는 다른 인구보다 훨씬 적었다. 영어 능력은 한국인 이민자의 절반이 전체 외국 태생 인구의 약 48%에 비해 영어 실력이 제한적이라고 보고되었다. 그러나 전체 이민자 인구(16%)보다 집에서 영어만 하는 한국 이민자가 19%로 약간 더 많았다.

소득과 빈곤 측면에서, 한국 이민자들은 외국인과 미국 태생 인구보다 소득이 높은 경향이 있다. 한국 이민자 가구의 중위소득은 6만 5천 달러에 육박했는데, 이는 전체 이민자 가구가 약 5만 7천 달러, 미국 출신 가구가 6만 1천 달러였던 것과 비교된다. 2017년 한 해 동안, 한국의 이민 가정은 미국 태생 개인에 버금가는 속도로 빈곤을 경험했지만(각 집단의 9%가 조금 못 미치는 수준), 전체 이민 가정 비율(14%)보다는 낮았다.

건강 보장(Health Coverage)에서 한국 이민자들은 전체 이민자 인구보다 보험에 들지 않을 확률이 절반 정도 높았다. 2017년 한 해 동안 한국 이민자의 과반(71%)이 민간의료보험에 가입했으며, 다른 집단들도 민간의료보험에 가입할 가능성이 높았다. 반대로, 그들은 공중 보건 보험을 가지고 태어난 모든 이민자와 미국보다 약간 더 적었다.

3) 이민 경로와 귀화

대부분의 한국 이민자들은 미국 귀화자였다. 연방인구조사국에 의하면 2020년 미국에 있는 184만 2천 명의 한국인 이민자 중에서 58%(거의 107만 명)가 귀화 시민이었다. 전체 한인 이민자의 62%가 2000년 이전에 미국에 입국했고, 21%가 2000년에서 2009년 사이에, 17%가 2010년 이후에 입국했다. 2020년, 16,200명 이상의 한국 이민자들이 합법적인 영주권자가 되었다. 대다수(66%)는 고용주 후원을 통해 이 지위를 얻었고, 3분의 1이 조금 넘는 미국 시민의 직계 친척들이 후원을 했다. 한국인 이민자는 다양성 비자 프로그램(Diversity Visa Program/Lottery: 이민 다양화를 위한 미국의 영주권 추첨제)의 수혜자이거나 난민인 경우가 거의 없었다.

이민정책연구소(Migration Policy Institute)에 따르면, 2012-16년 동안 미국에는 약 169,000명의 불법체류 한인 이민자들이 살고 있다. 그들은 약 1,130만 명으로 추산되는 비인가 이민자 중 1%를 차지했고 전체 한국인 이민자 인구의 약 16%를 차지했다. 2018년 29,000명의 불법체류 한국인 이민 청소년들은 취업 허가와 추방으로부터의 구제를 제공하는 미성년 입국자 추방 유예(DACA)가 있다. 미국 이민국에 의하면, 2012년 프로그램 시작 이후 7,911명의 한인 이민자들이 신청했고, 이 청원 중 7,425명(94%)이 승인됐다.

송금(Remittances) 측면에서 살펴보면, 한국은 2017년 62억 달러에서 2018년 69억 달러의 글로벌 송금을 받았다. 송금은 한국 국내총생산(GDP)의 0.5% 미만이었다. 세계은행의 자료에 따르면 2018년 한국으로의 송금은 1990년에 비해 거의 3배나 많았다.

결과적으로, 미국 내 한인 이민자는 미국의 다양한 아시아 그룹 중에서, 한국계 미국인은 다섯 번째로 큰 그룹이다(US Census Bureau, 2019). 2017년 기준으로 한국에서 태어난 이민자 100만 명과 한국 밖에서 태어난 이민자 92만 명을 포함하여 약 200만 명의 한국계 미국인이 미국에 거주하고 있다(O'Connor & Batalova, 2019). 한국 이민자들의 초기 미국 유입은 가난과 전쟁 피해자 또는 정치적 난민과 같은 대부분 비자발적인 동기에서 비롯되었다.

1960년대 아시아계 미국 이민에 대한 제한이 없어지고 낮은 고용률, 군사독재, 불안정한 정치 환경을 포함하는 한국에서의 삶의 측면에서 벗어나 안정적인 삶을 찾고자 하는 욕구로 인해 한국인 이민자가 크게 증가했다. 최근의 한국 이민자들은 다른 이민자 집단들뿐만 아니라 미국의 일반 인구보다 높은 학력 및 사회경제적 지위(SES)를 가지는 것으로 나타났다(O'Connor & Batalova, 2019). 한국 이민 성인들은 종종 단일 언어를 사용하며 대부분의 시간을 한국어를 사용하고 한국 종교 단체를 포함한 공동 윤리 내에서 사회화하는 경향이 있다.

2. 캐나다 재외동포

한국의 외교통상부에 따르면, 2017년 캐나다에는 24만 942명의 교포 또는 한국계 인구가 거주하고 있으며, 이는 4번째로 많은 한인 디아스포라 인구이다. 즉 중국 내 한국인, 미국 내 한국인, 재일 한국인 및 러시아 내 한국인, 우즈베키스탄 및 호주 내 한국인보다 많다. 캐나다는 지난 20년 동안 가장 많은 한인 이민자들의 유입을 경험했다.

1) 이주의 역사

1966년 이후 상당수의 한인 이민자들이 캐나다로 이주하기 시작했다. 새로운 이민법이 인종차별을 폐지했을 때 한국인의 이민자 인구는 1991년과 2006년 사이에 26,500명에서 98,395명으로 3배의 증가 추세로 나타났다(Kim, 2009). 이로 인해 한인이 캐나다 전체 인구의 0.3%를 차지하였으며, 이들 중 65세 이상의 노인은 한인 이민자의 5%에 불과하였다(Statistics Canada, 2005). 특히, 고령의 한인 이민자들은 한인 이민자 집단의 작은 부분을 차지하면서 고령, 소수민족, 이민자라는 3중의 소수자 지위를 갖게 되었다. 특히, 소수민족 이민자 내에서 노인인구는 북미에서 가장 연구가 덜 된 집단 중 하나이다. 최근의 이민자 중 대부분은 정년퇴직 후 입국한 노년층 이민자들의 삶이 국가 수준 데이터에 집계되거나 이들에 대한 학술연구는 부족하다.

캐나다에 처음 거주한 한인들은 캐나다 선교사들이 신학생으로 파송한 현지 기독교인들이었다. 황태연(Tae-yon Whang)은 캐나다로 간 최초의 한국인 이민자로 기록되고 있다. 그는 1948년 선교사 후원의 의료인 인턴으로 캐나다를 방문했고, 임기가 끝난 뒤에도 토론토에 머물렀다. 미국에 정착한 역사가 비교적 긴 한국계 미국인들과는 달리, 1965년까지만 해도 캐나다의 총 영구 한인 인구는 70명에 불과하였다. 그러나 1966년 캐나다 이민법이 개정되면서 캐나다로의 한국인 이민은 증가하기 시작했다.

1969년까지 캐나다에는 약 2000명의 한국인이 있었다(윤인진, 2002). 1970년에서 1980년 사이에 18,148명의 한국인들이 캐나다로 이민을 갔고, 그 이후 10년 동안 17,583명이 추가로 이주하였다(윤인진, 2002). 1990년대 후반 대한민국은 캐나다 이민의 다섯 번째 큰 원천이 되었고, 그중에 토론토는 교민 수가 전국에 걸쳐서 절대적으로 많았다. 하지만 밴쿠버는 1996년 이후 69%의 증가율을 보이며, 한인 인구 중 가장 높은 성장률을 보이고 있다(Kwak, 2004). 특히 몬트리올은 이 기간 동안 한국인 이주자들에게 세 번째로 인기 있는 여행지였다. 2001년 캐나다로 향하는 한국인 이민자 수가 미국으로 향하는 이민자 수를 초과하였다. 캐나다 정부가 한국에 비자 면제를 허가한 이후 임시 거주자 수도 증가했다. 한국은 1990년대 말에 캐나다에 가장 많은 유학생을 공급했다. 1990년대 한국인들의 캐나다 이주 성장은 미국에 비해 캐나다 실업률이 높고 소득 증가율이 낮았던 시기에 일어났다.

캐나다에서 한인 이민자는 남아시아인, 중국인, 흑인, 필리핀인, 중남미인,

아랍인, 동남아인, 서아시아인에 이어 국내에서 9번째로 큰 가시적 소수민족 집단이며, 가장 빠르게 성장하고 있는 집단 중 하나였다(Statistics Canada, 2011). 다른 이민자 집단과 마찬가지로 캐나다 한인들은 대도시권에 모여 살았다 (Wang & Kwak, 2015). 캐나다 한인사회는 빠르게 성장하고 있으며, 한인 인구는 젊은 노동 연령 인구 구성으로 이루어지고 있다. 이러한 이유는 캐나다 이민 (Citizenship and Immigration Canada, 2013)에 기인한다고 볼 수 있다.

캐나다의 65세 이상 한인 노인 인구는 8%로 추정되고 있으며, 2016년 190,800명의 한인이 캐나다에 거주한 것으로 나타났다(류주현, 2016). 이러한 인구는 비유럽계 국가 중 중국인, 인도인, 필리핀인에 이어 네 번째로 많다. 캐나다 한인 중 67%는 이민자인 것으로 집계되었으며, 20%는 캐나다 출생, 비영주권자는 13%로 나타났다. 비영주권자는 학생, 취업, 이민성 허가증을 소지한 사람들과 그 가족들이다. 이민자들은 주로 1980년대 이후 캐나다로 이민 온 한인이 대다수를 차지하는데, 이들은 주로 경제 이민에 해당된다.

2016년 한인의 이민 중 경제 이민은 82.7%, 가족 초청은 15.7%, 난민 0.8%, 기타 0.8%로 나타났다(Statistics Canada, 2016). 이 통계에 의하면 지리적으로 절반(47.1%) 정도가 온타리오주, 35%가 브리티시 컬럼비아 주, 8% 정도 앨버타 주, 그 밖에 퀘백 주(4.3%), 매니토바 주(2.3%), 노바스크 샤 주 등에 살고 있는 것으로 나타났다. 도시별 집중도를 살펴보면, 토론토(36.9%)와 밴쿠버(28.0%) 두 도시에 한인이 집중되어 있는데, 이처럼 집중도가 높은 이유는 쾌적한 기후 및 사회문화적 환경과 관련이 있는 것으로 보인다.

2) 사회경제적 특징

캐나다에 거주하는 한인의 가족 및 결혼 관련을 살펴보면, 절반가량이 혼인한 사람들이고, 가족이 없는 혼자 사는 독신 한인은 14%로 나타났다. 언어적인 측면에서는 대부분의 캐나다 한인은 적어도 하나의 공용어(영어)를 할 수 있는 것으로 나타났으며, 약 9% 정도의 한인은 공용어를 구사하지 못하는 것으로 나타났다. 65세 이상 한인 노인은 10명 중 3명이 공식 언어를 사용하지 못하였는데, 이들의 대부분은 45세 이후에 이민 온 사람들(36%)이었다. 한인 이민자들은 직장에서는 주로 공용어를 사용하고, 가정에서는 한국어를 사용하는 것으로 나타났다.

종교적 분포도를 살펴보면, 약 51%가 개신교, 21%가 가톨릭, 3%가 불교, 나머지 27%는 종교가 없는 것으로 나타났다. 이러한 현상은 기독교의 비율이 한국에 거주하는 자국민들(28%: 20%는 개신교, 8%는 가톨릭)보다 훨씬 높은 수치이다.

교육적인 수준을 살펴보면, 한인들의 교육 수준은 높았으며, 대부분의 교육은 한국에서 이루어진 것으로 나타났다. 아울러 대학교나 대학원 학위를 취득한 경우는 2/3 정도가 캐나다 밖에서 이루어졌다. 한인의 교육 성취도는 2세들에서 더욱 높게 나타났다. 2세들의 대학 졸업률은 59%에 해당하고 대학원 및 전문직은 17%를 차지하고 있다.

고용 및 직업을 살펴보면, 캐나다에서 한인의 가장 큰 직업 범주는 판매업과 서비스 직종에 전체 한인의 1/3을 넘어서고 있다. 특히 서비스업에서 많은 한인이 종사하고 있는 것으로 파악되었다. 이러한 현상은 높은 비율의 자영업과 연관이 있으며, 이민 1세대 한인들에게 두드러지는 현상이다. 또한, 다른 민족 집단에 비해 기술, 제조, 생산 관련 직업에 종사하는 경우가 상당히 낮다. 노동시장에서도 풀타임으로 일하는 한인의 비율은 41%로 절반에도 못 미치고 있다. 더불어 파트타임의 고용 형태가 28%나 되는 것으로 나타났는데, 이것은 캐나다 전체 비율인 5%보다 높은 편이다. 대졸자가 고졸 또는 그 이하의 자격을 요구하는 직업에서 일하는 경우가 캐나다 전체와 백인에 비해 상당히 높은 것으로 나타났다. 이러한 현상은 캐나다 한인들은 교육 및 경력에 상응하는 일자리를 찾는 데 어려움을 겪는 것으로 파악된다.

소득 수준을 살펴보면, 캐나다 한인의 임금 수준은 전국 평균 소득의 70%에 불과하다. 그러나 다른 소수민족 집단의 평균보다는 한인의 소득이 높은 것으로 집계되었다. 예를 들어, 중국계, 동남아시아계, 필리핀계, 흑인, 라틴아메리카보다 높은 소득 수준으로 나타났다. 이와 더불어 저소득층 비율 (26%)은 다른 인구 집단들보다 높은 것으로 나타났다. 예를 들어, 소수민족 전체 비율은 16%, 백인은 7%에 해당한다. 교육 수준이 높음에도 불구하고 소득 수준이 낮는 점은 거주국에서 교육 경험이 중요함을 나타낸다. 한인 전체의 평균 소득은 31,900달러로 집계되었다. 이러한 소득수준은 1세인 경우 캐나다 밖에서 교육을 받았고, 언어능력이 제한적인 1세대이기 때문이다. 반면 25세 이상 한인 2.3세의 소득은 캐나다 전체 평균과 소수민족 평균보다 높다.

다른 민족보다 비중이 높은 비영주권자들은 매우 낮은 소득 수준을 나타내고 있다. 25세 이상 비영주권자의 소득은 한인 이민자에 비해 60%로도 못 미치고 있는데, 이는 캐나다 평균의 절반 이하에 해당된다. 한인 이민자의 76%가 이민 1세대에 해당된다. 이러한 현상은 얼마나 일찍 이주하였나에 따라 소득에 영향을 준다고 볼 수 있다. 이민의 역사가 짧고 1세대 위주, 비영주권자의 상당한 인구 구성적 특성, 한국의 교육 배경, 판매 및 서비스 부문에 종사, 자영업에 종사하는 비율이 높은 점 등이 캐나다 전체 소수민족과의 소득 격차를 설명할 수 있을 것이다.

3. 브라질 재외동포

브라질은 남미의 절반을 차지하는 국가로 12개국과 국경을 접하고 있다. 브라질은 그동안 전통적인 이민 수용국이었으나, 1980년부터 이민 송출국으로 전환되었다. 1980년대 이전, 특히 1970년대의 브라질인 해외이주는 주로 농촌노동자들이 이웃 주변 국가로 이주한 것이 특징이다. 브라질의 본격적 해외이주는 1980년대부터 시작되어 수많은 브라질인이 미국, 파라과이, 유럽, 일본을 향해 대거 이주했다. 그 결과 오늘날 브라질 해외 거주 인구는 300만 명에서 450만 명에 이르는 것으로 추정하고 있다(최금좌, 2018).

1980년대 브라질인의 해외이주가 급증된 데에는 무엇보다 세계화 현상이 크게 기인했는데, 브라질뿐만 아니라 개발도상국이나 후진국 사람들은 선진국으로 이주하게 되었다. 이는 국가 간에 존재하는 빈익빈 부익부 현상을 원인으로 꼽을 수 있으며, 당시 브라질인들이 해외이주에서 가장 큰 비중을 차지한 것은 노동력의 이동이었다. 브라질의 정치적 격변은 21년 동안 지속된 군정(1964-1985)을 종식시키고 1986년 민정을 수립하였다. 이후 브라질 사회는 8년 동안 연 1,000%가 넘는 초인플레이션으로 매우 불안정한 시기가 지속되었다. 이에 해외에서의 삶이 더 나을 것이라고 확신한 사람들은 이주를 선택하였다. 대부분의 사람이 고등교육을 받은 중산층 출신의 고급노동자임에도 불구하고 선진국에서 3D 업종에 해당하는 일에 종사하기 위해 이주를 선택하였다(Maher & Cawley, 2016). 운송 수단의 발달은 그동안 남미대륙에 국한되었던 브라질인들의 이주를 다른 대륙으로 확대시키는 데 기여하였다(최금좌, 2018). 최근에는 오히려 브라질로 이주해 오는 이민이 꾸준히 증가하고 있으며, 이들은 대부분 포르투갈, 볼리비아, 아이티, 인도인들이다.

1) 이주의 역사

한국 사회에서 브라질로의 이민 역사는 정부의 이민정책이 추진되기 이전인 1918년 재일교포 1가구 및 독신자 3명이 일본 국적으로 입국을 시작해 1956년 반공포로 50여 명이 인도를 거쳐 브라질 산토스에 입국하였다. 그 후 이민정책 추진기에는 1961년 한백협회를 구성으로 본격적인 이민이 추진되었다. 1962년 해외이주법 공포와 함께 정부와 민간이 공동으로 최초의 해외 이민사업 추진과 1963년 1차로 농업 이민(4년간 농업 분야 종사 조건부 이민) 103명(17가구 92명, 독신자 11명)이 산토스 항으로 입국하였고, 이후 1965년까지 5차에 걸쳐 농업 이민을 통해 지속 유입되었다.

한국은 1960년대 경제개발이 시작되면서 인구 분산 정책의 일환으로 정부 주도의 중남미 공식이민이 시작되었다. 중남미 공식이민은 1960년대를 전후해 거의 모든 국가에서 동시적으로 진행되었다(김영철, 2016). 그 대표적인 곳이 남미의 브라질, 아르헨티나, 파라과이이다. 현재 브라질 교민은 전체 약 5만 명을 넘어섰으며, 아르헨티나는 약 3만 명, 파라과이는 약 5천 명에 이른다(임수진, 2018; 최금좌, 2018). 남미는 한국과 지리적인 조건에 의해 정보통신이 발전하기 이전에는 문화 교류가 그리 많지 않았다.

브라질 이민은 농업이 주된 목적이었기 때문에 많은 이민자들은 브라질의 농촌지역에 정착하게 되었다. 그러나 열악한 생활환경과 척박한 토양, 낯선 기후 환경, 그리고 한국과는 다른 영농법, 농작물 재배의 경험 부재와 예상하지 못한 광활한 토지, 무엇보다도 한국과 브라질 정부의 지원 단절 등의 이유로 인해 농촌에서의 정착은 성공적이지 못하였다(김영철, 2016).

1970년 한국개발공사가 주선한 기술 이민자 1,200명(210세대)이 입국하였고, 2010년 상파울루 시 정부는 봉혜찌로(Bom Retiro) 지역을 한인타운으로 공식 지정하였다. 2013년 브라질 한인 이민 50주년을 맞이하게 되었으며, 2017년 상파울루 시 8.15 '한국문화의 날'을 공식 지정하고, 동시에 '한국문화의 날' 행사를 개최하였다. 2018년 8월에는 '한국의 날 문화축제' 개최 및 '한인타운 상징물' 완공식을 개최하였다.

브라질 한인 농업 이민은 남미 전역으로 확산되었지만, 중미 지역에서는 농업 이민이 없었으며, 이민 시기와 목적, 정착 과정에서 다른 양상을 보였다. 브라질 초기 이민의 특징은 정부의 이민정책 차원에서 추진된 영농 이민으로 이민에 성공한 사람들의 가족 및 친척 초청으로 이루어진 혈연가족 초청 이민 형태였다. 브라질로 이주한 한인은 농민이 아닌 중산층 출신의 고학력자들이었는데, 이들 중 농촌에 정착하지 못한 이민자들은 산업·금융 중심의 상업도시인 상파울루 등 대도시 근교로 모여들어 의류·봉제업에 종사하였다. 상파울루 도시는 상파울루 주(State)의 수도로 라틴아메리카의 최대 메트로폴리탄이다. 상파울루주는 원래 커피의 원산지로 19세기 후반부터 이탈리아 이민자로 채워졌다. 그러나 20세기에 들어서면서 일본 이민자들로 대체되었고, 1960년대 이후 도시화가 진행된 상파울루로 이주하였다.

브라질에서 한인사회는 2008년 미국발 세계 재정위기로 인해 2013년 이후부터는 급속도로 변화하게 되었다. 브라질 한인사회는 그동안 여성의류 제조업을 기반으로 성장하였으나 현재 그 터전이 위협받고 있다. 이러한 브라질의 경기침체에 한인사회도 변화된 모습으로 대응하고자 변모하고 있다. 브라질의 경기침체는 브라질의 경제구조가 농산물 및 광산물 위주의 원자재 수출에 의존하고 있는데 기인한다. 또한, 2008년 미국의 리먼 브라더스 (Lehman Brothers Holdings Inc.) 은행의 파산은 높은 실업률과 경기침체를 가져왔다. 또 다른 원인으로 지적되는 사항은 브라질의 1차 상품에 대한 세계적 수요가 급감한 점과 브라질의 좌파정부(노동자당)가 재집권함에 따라 '볼사 파밀리아(Bolsa Famila)' 같은 사회보장제도를 지속적으로 유지한 점, 그리고 2014년 유치한 월드컵과 2016년 리우 동계올림픽 유치 준비로 재정적자 폭이 급증한 데 있다.

2) 사회경제적 특성

브라질 동포사회 특징을 살펴보면, 브라질 동포사회는 중남미 최대 경제도시에 위치해 있다. 브라질 동포사회가 위치한 상파울루는 브라질의 산업 및 금융 수도로서 약 2만 5천여 개의 공장이 운영되고 있으며, 이는 브라질 총 GDP의 30%, 제조업 총생산액의 약 55%를 차지한다. 현재 중남미 한인 대부분이 의류사업에 종사하고 있으며, 한인 1세대의 의류사업을 1.5세대와 2세대가 함께 참여하면서 질적인 발전을 이루었고, 이들이 다양한 분야에 진출함으로써 거주국에서 한인들의 위상을 높이고 있다(임수진, 2018).

브라질 동포 대부분(98%)이 상파울루주에 거주하고, 한인타운인 봉혜찌로 지역을 중심으로 주로 패션·의류업에 종사하고 있다(신형진, 이채문, & 이현철, 2016). 브라질 여성의류 시장의 약 60%를 점유하고 있으며, 봉혜찌루(Bom Retiro) 지역과 브라스(Bras) 지역 의류매장 중 약 2,000여 개가 동포가 소유하고 있는 것으로 나타났다. 이 당시 브라질 사회가 모범 소수민족으로 인정했던 한인들의 주거지인 봉혜찌르 구를 코리아타운(Korea Town)으로 지정했다.

브라질동포 직업 현황을 살펴보면, 의류업 60%, 통신·전자·IT 15%, 기타 25%에 종사하는 것으로 나타났다. 아울러 동포 2.3세 이후는 의료산업, 전기 전자, 무역, 전문직, 공무원 등 사회의 다양한 분야에 진출 중에 있다. 최근 중국인과 볼리비아인들이 저가 의류 중심으로 의류산업에 진입하면서 동포들의 영업에 타격이 되고 있어 고급의류 중심으로 판매전략 변화가 필요한 실정에 있다. 이 두 민족의 증가는 브라질과 볼리비아의 이해관계로 불법까지 방치하고 있다. 브라질과 중국의 밀접한 경제협력 관계로 모여든 중국인들은 자국 사람들끼리 카르텔을 형성하여 중국으로부터 값싸게 좋은 제품을 수입하여 한인사회의 경제적 기반을 위협하고 있다(윤인진, 2019).

체류자격별 브라질동포 현황으로는 총 48,280명(2018년 12월 기준)이 거주하고 있으며, 한국 국적자 18,585명(38.5%), 브라질 시민권자 29,695명(61.5%)이다. 더불어 영주권자 18,052명(97%), 일반체류자 475명(2.5%), 유학생 58명(0.3%)으로 구성되어 있다(표 14).

〈표 14〉 상파울루 대한민국 총영사관

		거주 자격별				
	재외동포 수	영주권자	재외국민 체류자			외국 국적동포 시민권자
			일반	유학생	계	
남	25,318	9,072	263	28	9,363	15,955
여	22,962	8,980	212	30	9,222	13,740
계	48,280	18,052	475	58	18,585	29,695

브라질의 영주권 제도는 가족 초청, 은퇴자, 종교, 사회단체 지도자, 투자이민, 기업 임원, 특별전문가 등이 있다. 이중 가족 초청은 브라질인 또는 브라질 영주권자의 가족으로 배우자, 18세 미만의 자녀, 24세 미만의 학생, 부양할 능력이 없고 특별 보호가 필요한 자녀(연령 제한 없음)이며, 자신을 부양할 능력이 없거나 특별한 보호가 필요한 부모가 해당된다. 즉, 미혼인 형제자매, 손자, 증손자, 고아로 브라질인 또는 브라질 영주권자의 법적인 보호 하에 있으며, 경제 능력이 없는 경우로 18세 미만자, 24세 미만의 학생, 24세를 초과하는 경우 특별한 보호가 필요한 사람이 해당된다.

은퇴자 이민의 경우, 월 연금소득이 6,000 헤알 이상(은퇴자 본인 및 부양인 2

명에 대한 영주권 발급), 추가 부양인 1인당 월 2,000헤알의 연금소득이 필요하다. 투자 이민은 15만 헤알 이상 투자자이고 기업 임원은 1인당 60만 헤알 이상의 외국자본이 투자되어 있거나, 또는 최소 15만 헤알 이상을 투자하고 2년 이내 최소 10명 이상을 고용할 것을 확약한 회사에 파견되는 임원이라야 한다. 전문가 이민은 과학자나 전문가에 대한 브라질 기관의 초청받은 자가 해당된다. 준비, 신청 및 (노동)허가 과정이 복잡하며, 시간이 많이 소요된다. 외국인 등록은 브라질 입국 후 30일 이내에 연방경찰에 등록해야 한다. 영주권 신청 시 제출서류는 공증과 브라질 내 공인번역사의 포르투갈어 번역이 필요한 경우가 많고 영주권 취득 후 해외에서 24개월을 연속하여 체류할 경우 영주권이 무효가 된다.

브라질 동포단체 현황은 브라질한인회, 민주평통브라질협의회, KOCHAM(브라질 한국상공회의소), KOWIN 브라질지회, 대한노인회 브라질지회, 재향군인회 브라질지회 등 중앙단체와 8개의 지방 한인회, 대한체육회 브라질지부와 8개 체육 단체, 27개 주말 한글학교 및 각종 문화 단체 등 200여 개가 있다. 동포언론은 좋은 아침, 한인투데이, 하나로 및 탑뉴스, 인포그램 등 5개가 있다. 우리 기업 진출 현황으로는 삼성전자, LG전자, 현대자동차 등 100여 개 기업들이 브라질에 진출해 있으며, 우리 기업의 약 90%가 상파울루주에 소재, 대부분 남미지역을 총괄하는 지역본부 형태로 활동 중이다. 이와 더불어 미신고, 영세기업, 동포상공인 기업 등을 감안할 경우 약 200여 개 기업이 진출해 있다.

중남미에서 운영 중인 한글학교는 20개 국가, 89개 학교이며, 학생 수는 6,098명에 이른다(김영철, 2016). 105,112명이 중남미의 전체 한인 인구인 점을 감안하면 한글학교에 등록한 비율이 약 11%에 달하는 것을 알 수 있다. 이러한 현상은 중남미 지역에 거주하는 한인들이 현지 생활 중에서도 정체성을 유지하고 형성하기 위한 공동체로서 한글학교가 큰 역할을 하고 있음을 알 수 있다. 특히, 한인의 거주 인구가 가장 많이 분포되어 있는 브라질의 한글학교와 학생 수가 가장 많은 것으로 나타났다. 그중에서도 브라질 한인 타운인 봉헤찌루를 비롯해 주로 시내에 집중되어 있는 것으로 조사되었다.

브라질 한국학교는 1998년에 한국으로부터 정규초등학교 설립인가를 받아 한국 정규과정을 개설하였고, 1999년에는 브라질 교육부의 인정을 받음으로써 브라질 정규 초등과정을 개설하게 되었다.

이에 따라 양국의 교육부로부터 인가를 받은 정규과정으로 등록되었고, 많은 학생이 한국 정규과정과 브라질 정규과정을 동시에 들을 수 있게 되었다. 다문화 교육을 실현하는 국제학교인 폴리로구스(Polilogos)는 글로벌 시대를 이끌어 갈 능력 있는 인재 양성을 목표로 설립하였다. 이에 따라 브라질 한글학교는 정규 교과 과정뿐 아니라 한국인으로서의 정체성 함양을 위한 한국어 교육과 한국문화 교육을 수업 내용에 포함하여 운영하고 있다. 또한, 오후 수업을 이용하여 한국 교포들의 문화와 정체성 유지를 위한 한국어 교육을 비롯해 다양한 한국문화 관련 과목의 수업을 제공하고 있다. 이같이 한글학교를 한국인으로서의 정체성과 한국문화를 익힐 수 있는 공간으로 활용함으로써 교포 자녀들의 정서 발달에도 상당한 기여를 하게 되었다. 현장 자연학습, 연극과 영화, 토론회, 실험 실습, 캠핑 등과 같이 다양한 체험 학습이 가능한 프로그램을 제공하고 있다(김영철, 2016).

한글 교육 자체가 한국의 사고와 가치체계를 전달하는 좋은 교육 수단일 뿐만 아니라, 교재 내용도 한국문화의 특수성을 강조하기에 적합하게 구성되어 있다. 한글학교에서 하는 다양한 체험 프로그램이나 예절교육이 한국문화를 전승시킴으로써 정체성을 형성하는 기제가 된다. 한글학교는 재외동포재단에서 주관하는 재외 한글학교 교사 워크숍을 개최하고 이를 통해 한

국어 교육의 올바른 방향성을 제시한다. 또한, 중남미 한글학교 총연합협의
회는 매년 교사 연수를 개최하고 있으며, 이를 통해 아동 교육에 필요한 내
용들을 학습하기도 한다. 세계화 시대에 동참하여 세계화를 이끌고 잘 추진
해 나가기 위해서는 우리글과 우리 문화를 지키고 보존해 나가는 것이 무엇
보다 중요하다(김영철, 2016). 한인사회의 발전이 한국어교육과 연관이 있는 만
큼 교사들의 책임이 중요하게 여겨지고 있는데, 그만큼 교포 2.3세에 많은
영향을 미치고 있기 때문이다.

4. 독일 재외동포

독일의 재외동포는 독일 근현대사의 격변에 따라 변화해왔다. 독일의 영
토적 경계의 변화, 1930년대의 인종, 종교, 정치적 차별에 따른 추방과 난민
의 발생, 그리고 전후 경제적 복구 등은 이민 수와 내용을 결정하는 주요한
계기로 작용하였다. 이러한 점은 무엇보다 독일의 재외동포 규모가 적지 않
고, 이들에 대한 독일 정부의 정책이 정치적으로 중요한 이슈였음을 짐작케
한다. 또한, 독일의 정치 상황 전개에 따라 재외동포의 수적 변화가 매우 크
게 나타난다. 특히 1950년도 이후 독일의 인구변동에서 이민의 변화가 차지
하는 비중이 매우 크게 나타났다. 이민에 의한 인구 증가 규모가 서독의 경
우 13,600,000명으로 매우 컸다. 특히, 독일 거주 외국인이 7,491,000명(1996
년)으로 나타났으며, 인구 증가의 요인은 외국 노동자의 유입뿐 아니라 해외
독일인들의 이민도 영향을 끼쳤다. 제2차 세계대전 이후부터 현재까지의 독
일의 인구변동과 인적 이동을 가져왔던 요인들은 제2차 세계대전 이후 귀국
했던 추방자, 사회주의 체제 붕괴 이후 소련과 동유럽으로부터 독일로 재이

주한 그룹, 서독에서의 해외이민, 동독에서의 대규모 인구이동, 그리고 외국인노동자(guest-worker) 및 망명 신청자들(asylum seekers)이다.

1) 이주의 역사

한인의 본격적인 유럽 이주는 제2차 세계대전 이후부터 시작되어 유럽의 단기계약직 이주노동자의 형태로 시작되었다. 한국에서 독일로의 이주노동에는 이주한 나라의 정착을 위한 것과는 달리 단기간 노동이주였다. 한국에 가족을 남겨두고 가는 경우가 대다수였으며, 소득 대부분은 한국의 가족에게 송금되었다. 1960년대와 1970년에 독일에 취업 이주자들은 계약노동자로 광부, 간호사, 간호조무사들이다. 1963년 광부 이주를 시작으로 1966년 간호 여성의 집단적 노동이주는 약 2만 명으로 추정되었고, 이러한 이주는 1978년경에 마감되었다. 특히 독일 한인사회에서 기본 틀을 이루었던 이주노동자들의 독일 유입은 1970년대 후반 이후 거의 중단되었다.

한인 남성의 독일로의 이주는 광산 노동자로서의 독일 취업이었다. 독일의 마셜 플랜은 경제회복에 영향을 가져왔고, 이에 따른 급속한 성장 속에 광산업과 같은 위험한 일에 외국인노동자를 많이 고용하게 되었다. 광부라는 직업은 한국이나 독일이나 사회적, 교육적인 정도가 상대적으로 낮았다. 1차 광부 모집에서 대졸자는 24%, 고졸자가 50% 정도의 학력으로 구성되었다. 그 후 광부 지원자의 학력과 사회적 배경은 다양화되었고, 다른 나라 노동자들에 비해 학력이 높아졌다. 이들의 생활은 주로 정해진 구역에 모여 사는 경향이 많았다. 이것은 작업장의 지리적인 특성과 연관이 있다.

한인 여성의 독일로의 이주는 간호사로 파견되는 것이었다. 간호 인력은 가난한 가정 출신이 대부분으로 가족의 경제적 지원을 위해 선택하게 되었다.

그들은 독일에 간호 학생 신분으로 갔다가 교육을 받고 간호사가 된 경우이며, 다양한 수준의 간호 인력으로 구성되었다. 근무 기관도 거대한 대학병원 규모에서 시골 및 수용소 시설에 이르기까지 다양한 시설에서 근무하였다.

1965년부터 1975년도까지 10여 년간 파독 광부와 간호사가 고국으로 보내온 송금액은 1억 153만 달러였으며, 특히 1965, 1966, 1967년의 경우에는 우리나라의 총 수출액 대비 각각 1.6%, 1.9%, 1.8%에 해당하는 엄청난 액수였다. 이들의 국내 송금 임금은 한국 경제가 성장하는 데 상당히 큰 기여를 한 것으로 평가되고 있다(김민정, 2018).

2) 동포 현황

최근 독일 거주 재외동포는 47,428명(2021년)에 이른다. 프랑크푸르트가 속해 있는 헤센(Hessen)주는 거의 한국인이 12,174명으로 가장 많이 거주하고 있다. 나머지는 독일 전역에 고루 분산되어 있다. 이 지역은 광부와 간호사로 온 1세대가 많이 정착한 지역이며 한국기업들이 많이 진출해 있는 비즈니스 지역이다. 현재 전 세계에서 한국인이 10번째로 많은 국가이다. 주로 간호, 양로 등 돌봄 영역이나 자영업 등에 종사하기에 독일 한인들은 주로 도시에 거주하는 경향이 많다. 이들은 과거 노동이주자와 달리 전문직을 가진 중산층 출신으로 애초부터 이민을 목적으로 독일을 선택하게 되고 이와 더불어 유학 후 귀국하지 않고 독일에 정착하는 경우가 많다. 현재 독일 한인 사회는 1세대의 고령화로 인한 대책이 현안으로 등장하였다. 독일 전역에 분산되어 있는 한인들은 문화적 고유성을 유지하면서 다양한 한인회를 구성하여 문화 단체나, 한글학교, 종교 모임 등을 통해 교류하고 있다.

5. 일본 재외동포

재일교포는 주로 일제강점기 당시에 일본에 건너간 재일 한국인이나 조선족들이다. 조선족 동포들은 특별영주자 자격으로 체류 중이며, 최근에는 유학이나 사업 등의 이유로 가는 한국인이 많다. 일본 내 불법체류자 2위가 한국인이며, 재외동포 인구의 1/8 가량이다. 재외국민은 449,459명으로 영주권자는 361,351명, 일반체류자는 71,058명, 유학생은 17,050명으로 구성되어 있다. 시민권자는 375,518명으로 전체 824,977명에 해당된다.

재일동포의 발생과 인구 동태를 살펴보면 다음과 같다(김희정, 2021). 초기 이주 역사는 유학생 중심이었으나 그 수가 미미하였고, 경제적인 이유로 인해 노동자들이 이주하면서 한인들의 본격적인 일본 이주가 전개되었다. 초기 자발적 이주자보다 1938년 이후 일제에 의해 강제 징용당한 이주자가 증가하면서 해방 직후 다수가 일본에 잔류하는 것보다 귀국을 선택하게 되었다.

1) 1910–해방 전

1911년에는 2,527명 1920년대 산미증산계획을 계기로 한국의 농촌이 피폐해지면서, 경제적인 이유가 발생하였고, 이로 인하여 많은 농민은 임금노동자로 이주하게 되었다. 본격적인 일본으로의 이주 역사가 시작되었다. 또 일본은 많은 노동력의 보충을 요구하고 있었으므로, 이들은 대부분 일본에서 방직공, 광부, 벌목공, 토건공, 운송잡부, 일용인부 등의 단순노동에 종사하면서 돈을 벌게 되면 곧 귀국할 것을 예정하고 이주하였다. 1930년대부터 군국화가 농후. 만주사변을 거쳐 중일전쟁이 본격화됨으로 국가 총동원법, 국민동원계획 징용령, 징병령이 국내에도 적용되었다.

특히 1940년부터 해방까지의 5년간 100만 명에서 150만 명이 강제이주 되었다. 그런데 제2차 세계대전에서 군수물자의 보급과 노동력의 공급을 위하여 1938년 국가총동원법을 제정하여 전면적인 국가통제와 동원을 하면서, 일본으로 강제 동원하기 시작하였다. 초기의 자발적 이주자와 달리 전쟁 수행을 위하여 강제 징용당한 이주자의 경우는 빠른 귀국을 원하였으며, 해방이 되자 대부분 귀국하였다. 대일항쟁기위원회 결과보고서에 따르면 당시 강제 동원된 인원수는 총 7,804,376명에 이르렀으며, 그중 국외로 강제 동원된 노동자가 1,251,493명으로 파악되었다(김희정, 2021).

일제 강점기의 조선인 노동자 노동조건은 저임금·장시간 노동이었으며, 이는 민족차별에 기초한다. 또한, '산미증식계획'과 '토지조사사업'으로 인해 지주 중심으로 토지가 집중되었다. 이에 따라 토지를 잃은 직접 생산자 농민들의 대부분은 소작농으로 전락하였다. 조선인 강제 동원은 1939년 9월에서 1945년 8월까지 지속되었다(김희정, 2021). 그러므로 일찍이 이주하여 생활 근거지를 일본에 마련한 이들을 중심으로 한 동포들은 해방 후 일본에 잔류하게 되며, 이들이 오늘날 재일동포의 주류를 형성하게 되었다. 잔류 재일동포는 1947년 전체 외국인 64만 명 가운데 93.6%를 차지하는 60만 명에 달하였다.

1940년대에 들어서면서 생활고와 징용 등 전쟁 수행이 혼재하였다. 중국의 조선족과 마찬가지로 이주자들도 집단적으로 거주하였는데, 이 조선인 집거 지역을 조선촌으로 불렀다. 이주자들은 주로 도시 외곽지역에 조선인 집중 거주지를 형성하였다. 일본인 거주 지역에서는 경제적인 이유와 차별로 인하여 주택을 얻을 수 없었으며, 일자리 얻기도 쉽지 않았다. 그러므로 일본어에 능통하지 못한 조선인들은 동일한 언어를 사용하는 선주 한인들의 지역으로 모여들었다. 이들 대부분은 단순노동자인 까닭에 취업알선이 용이

하고 취업기회를 얻기가 쉬웠기 때문이었다. 특히 조선촌은 지연과 혈연적 상호부조가 잘 이루어져 취직 등 생활상의 편의뿐만 아니라, 사고나 질병 등으로 곤경에 처할 경우 다른 조선인들의 부조를 받을 수 있었으며, 조선인을 차별하는 일본 사회로부터 격리되어 안식을 주는 곳이었다.

이렇게 형성된 조선인 집중 거주 지역은 후쿠오카와 나가사키의 규슈지방, 야마구치와 오카야마, 히로시마의 주고쿠 지방, 효고와 오사카 그리고 교토의 긴기 지방, 도쿄의 간토 지방에 대표적으로 위치하였다. 1935년에 이르면 일본의 대도시인 오사카, 도쿄, 효고, 아이치, 교토, 가나가와 등에 집중적으로 거주하게 된다. 이는 중국의 조선족이 집중 거주하고 있는 점과 유사하며, 미국의 동포들이 도시에 집중 거주하고 있는 점과도 비슷하다.

2) 1945년 해방 후

1945년 해방을 맞아 일본에 거주하던 조선인들은 남한으로 귀국하기 시작했다. 일본 정부의 공식발표에 의하면, 1945년 8월부터 1950년까지는 104만 명인 것으로 나타났다. 실질적인 귀국자 수는 더 많을 것으로 추정된다. 그러나 많은 조선인들은 일본에 그대로 남아 있게 되어 일본의 동포사회를 형성하게 되었다. 종전 시 인원의 약 20% 정도인 60만 명 정도의 조선인들이 일본에 남게 된 것이다. 종전 당시 일본에 체류 중이던 한인 중에는 경상도, 제주도, 전라도, 충청도 등 본국과 연고가 낮은 출신의 사람들이 대부분이었으며, 한인 최대 밀집 도시인 오사카의 경우에는 제주도 출신의 비율이 다른 지역에 비해 상당히 높았다. 이들이 일본에 남게 된 것은 본인들이 처한 경제적 형편과 조선의 정치사회적 상황에 기인하였다. 그 당시 일본은 맥아더 사령부가 발표한 '조선인, 중국인, 류우쿠우인 및 대만인의 등록에 관한 총사령부 각서'에 의해 귀국 희망자 등록을 실시하였고, 조선인이 고국으로 가지고 갈 수 있는 금액을 1천 엔 이내로 제한하였다. 가난한 생활을 하던 대부분의 조선인에게는 별 문제가 되지 않았지만 어느 정도 경제적 기반을 마련한 사람들에게는 어렵게 모은 재산을 포기해야 했고, 조선으로 돌아간다고 해도 생활 터전을 마련할 수 있는 보장된 바가 없었기에 쉽게 일본을 떠날 수 없었다. 귀국한 후에도 정착하지 못하고 다시 일본으로 되돌아오기도 하였다. 이런 과정을 거쳐 조선인들은 일본에서 이방인으로서 정착하게 되었다.

3) 1980년대 이후

1980년대 말 이후 일본의 경제 호황기에 일본으로 건너간 소위 '뉴커머'들이 재일한인사회에 새로운 집단을 형성하였다. 뉴커머는 주로 1980년대 일본의 국제화가 급속히 진행됐던 이후에 급속도로 늘어났다. 현재 155만 명을 넘어선 재일외국인 중 재일한인들이 63만여 명으로, 이 가운데 특별영주자 약 52만 명을 제외한 11만 명 중 대다수가 뉴커머에 해당한다. 그러나 뉴커머의 실제 수는 상당수 불법체류자들까지 포함해 20~30만 명에 이를 것으로 추산되고, 그들의 1/3 이상이 도쿄 지역에 살고 있는 것으로 알려져 있다.

쇼쿠안도리의 코리아타운으로 대표되는 뉴커머들의 거주지와 직업 및 생활양식은 올드타이머(oldtimer)들과는 많은 점에서 구별된다. 뉴커머 중 사실상의 정주자들은 대개 3년마다 체류연장허가를 받는다. 뉴커머의 주요 구성원인 기업 및 기관 파견 주재원들과 그 가족들의 체류 기간은 대개 3~5년 정도다. 최소 6만 명이 넘을 것으로 추산되는 불법체류자 중 상당수는 유흥

업소나 토목건설현장 등에서 일한다.

최근에는 정보기술 관련분야에서 한국 업체의 일본 진출이 눈에 띄게 늘어나고 있으며, 컴퓨터 프로그래머만 1천여 명에 이를 것으로 추산된다. 현재 일본 전국에는 한국 식품 가게만 1200여 개에 이른다. 그는 뉴커머들이 올드타이머에 비해 과거사로부터 비교적 자유로운 세대로 재일동포사회 전체의 의식변화에도 큰 영향을 주고 있다.

2002년 일본에 거주한 동포 현황을 보면, 오사카 152,000명, 도쿄 101,000명, 효고 62,000명, 아이치 46,000명, 교토 39,000명, 가나가와 34,000명 순이다. 물론 이 인구는 해방 이후 특히 1989년 한국의 해외여행 자유화 이후 이주한 뉴커머를 포함한다. 전체 일본인 1억2천만 명 가운데 외국인은 185만 명이며, 그 가운데 재일동포는 635,000명으로 외국인의 37.7%를 차지하고 있다.

일본 법무성은 2019년 일본에 거주하는 외국인이 273만1천93명으로 집계되었다. 국적별로 중국인이 76만 4천명으로 가장 많았고 그 다음으로 한국인이 44만9천634명으로 집계되었다. 불법체류자는 7만 4천명으로 가장 많았다.

재일동포 가운데 많은 수가 귀화하고 있다. 1952년 233명의 귀화신청 허가 이후 1999년까지 233,000명이 귀화하였다. 일본인과의 국제결혼이 증가하면서 일본 국적으로의 귀화자가 증가하고 있다. 외교부 2021 재외동포 현황에 따르면, 2021년 재일동포는 818,865명에 이른다.

재일 거주 동포의 혼인에 의한 변화는 1975년에 동포 간의 결혼 건수가 절반이 되고, 1987년에 4분의 1이 되었다. 1989년 이후 동포 간 결혼이 18~12%, 2001년에는 10%까지 감소하였고 2005년 이후에도 10%를 감소하는 상황이 되었다. 1985년 일본의 국적법이 부모 양계주의가 되고, 부모 중 한 사람이 일본 국적으로 있으면 출생아는 자동적으로 일본 국적이 되었다. 1984년은 재일 동포가 68만 8천 명이었으나 2005년 이후에는 60만 명정도이다. 인구 감소의 원인은 귀화자와 사망자의 영향뿐만 아니라 국적법영향에 있다. 일본 정부의 동화 정책에도 불구하고 50만 이상의 동포가 한국국적을 유지하고 있다.

재일동포의 거주, 직업 분포를 살펴보면, 먼저 거주 지역은 긴키 지방에절반 가까운 사람들이 거주하고 관동지방에 약 5분의 1이 거주(도시집중화)하고 있었지만 최근에는 킨키가 약 40%, 관동이 약 37%로 변동하고 있다. 재일동포의 직업구조가 크게 변화하고 있다. 가장 많은 사무직에서 약 30%, 판매업이 약 20%로 절반 가까이 차지하고 있고, 기능공. 생산, 공학, 일반 노동자는 감소하는 것으로 일본의 직업 형태에 가까워지고 있음을 나타낸다.

재일동포의 인구 구조상의 변화로 세대별 구조는, 1세는 약 5%(80세 이상), 2세는 약 41%(50세 이상), 3세는 약 45%(49세 이하), 4세는 약 9%(19세 이하)에 해당한다. 체류 자격으로는 특별 영주자는 지난 10년 사이에 약 11만명 감소하고 일반 영주자는 지난 10년 사이에 두 배로 6만 명을 넘는다.

6. 중국 재외동포

중국에서의 인구는 한족을 제외한 소수 민족 가운데 13번째로 많으며, 주로 옛 만주 지역인 중국 둥베이 3성에 살고 있다. 중국 조선족의 이주 역사를 살펴보면 다음과 같다(장윤수, 2009). 현재 약 230만 명 중국 조선족의 경우대부분 1860년대부터 이주를 시작하였다. 조선족은 중화인민공화국의 소수민족 중 하나로 불린다. 중화인민공화국에서는 민족 이름으로 '챠오시엔주',

'조선족'이라는 용어를 사용하기도 한다. 모국이 남북으로 분단되어 있고, 과거 중국과 남한의 수교가 이루어지지 않은 시기에는 중국의 조선족과 교류가 없었지만, 1992년 국교 정상화 이후 모국과 동포 사이에 상호교류가 급증하고 있다. 현재 한국에 들어와 있는 중국 조선족은 약 40만 명에 이르는 것으로 조사되었다.

1) 이주의 역사

1945년에 일제가 패망하자 만주에 살던 조선인 216만 명 중 약 절반인 100만여 명이 조선으로 귀국하였지만 귀국할 방법이 없던 116만 명은 중국에 남겨져 조선족이 되었다. 귀국한 이들은 대부분 지원 세력이 있던 독립운동가와 1931년 만주 개척으로 파견된 조선인들이었기에 한반도로의 귀국이 가능하였다. 특히, 독립운동가들은 조선인민공화국과 대한민국을 건국하는 데 지대한 역할을 하였다. 그러나 1869년부터 가난을 피해 이주한 조선인들과 1910년 위안부와 강제징용 등으로 끌려간 조선인들은 대한민국과 조선민주주의인민공화국의 국적 둘 다 존재하지 않았기 때문에 귀국할 방법을 찾지 못하고 중국에 그대로 머물게 되었다(김희정, 2021).

조선족(차오셴쭈)은 한국(조선)계 중국인, 중국 조선족으로도 불리며, 중화인민공화국 정부가 공인한 한족 외 55개 소수민족 가운데 하나이자, 중국 국적을 가진 한민족을 의미한다. 대개 1949년 중화인민공화국 성립 이전 구한말과 일제강점기 등에 한반도에서 간도 및 중국 각지로 이주해 정착한 한민족의 후손을 일컫는다. 조선족의 인구는 2019년(한국 외교부) 기준 2,153,472명, 2021년 기준 1,702,479명으로 고려인이나 재일한국-조선인보다 인구 수가 훨씬 많이 분포되어 있다. 조선족 인구의 대부분이 거주하는 연변 조선족 자치주는 중국 최초의 소수민족 자치구로서 특별한 의의를 지닌다. 그 외에 장백 조선족 자치현이 있으며, 기타 중국 각지에 좀 더 낮은 밀도로 퍼져서 거주하고 있다.

조선족들은 '중국동포(또는 재중동포)'로 정의되기도 하지만, 아이러니하게도 적지 않은 조선족은 대한민국에 거주하고 있어, 이미 한국과 밀접한 관계의 집단이 되었다. 한편 한국에 귀화한 조선족도 있는데, 이들은 한국인으로 분류되었기 때문에 조선족이 아닌 한국인으로 보아야 한다. 조선족 가운데서도 청년층은 한국어, 중국어 2개 국어를 모두 사용하는 경우가 꽤 있지만, 중장년이나 노년층은 한국어, 중국어를 두 개 다 완벽하게 구사하는 경우는 드물다고 한다. 물론 이는 성장 환경에 따라서 다르다. 연변 조선족 자치주 등에서 자란 조선족은 상대적으로 한국어가 능하거나 익숙한 경우가 많고, 조선족이 적거나 민족교육을 받기 어려운 환경에서 자란 경우 상대적으로 한어(중국어)가 능하거나 익숙한 경우가 많다.

중국에 거주하고 있는 동포들의 이주사에 대하여 다음과 같이 정리하여 설명하고 있다. ① 현재의 동북 3성은 옛 고구려와 발해의 영토이기 때문에 이곳의 주민들은 당초부터 조선인이었다는 토착 민족설, ② 요동반도에 거주하는 1만 명의 고려인이 있었다는 원말 명초설, ③ 350여 년 전 중국으로 이주한 조선인의 후예라는 명말 청초설 등이다. 중국에 거주하는 동포들의 역사를 과연 어느 시기까지 소급할 수 있는가에 대하여 많은 논란이 있으며, 한국과 중국 역사가들의 견해 또한 다양하다. 중국의 경우 동포들이 많이 거주하는 동북 3성을 중국의 변방으로서 소수민족이 활동하고 있는 지역으로 인식하고 있다. 다시 말해 현재 조선족이 집중적으로 거주하고 있는 중국의 동북 지역은 19세기 중반 봉금령이 해제된 이후 벼농사를 짓기 위해, 즉 농업이민으로 조선인들의 이주 역사 시작으로 여겨진다. 바로 농업 이민이 조선족 이주 역사의 출발이라고 할 수 있다는 것이다.

조선인들의 중국 동북 지역으로 이주는 다음 세 갈래의 경로를 거쳤다. (1) 압록강을 건너 남만주를 통하여 중만주와 서만주로의 이주 경로, (2) 도문강을 건너 연변으로 이주한 이후 동만주와 중만주로 다시 이주해 가는 경로, (3) 연해주로 이주하였다가 흑룡강과 우수리강을 건너 북만주로 이주하는 경로이다. 이러한 이주 과정을 배출요인과 흡인요인의 상호작용으로 설명할 수 있다면, 조선에서의 삶의 곤궁함과 중국 동북 지역의 지리적 자연적 환경을 한인들의 이주 요인이라고 할 수 있다. 한반도 북부의 많은 한인들이 조선조 말기 경제적 곤경을 벗어나기 위하여, 벼농사의 좋은 조건을 갖춘 동북 지역으로 이주하기 시작하면서 한인들의 이주 역사가 전개되었다.

농민들의 이주와 함께 1910년 한일합방 이후에는 정치적인 이유로 중국으로 이주하였다. 이러한 과정을 거쳐 이주하게 된 한인들은 이 지역에 집거 지역을 형성하고, 민족교육과 항일무장부대의 편성 등을 통하여 항일운동을 전개하였다. 그리고 1930년대 일제의 만주국 경영의 일환으로 상당수의 한인이 이주하였다. 그러한 과정을 거쳐 1910년대 20-30만 명의 조선족은 1945년 해방 무렵 약 160만 명으로 증가하였다. 중국 동북 지역의 조선족은 중국인과 함께 항일투쟁을 수행하였을 뿐만 아니라, 일제 패망 이후 국민당 군대에 대한 혁명 투쟁에 참여하였다. 이 과정에서 많은 한인들의 희생이 뒤따랐다. 결국 중국 동북지역의 조선족은 항일투쟁과 해방투쟁의 과정에 중국인과 함께 헌신적으로 참여하였기 때문에, 그 역할을 인정받게 되고, 소수민족으로서 자치를 허용 받을 수 있게 되어 국민으로서 자리 잡게 되었다. 이로써 중국 조선족은 현재 연변조선족 자치주를 중심으로 동북 지역에 집중적으로 거주하고 있다.

2) 인구 규모

중국 인구 보편조사 결과에 의하면, 2000년 현재 연변자치주가 위치한 길 림성에 115만 명, 흑룡강성에 39만 명, 요녕성에 24만 명의 조선족이 살고 있다. 중국의 조선족은 동북 3성에 조선족의 97%가 거주하고 있으며, 연변 자치주에 조선족의 43%인 83만 명이 거주하고 있다. 중국의 조선족은 중국 정부가 인정한 55개 소수민족 가운데 하나로, 집거지를 형성하여 타 지역에 거주하는 동포보다 더 높은 수준에서 한민족의 문화를 유지하고 있다. 그러 나 중국의 산업화와 개방화에 따라서 조선족 집거지에서도 큰 변화를 겪고 있다. 중국이 산업화된 도시로의 향토 이농, 한국을 포함한 해외로의 이동 등 이 이루어짐에 따라 인구의 감소, 민족교육의 약화, 이에 따른 문화적 정체성 의 약화 등 여러 가지 문제가 야기되고 있다. 이에 따라 중국 당국은 여러 문 제에 대한 대책을 모색하고 있다.

참고문헌

김영철(2016). 중남미 재외동포 사회와 한류. **한국민족문화**, (58), 75-112.

김민정(2018). 조국에 대한 공헌과 재외한인으로의 인정: 미국과 독일의 재외한인여성 비교. **아시아여성연구**, 57(1), 7-47.

김영철(2016). 중남미 재외동포사회와 한류. **한국민족문화**, (58), 75-112.

김희정(2021). 일제 강제동원 피해와 조선인 강제연행에 관한 사례 탐구. **재외한인연구**, 55, 81-105.

신형진, 이채문, & 이현철(2016). 브라질 한인 디아스포라의 역사적 맥락: 이민시기별 사회경제적 특성의 비교를 중심으로. **디아스포라연구**, 10(2), 139-159.

윤인진(2002). 세계 한민족의 이주 및 정착의 역사와 한민족 정체성의 비교연구. **재외한인연구**, 12(1), 5-64.

인태정 & 오중환(2012). 재미 한인의 미국과 한국 사회 만족도 비교연구: 미국 북동부의 뉴욕, 뉴저지, 보스턴 지역을 중심으로. **문화와 사회**, 12, 147-189.

임수진(2018). 중남미 이민과 한국의 재외동포정책. **민족연구**, (72), 66-89.

임영언 & 김일태 (2018). 재일동포정책의 회고와 전망 고찰. **민족연구**, 72, 29-49.

최금좌(2018). 브라질의 재외동포 현황과 정책. **중남미연구**, 37(3), 19-50.

Kim, W. (2009). Drinking culture of elderly Korean immigrants in Canada: A focus group study. *Journal of Cross-cultural Gerontology, 24*(4), 339.

Kwak, M. J. (2004). An exploration of the Korean-Canadian community in Vancouver. Vancouver Centre for Excellence.

Maher, G., & Cawley, M. (2016). Short-term labour migration: Brazilian migrants in Ireland. *Population, Space and Place, 22*(1), 23-35.

O'Connor, A., & Batalova, J. (2019). *Korean immigrants in the United States.* The Migration Policy Institute: Washington, DC, USA.

Wang, L., & Kwak, M. J. (2015). Immigration, barriers to healthcare and transnational ties: A case study of South Korean immigrants in Toronto, Canada. *Social Science & Medicine, 133*, 340-348.

제10장

⋮

유학생

최근 들어 한국대학에서 나타나는 두드러진 변화 중의 하나는 어학연수나 학위를 위하여 해외에서 유입되는 외국인 유학생(International student) 수의 증가이다. 이러한 현상은 전통적인 학생 송출국이었던 한국이 최근 유학 목적국이 되고 있다. 선진국을 중심으로 우수한 외국인 유학생을 유치해 국내 시장에서 활용하려는 움직임은 거대한 두뇌 경쟁이라 불릴 만큼 큰 관심사이다. 한국도 국가 경제력 및 교육 경쟁력 강화를 위해 국제 학생을 유치하는 글로벌 추세에 참여하고 있다. 고등교육기관 정원의 확보나 재정 확충의 경제적인 측면에 있어서 외국인 유학생의 유입은 여러 가지 긍정적 효과가 있다. 이와 더불어 문화적 측면에서 국내 학생들은 외국 유학생을 통해서 그 나라의 언어, 역사, 문화, 예술, 사회, 경제 등에 관심을 가질 수 있게 된다. 또한, 외국인 유학생들도 우리나라의 정치, 경제, 사회, 문화 등 모든 부분에 걸쳐 깊은 이해를 가지게 되어 세계화 시대에 필요한 한국 사회의 유능한 인재로 활용될 수 있도록 계기를 마련하고 있다.

1. 외국인 유학생 현황

2020년에 국내 체류 외국인은 252만 명 이상으로 전체 인구의 4.9%를 차지하였다. 이중 외국인 근로자는 약 25%이고, 결혼이민자와 외국인 유학생은 8% 정도로 나타났다. 특히, 외국인 근로자의 90% 이상은 단순기능 인력에 해당된다. 외국인 유학생 또한 증가되어 국내 외국인 유학생 수는 2009년 7만 5천 명이었던 것이 10년 동안 두 배 이상 증가되어 2019년 16만 명으로 집계되었다. 세부적으로는 학위과정 유학생 수 및 어학연수생, 교환학생 등 비학위과정의 유학생 수가 모두 2배 이상 증가되었다(교육부, 2019). 2021년 교육기본통계 결과에 따르면, 우리나라의 학위과정 외국인 유학생 수는 120,018명(78.8%)으로 전년 113,003명 대비 7,015명(6.2%) 증가했으며, 고등교육기관 재적 학생 3,201,561명의 3.7%를 차지했다.

1) 유학생 유치방안

교육 서비스의 산업화를 세계표준으로 내세우는 세계 무역기구의 구조적 압력은 GATS 협정을 통해 고등교육의 민영화와 개방화에 대한 압력을 행사했다(김현미, 2020). 한국 정부 또한 이런 압력을 통해 교육 민영화와 시장화에 참여하게 된다. 본격적인 변화가 시작된 것은 2001년 한국 정부가 '외국인 유학생 유치확대 종합방안'을 수립, 시행한 때부터이다. 한국 정부가 유학생 유치에 관심을 두게 된 배경에는 고등교육의 글로벌화라는 목적 때문이었다. 즉, 전반적인 세계화에 대응하기 위해 한국 대학의 경쟁력 강화 및 학생 유치, 지식기반 산업이 요구하는 해외 인재 유치와 산업경쟁력 강화, 저출산 고령화에 대응하는 외국인 인력양성의 필요성 등에서였다.

2004년부터 시작된 'Study Korea Project'는 크게 두 가지 목표를 달성하고자 했다. 첫째는 한국인이 해외 유학에 큰 비용을 지출함에 따라, 국제적 경제 적자가 증가했다. 정부는 이 프로젝트의 유학생 유치정책을 통해 수지 적자를 개선하고자 하였다. 또 하나는 한국을 동북아시아 중심국가로 도약시킨다는 목표 아래, 유학생 유치를 통해 아시아 국가에서의 영향력을 강화하고자 했다. 이 때문에 대상 국가는 주로 아시아 경제개발 국가에 국한되었다. 특히 한류 열풍 덕분에 친한국 정서가 고조되고 있는 베트남, 캄보디아 등 아시아 출신 유학생을 유치하기 위해 국비 장학금을 제공하고 있다. 또한, 한국 국내 대학의 국제 경쟁력 강화를 위해 모든 대학에 외국인 전용 강좌 개설을 지원하고, 이에 따라 대학을 평가하고 예산을 배정했다. 한국의 유학생 유치정책은 대학 자율에 맡기기보다는 국가 주도의 성격을 강하게 띠고 있다(황정미, 문경희, & 신정미, 2011).

한국 정부는 2020년까지 20만 명의 외국인 유학생을 유치하고자 했으나 한국 대중문화의 인기 덕분에 그 목표는 조기 달성되었다. 대학들도 재정 부족을 메우기 위해 해외유학생을 적극적으로 유치하고 있다. 한국 정부는 외국인 유학생에 대한 비자 제한 완화, 취업 지원 확대, 영어 학습 기반 확충 등의 목표를 달성하기 위해 대학에 자금을 지원했다(Alemu & Cordier, 2017). 2019년 90% 이상의 유학생이 아시아 지역 출신이며 중국이 44.3%, 베트남 23.3%, 우즈베키스탄 4.6%, 몽골리아 4.6%이다.

유학 형태별 현황을 보면, 자비 유학이 89.8%로 가장 많은 부분을 차지하고 있으며, 한국정부 초청 장학생은 5.7%에 그쳤다. 유학생 중 학위과정이 60.5%이며, 어학연수, 교환학생 등의 비학위과정은 39.5%이다. 지방의 대학이나 대학 서열 경쟁에서 밀리는 대학의 경우 존폐 위기를 피하고자 적극적으로 유학생을 유치하고 있다. 명문대와 지방대학 간 위계질서가 강한 한국에서 유학생 유치의 목표나 유입되는 유학생의 조건은 대학마다 다르다(박소진, 2013; 이민경, 2012). 즉, 지방대는 외국인 유학생들을 유치하기 위해, 서울 지역 대학보다 낮은 대학등록금과 입학자격 기준완화, 각종 장학금 혜택을 제시하였다. 더 열악한 조건의 대학은 유학알선업체를 통해 잠재적 국제 학생을 모집하거나, 외국인 졸업생 동문 네트워크를 활용하여 유학생을 유치하고 있다. 이런 대학들은 학생 선발을 직접 하기보다는 알선업체에 맡기기 때문에 유학생의 한국 이주 동기에 대해 제대로 파악할 수 없다.

지방대학이나 비명문 대학들은 자비 유학생 유치 전략을 통해 대학 재정 부족을 메우려 한다. 하지만 강력한 동기 요인을 제공하지 않고서는 지명도가 낮은 한국 대학에 유학을 오려는 외국인이 많지 않다. 외국인을 유치하기 위해서는 유학원이나 일선 알선업체를 통해 학교에 다니는 동안 일자리를 알선하고, 졸업 후 한국에서 취직할 수 있다는 유인책으로 홍보할 수밖에 없는 상황이다. 또한, 이미 유입된 외국인 재학생이나 졸업생을 활용하여 본국 연결망을 통해 유학생을 유치하는 경우가 많다. 유학생들은 한국으로 유학 오기 전부터, 취업 알선이나 취업 연계에 대한 정보를 듣고 온다(김현미, 2020).

2019년 11월 19일부터 유학생은 주 20시간, 방학 기간에는 시간제한 없이 임금노동이 가능하다. 유학생 비자는 크게 D-4 비자(어학)와 D-2 비자(유학)로 나눌 수 있다. 단기연수 비자(D-4)로 입국한 외국인 학생은 최장 2년간 국내 체류가 가능하며, 6개월간 국내에서 어학 교육을 받은 후 주 20시간 내외에서 시간제 취업이 가능하다. 유학생이 제조업 분야나 시간제 노동 이외의 정규직으로 취업하는 것은 불법이다. 기본적으로 〈출입국관리법〉 시행령의 '비전문 취업(E-9)' 자격의 허용범위 내 제조업에 대해서는 외국인의 시간제 취업을 제한하고 있다. 단, 토픽 4급 이상이면 제조업에서의 취업을 예외적으로 허용하고 있다. 외국인 유학생들은 대학 부근의 서비스 직종, 영세 제조업과 농어촌 산업 등의 분야에서 유연 노동자로 일하고 있다. 최근에는 대학원에 진학하는 외국인들이 증가하면서 이들 또한 다양한 직종에 취업하고 있다. 석사과정생의 경우 주중에는 30~35시간, 주말에는 시간제한 없이 일할 수 있다. 많은 특수대학원이 유학생을 유치하기 위해서 출석에 대해 매우 관대한 태도를 보이고, 학위를 받으면 D-10으로 비자를 바꿔 거주와 취업을 할 수 있다는 점을 널리 홍보하고 있다. 유학생 비자가 본래의 목적과는 상관없이 장기적인 거주와 취업을 가능하게 하는 통로로 사용되는 경우가 증가하고 있다.

2) 유학 정책의 문제점

한국 유학생 정책의 가장 큰 문제로 지적되는 것은 외국인 유학생의 국내 노동시장 편입 정도가 매우 낮다는 점이다. 연간 1만 명 이상 배출되는 외국인 대학 졸업자 가운데 국내 취업자는 100명 미만이다(김현미, 2020). 교육부 따르면, 외국인 졸업생 중 국내 취업률은 7.4%이다(이주헌, 하연섭, & 신가희, 2015). 한국으로 유학 온 목적 중 취업이 다른 목적에 비해 가장 높은 27.3%를 차지하고 있다는 점을 고려할 때 실제 취업률은 매우 낮다. 한국의 유학생 유치정책은 졸업 후 이들을 안정된 고용으로 연계하는 제도적 장치가 원활하지 못하기 때문에 수학능력이 뛰어난 학생을 유인하는 데 한계가 드러나고 있다. 따라서 유학생 정책과 산업 및 노동 부문과의 연계성 강화가 필요하다는 주장이 제기되고 있다(오정은, 2014; 이주헌 외, 2015; 하연섭, 이주헌, & 신가희, 2015).

우리나라 외국인 유학생 수는 급격히 증가하며 유학생 수 확대라는 양적인 성장을 이뤄냈지만, 불법체류, 학업 중도 포기 등 유학생 관련 여러 가지

사회 문제들이 제기되면서 외국인 유학생에 대한 질 관리의 중요성이 부각되고 있다. 이에 정부와 대학들이 외국인 유학생들의 적응, 학업, 생활 만족도 향상을 위해 다양한 노력을 기울이고 있지만, 이에 부합하는 체계적인 관리와 지원체제는 미흡한 실정이다(김나윤, 2021).

3) 유학생 학위 현황

외국인 유학생 수를 살펴보면, 2021년 전체 외국인 유학생 수(재적학생 기준)는 152,281명으로 전년(153,695명) 대비 1,414명(0.9%) 감소하였다. 학위과정 유학생 수는 120,018명(78.8%)으로 전년(113,003명) 대비 7,015명(6.2%) 증가하였다(그림 4). 비학위 과정 유학생 수는 32,263명(21.2%)으로 전년(40,692명) 대비 8,429명(20.7%) 감소하였다. 비학위 과정 유학생은 어학연수생, 교육과정 공동운영생, 교환연수생, 방문연수생, 기타연수생을 포함한다(교육부, 2021).

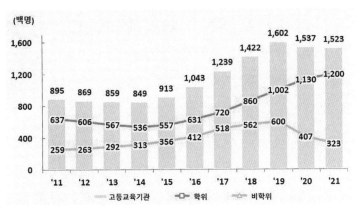

〈그림 4〉 2021 외국인 유학생 수(교육부, 단위:명)

전체 유학생(학위 및 비학위 과정 포함) 중 가장 큰 비율을 차지하는 중국인 유학생 비율은 44.2%(67,348명)로 전년(43.6%, 67,030명) 대비 0.6% 높아진 것으로 나타났다. 중국 다음으로는 베트남 23.5%(35,843 명), 몽골 4.0%(6,028명), 일본 2.5%(3,818명), 미국 1.5%(2,218명) 순으로 주로 아시아 국가의 유학생 비율이 높았다(그림 5).

〈그림 5〉 2021 외국인 유학생 국가별 비율(교육부기본통계, 단위:%)

〈표 15〉 국내 고등교육기관 외국인 유학생 통계:한국교육개발원(단위:%)

〈주요 국가별 현황〉

국 가	중국	베트남	우즈벡	몽골	일본	미국	기타	계
2017	68,184	14,614	2,716	5,384	3,828	2,767	26,365	123,858
비율(%)	55.1%	11.8%	2.2%	4.3%	3.1%	2.2%	21.3%	100.0%
2018	68,537	27,061	5,496	6,768	3,977	2,746	27,620	142,205
비율(%)	48.2%	19.0%	3.9%	4.8%	2.8%	1.9%	19.4%	100.0%
2019	71,067	37,426	7,492	7,381	4,392	2,915	29,492	160,165
비율(%)	44.4%	23.4%	4.7%	4.6%	2.7%	1.8%	18.4%	100.0%

통계청에 의하면, 한국의 대학교에 등록하고 있는 학위 및 비학위 과정 외국인유학생은 2017년 처음으로 10만 명을 초과했다(표15). 이는 2008년 6만 4천 명 수준이었으므로 지난 10년 동안 60% 이상 성장한 것이다. 특히 4년제 대학과 대학원의 학위과정에 등록한 외국인 유학생 규모는 1만 3천 명

에서 6만 명 수준으로 지난 10년 간 약 5배 증가하였다(최성호 & 장경원, 2018).
그러나 외국인 유학생의 양적인 성공 이면에 외국인 유학생 관리 및 지원체
제의 미비로 중도 탈락, 불법체류, 취업난, 중국 등 특정 국가에 대한 높은 의
존도 등의 문제가 심각하다는 현실이 지적되고 있다(전제은 & 장나영, 2012).

실제로 대학교육 현장에서 외국인 유학생의 증가에 대해 학교, 교수, 학생
모두 제대로 준비하지 못한 부분이 많고 이로 인해 많은 외국인 유학생이 어
려움을 겪고 있다(김현상, 2012). 또한, 국내 대학들이 외국인 유학생의 유치에
치중함에 따라 학생 수의 양적 확대에 걸맞은 교육의 질적 개선에는 소홀하
다는 지적도 제기되고 있다(박은경, 2011). 최근 증가하는 외국인 유학생의 유
치 및 관리의 측면에서 정부 차원에서의 지원방안에 머무르는 것이 아닌 지
역사회의 적응 측면에서 외국인 유학생의 영향력에 대한 인식과 함께 이들
을 위한 적절한 대처방안이 필요하다는 점이 강조되고 있다.

4) 유학생 증가 배경

외국인 유학생이 증가하게 된 이유로는 첫째, 정부가 발표한 2005년
'Study Korea Project'에 따른 정부 초청 장학생 규모의 확대와 적극적인 외
국인 학생 유치 활동, 둘째, 한류 열풍으로 시작된 한국에 대한 관심 증가, 셋
째, 학령인구 감소와 대학의 재정난으로 인한 국내 대학들의 외국인 유치 경
쟁을 들 수 있다. 그러므로, 외국인 유학생 증가는 다양한 측면에서 그 배경
을 찾을 수 있는데, 한국 기업의 무역과 해외 투자 성과 제고에 따른 취업 기
회 확대, 자국 대학 입학 실패와 대학교육 공급 부족의 문제 해결, 지리적 인
접성과 상대적으로 저렴한 학비 등이 주요 요인이며, 정부의 외국인 유학생
유치정책, 한국어능력시험 기회의 확대와 출입국 절차의 개선, 한류 열풍 등

도 기여하고 있다(이주영 & 양갑용, 2014; 임희진, 김제희, 정소현, 정하영, & 김현성, 2015).
즉, 국내 대학에서 제공하는 교육과정이나 교육의 질이 한국으로의 유학을
선택하는 주요한 이유에는 포함되지 않았다는 것이다. 그럼에도 불구하고
여전히 한국어능력기준 하향 조정이나 등록금 감면을 내세워 양적 증가에만
관심을 기울이고 있어서 교육부실, 위상하락을 초래하고 있는 현실은 매우
심각한 문제가 되고 있다.

이처럼 대학의 적극적인 유학생 유입정책의 결과로 국내 외국인 유학생
수는 크게 증가하였고 교육부는 〈유학생 유치 확대 방안〉을 통해 유학생을
확대 유치하겠다고 밝힌 바 있어 외국인 유학생들의 유치정책은 지속될 예
정이다. 외국인 유학생을 유치 및 확대하려는 노력으로 국내 대학의 외국인
유학생 수는 지속적으로 증가하고 있다. 전체 외국인 유학생 중 학위과정의
외국인 유학생은 평균 60% 내외를 차지하고 있으며, 이중 대학에서 유학하
는 학생의 비율이 가장 높은 것으로 나타났다.

국내에서도 유학 수지 적자, 저출산에 따른 학령인구 감소 추세에 대비하
여 외국인 유학생을 포함한 해외 우수 인재 유치를 위해 다양한 노력을 하고
있다(김나윤, 2021). 대학들이 외국인 유학생을 위한 교육의 질적 수준을 제고
하지 않는다면 외국인 유학생 증가세는 언제라도 줄어들 수 있으며, 이는 학
령인구 감소 위기에 대한 돌파구 모색과 대학교육의 국제화에 부정적인 영
향을 줄 수 있다.

한국의 대학교에서 외국인 유학생에게 제공되는 교육은 한국어능력 개발
을 위한 한국어교육 수업이 가장 많이 이루어지고 있고 몇몇 대학에서는 외
국인 유학생만 수강할 수 있는 교양 교과목과 외국인 유학생을 위해 특화된
전공과 프로그램을 개발하여 운영하고 있다(김성수, 김현상, 한봉환, 도경선, & 유성
은, 2014; 이보경, 유광수, & 장수철, 2013; 홍효정, 현승환, 정순여, & 정찬원, 2013). 그러나 이

러한 교육 기회가 모든 대학에서 제공되는 것은 아니며, 외국인 유학생의 요구가 충분히 반영되지 않은 경우가 많아 외국인 유학생의 요구를 파악하고 이를 토대로 다양한 교육과정이 개발, 운영되어야 한다는 주장이 제기되고 있다(김지혜, 2017). 대학이 외국인 유학생과 자국 학생의 상호작용을 증진시킬 수 있는 교육과정을 체계적으로 설계하고 운영하는 것이 중요하고 교수들 역시 외국인 유학생과 자국의 학생들을 함께 가르치기 위해 필요한 역량을 함양해야 한다는 점을 강조하였다(최성호 & 장경원, 2018). 실제로 외국인 유학생은 전공수업에서 가장 큰 어려움을 겪고 있으며, 국내 학생들이나 교수들의 필요와 관심사에 따라 개설된 교양교과목에서 다루는 주제에 대해 관심과 흥미가 없고, 강의 중심으로 이루어지는 수업에서 소외감을 느끼고 있다.

5) 유학생 연구의 한계

외국인 유학생 관련 선행연구를 검토한 결과 몇 가지 한계점은 다음과 같이 지적되었다(박은경, 2011). 첫째, 외국인 유학생의 연구 대부분이 2000년대 이후의 연구로 다양한 학문 분야에서의 외국인 유학생에 대한 접근이 이루어지지 않고 있다. 따라서 외국인 유학생이 유입된 이후 그 지역에 영향을 미쳐 나타난 변화의 양상을 연구하는 것이 필요하다. 둘째, 외국인 유학생의 이주와 적응을 함께 다루는 통합적 관점에서의 연구가 부족하다. 그동안 유학생의 유치에만 치중하거나 유학생의 개인적인 적응 양상에 대한 연구에만 관심이 집중되어 왔다. 또한, 외국인 유학생의 적응과 지원에 관한 연구는 적응을 위한 어학, 학습, 문화적응, 대학생활 적응 등의 연구가 대부분이다. 셋째, 외국인 유학생에 관한 부족한 연구로 인해 이들이 국내로 유입한 후 어느 지역에서 어떠한 생활을 하고 있는지에 관한 기초연구도 이루어지지 않은 상태이다. 따라서 선행연구에서는 외국인 유학생이 어떤 원인으로 유입되었으며, 이들이 생활하고 있는 지역사회에서의 적응 과정에 대한 연구가 거의 없다. 따라서 외국인 유학생이 유입되어 지역사회에 미치는 영향력이 어느 정도인지 파악하는 데에는 한계가 있다.

외국인 유학생들은 낯선 환경과 문화, 유학하는 대학의 교육 가치에 따라 새로운 교육방식과 체계에 적응하는 동시에 학업 수행을 위한 구체적 요구 사항을 처리하여야 하므로 자국에서의 대학 생활보다 훨씬 더 어려운 적응 과정을 겪게 된다. 또한 새로운 학업 환경에 조화를 이루고 학업과 관련하는 새로운 요구를 충족하기 위하여 애쓰는 심리적 행동 변화의 과정을 겪게 된다. 대학에서 요구하는 다양한 학업적 요구, 즉 수업, 과제, 시험 등의 구체적인 학업을 성공적으로 수행하기 위하여 능동적으로 자신을 변화시켜가는 과정이라 할 수 있다. 유학생들의 학업 적응은 대학 생활에의 전반적인 적응을 예측하고 학교의 교육과정 요구에 얼마나 성공적으로 적응하고 있는지 알 수 있는 중요한 단서가 된다.

대학들이 국제 경쟁력 제고 및 재정난 극복 등의 이유로 적극적인 외국인 유학생 유치 전략을 펼치면서 최근 10여 년 사이에 국내 외국인 유학생 수가 크게 증가하였다(표 16). 그러나 대학의 적극적인 유치경쟁으로 수학능력이 부족한 유학생의 수가 지속적으로 증가한다면 유학생의 교육 및 질 관리에 있어서 큰 문제가 아닐 수 없다. 최근 들어 국내 고등교육의 국제화가 외국인 유학생 유치 노력 중심에서 외국인 유학생 생활 및 적응 지원 중심으로 변화하고 있다. 그러나 외국인 유학생을 유치하려는 노력에 비해 유학생들의 학습에 대한 어려움을 지원하고 해결하고자 하는 노력은 아직 미미한 수준이다. 대학 당국에서는 외국인 유학생의 교육 및 학습적응 과정을 심도 있게 관찰하고, 유학생의 학업적응 상황 및 학습실태의 문제점과 개선방안을 적극적으로 모색해야 할 것이다(이선영 & 나윤주, 2018).

〈표 16〉 대학의 외국인 유학생 수(교육통계서비스, 단위:명)

구분	전체 외국인 유학생 수	학위과정	전문학사/학사	대학원
		학생 수	학생 수	학생 수
2021	152,281	97,638	12,479	40,253
2020	153,695	100,797	12,070	39,094
2019	160,165	111,587	11,484	35,506
2018	142,205	99,573	9,626	31,484
2017	123,858	72,032	6,163	27,874

〈외국인 유학생 및 어학연수생 표준업무처리요령〉에 따르면 한국어능력시험(TOPIK) 3급 이상이면 대학 입학이 가능하고, 2014년 입학허가 기준이 더욱 완화되어 입학 후 1년간 250시간 이상 한국어 연수를 이수하는 조건으로 TOPIK 2급 소지자도 입학이 가능하다. 이처럼 완화된 입학기준은 유학생들이 증가에 기여했으며 특히 서울지역 대학에 외국인 유학생 수가 크게 늘었다. 유학생의 약 50%가 서울지역 유학생이며 외국인 유학생 수가 가장 많은 순 10개 대학도 역시 모두 서울지역 대학이다.

그러나 현재와 같은 외국인 유학생들의 대학 입학기준은 대학 수학에 필요한 학습능력과 학업에 필요한 언어능력을 갖추었다고 보기는 어렵다. 한국어능력시험의 등급별 평가 기준에 따르면, 전문 분야의 연구나 업무 수행이 필요한 언어 기능을 수행하려면 5급 이상은 되어야 한다. 하지만 현재 대학 졸업에 필요한 한국어능력은 4급으로 대학 수학에 필요한 언어수준보다 낮다. 대학의 많은 수업이 한국어를 사용하는 토론 및 발표로 이루어졌다는 것을 고려할 때, 유학생의 학업 문제는 결국 강의의 질 저하로 한국 학생과 교수자에게도 영향을 미칠 수밖에 없다. 이미 한국 학생들보다 유학생 수가 더 많은 일부 전공강의의 경우 강의의 질 저하를 우려하는 목소리가 나오고 있다(이선영 & 나윤주, 2018).

6) 외국인 유학생 지원 현황

외국인 유학생 지원 현황을 살펴본 결과, 교과 영역보다 비교과 영역의 유형과 내용이 활성화되어 있음을 알 수 있었다. 국내 대학 외국인 유학생이 지원하는 교과 영역은 한국어, 기초이론, 한국의 이해로 이루어져 있다. 교과 영역의 유학생 전용 교양교과목은 교육 목적에 따라 크게 세 가지로 구분된다. 첫째, 한국어 능력향상을 위한 과목, 둘째, 이공계열 전공 기초이론 교육을 위한 과목, 마지막으로 한국 역사에 대한 이해와 문화 적응을 돕는 과목으로 구분할 수 있다.

외국인 유학생 전용 교양교과목들의 가장 큰 특징은 한국어 관련 강좌가 다양화, 세분화되어 있고 한국의 역사와 문화와 관련된 교과목이 많다는 것이다. 또한 한국어는 수준별, 사용기능 영역별로 세분화되어 있고, 학문 목적 한국어 과목과 고급 언어기술이 필요한 비판적 사고와 토론을 위한 과목도 최근 개설되고 있는 추세다. 이에 비하여 전공 교과목 수학에 필요한 기초이론의 경우 이공계열 기초이론 교과목만 일부 대학에서 개설되어 있다.

비교과 영역의 비교과 프로그램은 지원 목적에 따라 대학 적응, 문화 적응, 학업 증진, 취업 지원의 네 가지로 분류할 수 있다. 외국인 유학생들을 위한 비교과 프로그램의 가장 큰 특징은 대학 생활에 조기적응 할 수 있도록 지원하는 프로그램이 가장 활성화되어 있다는 것이다. 대학 생활에 대한 이해가 부족한 유학생들을 위하여 학사제도 및 일정, 수강신청 방법 등 대학 생활에 필요한 정보를 다양한 프로그램의 형태로 제공하고 있고, 문화체험의 형태로 한국문화 적응 프로그램도 제공하고 있다. 학업 증진 관련 지원 프로그램은 한국 학생이 멘토가 되어 외국인 유학생의 전공학습을 도와주는 형태의 전공 교과목 학습지원 프로그램과 한국어 능력 향상을 위한 한국어 교육이 주를 이루고 있다. 전공 강의 학업을 수행하고 학업에 대한 자신감을 높이는 데 토대가 되는 기초 학업능력 향상을 돕는 프로그램은 거의 없는 실정이다.

한국 학생들도 고등학교와 다른 환경과 수업방식으로 대학 적응에 어려움을 겪는 현실에서 외국인 유학생들은 언어장벽과 문화 차이까지 더해져 어려움이 크다. 그리고 많은 대학이 유학생들을 유치하는 데 우선하여 대학 수준의 수학능력을 갖추고 있는지 검증하지 않고 교육부 기준에 따른 어학 능력 요건만으로 유학생을 받고 있는 것이 현실이다. 그러나 실제로 한국어 능력시험 성적과 대학에서의 학업성취 간의 상관관계는 약하여 한국어능력 시험의 급수만으로는 학업 수행의 적응 또는 성공을 보장하지 못한다(박진욱 & 박은영, 2017).

이와 더불어 많은 대학들이 유학생들의 대학 적응을 돕기 위한 다양한 교과 및 비교과 영역에서 지원하는 노력을 하고 있지만 한국어 능력, 한국문화와 역사이해, 대학 초기 적응 지원에 초점이 맞추어져 있어 대학 학업에 실질적인 도움을 주기에는 한계가 있다. 학습활동과 관련이 있는 학업 멘토링과 상담 창구가 있기는 하지만 자율적으로 참여하는 비교과 영역의 실제 참여 학생은 매우 적다. 유학생들에게 대학 학업은 가장 기본적임에도 불구하고 이와 관련된 교육이나 지원이 부족한 상황에서 유학생들이 겪는 학업의 어려움이나 학업성취도는 낮을 것이라고 짐작할 수 있다. 유학생의 학습과 관련된 어려움과 스트레스는 학습 적응, 문화 적응, 대인관계에도 영향을 미치고 있다. 외국인 유학생이 성공적인 유학을 위하여 가장 필요로 하는 정보는 학업과 관련된 정보이며, 국내 대학의 외국인 유학생 유치를 위해서는 현재 대학에 재학 중인 국내 유학생들의 학습의 어려움을 이해하고 성공적인 학업 수행을 할 수 있는 구체적인 지원 방안을 찾아 실행하는 것이 매우 중요하다(이은화, 조용개, & 김난희, 2014).

2. 유학생 적응 과정

한국대학의 외국인 유학생이 급증하게 된 것은 고등교육의 국제 경쟁력을 강화하고 국제수지를 개선하기 우해 교육부의 유학생 유치방안에서 비롯되었다. 한국의 유학정책은 과거 외국으로 보내는 유학에서 외국유학생을 받아들이는 정책으로 전환한데서 기인한다. 외국인 유학생의 학습 문제가 사회통합을 목적으로 하는 다문화교육의 일환으로 논의되고 있다. 그러나 외국인 유학생을 보다 적극적으로 유치하지 않을 수 없는 한국 대학의 상황을 감안한다면 이들의 학습의 어려움을 해소하기 위한 다양한 노력은 매우 시급하다. 하지만 국내 대학의 외국인 유학생 유치 노력에 비해 외국인 유학생들의 문화적 적응이나 대학에서 학습의 어려움을 지원하고 해결하고자 하는 측면은 아직까지 부족하다. 많은 대학들이 외국인 유학생의 한국 정착을 위하여 동료 학습 방식을 활용한 프로그램을 운영하거나, 유학생들을 위한 원어 강좌를 별도로 개설 혹은 외국인 학생을 위한 한국 문화 전반에 관한 과목들을 편성하여 운영하는 정도에 그치고 있다.

이에 반해, 국내 대학의 외국인 유학생들이 안고 있는 문제들은 생활 전반에서부터 대학학습에 이르기까지 매우 광범위하다. 유학생 유치에 급급하다 보니 한국어 능력이나 기초학습능력이 지극히 떨어지는 학생들을 걸러내기 힘든 형편이어서 이들의 한국대학에서의 학습의 어려움은 상상 이상임을 예측할 수 있다. 뿐만 아니라 국내에 입학한 외국인 유학생들이 등록 후 취업 현장으로 빠져나가는 사례가 많아지면서 또 다른 사회적 문제가 되기도 한다. 그동안 유학생에 관한 주된 연구들은 외국인 유학생 유치 활성화와 지원방안을 찾고자 하는 연구, 외국인 유학생의 실태와 관련한 조사를 바탕으로 한 문화적 적응에 관한 연구, 그리고 한국어 활용 능력 및 의사소통 능력

등과 관련된 각종 교육에 관한 연구 등의 방향으로 이루어져 왔다.

1) 유학생의 성격

국내 대학에서 많은 외국인 유학생을 유치하기 위해서는 외국인 유학생
들의 다양한 특성을 분석하고, 이를 바탕으로 적절한 국제화 전략을 수립하
는 것이 중요하다. 국내 외국인 유학생의 이주 의도와 목적, 그리고 의사 결
정구조를 분석하기 위하여 국내 외국인 유학생들의 이주 과정을 유학을 위
해 입국 전, 입국 후 유학 적응, 유학 후 귀국 또는 국내 체류로 나누어 각 단
계의 특성을 고려해야 한다. 외국인 유학생의 이주 배경과 현황을 조사하고
적응 과정을 분석한 결과, 외국인 유학생의 이주 배경은 출신국에 비하여 한
국의 정치, 경제, 문화가 더 발전되었다고 인식하기 때문이며, 개인적 요인으
로 한국에 대한 긍정적 이미지와 관심 전공 분야의 교육 수준에 대하여 우수
하다는 인식 때문이다. 또한 이주 후 한국 생활에 대하여 학교에서의 생활은
지역사회에서의 생활보다 비교적 만족스럽다는 응답을 보였으며, 학교와 지
역사회에서 가장 큰 장애 요인은 의사소통의 문제이며, 그 다음으로 차별과
편견, 문화적 차이로 나타났다.

외국인 유학생의 문화적 적응과 한국어 활용 능력 및 의사소통 능력에 관
한 선행연구에 따르면, 국내 대학에 재학 중인 외국인 유학생들의 요구를 분
석한 결과, 이들은 교수-학습 프로그램이 가장 중요하다고 인식하고 있는
것으로 나타났다. 특히 그 가운데 중국인 유학생은 대학 생활에 중요한 영향
을 미치는 가장 큰 요인을 한국어 능력과 교우관계로 나타났다. 특히 의사
소통의 문제는 한국생활 및 학업과 관련해 겪는 어려움 중 대표적인 요소이
며, 학업성취와 관련하여 큰 장애 요인이 되는 것으로 나타났다. 교우관계
에 있어서는 중국인 유학생들은 모국동포 학생들과의 교류가 가장 많으며,

한국인 대학생들과의 교류는 충분하지 않다고 보고되었다(김선아, 2010). 이는 중국인 유학생과 한국인 유학생의 교우 관계에서 형성되지 않는 것으로 나타났다.

선행연구의 대다수에서는 국내 외국인 유학생의 유학 동기나 유학 이후 적응의 문제에 대한 연구들이다. 그러나 정작 외국인 유학생이든 내국인 학생이든 학생으로서 겪게 되는 학습의 어려움을 주요 주제로 연구하거나 이를 해결하기 위한 정책적 노력을 제안한 연구는 거의 없다. 국내 대학의 외국인 유학생 유치를 통한 여러 가지 목적을 성공적으로 이루어내기 위해서는 현재 대학에 재학 중인 국내 유학생들의 학습의 어려움을 밝혀내고 이를 해소할 수 있는 방안을 마련하는 것이 필요하다.

2) 중국유학생의 특성

한국에 유입되는 유학생은 중국 국적을 가지고 있는 학생이 대다수를 차지하고 있다. 교육과학기술부 외국인 유학생통계에 따르면, 2012년 중국 63.8%, 일본 4.7%, 몽골 4.4%, 미국 3.1%, 베트남 2.8%, 대만 1.7%, 기타 19.5%의 분포로 나타났다. 또한 국내 체류 외국인 유학생 중 80%에 가까운 비중을 중국인 유학생이 차지하고 있는 점을 미루어 볼 때, 외국인 유학생 4명 중 3명이 중국 출신이다. 국내 중국 유학생이 급증한 요인은 정부의 지원 정책, 국내 대학 특히 지방대학의 유치 노력, 그리고 중국의 교육시장 변화에 기인한다고 할 수 있다.

특히, 정부는 2004년 동북아 중심국가로의 도약을 위해 중국 조선족, 러시아 고려인을 포함하여 육성하고, 아시아 외국인 유학생 유치 확대를 대학의 국제화 지표와 연계시켜 각종 재정지원 사업을 적극 추진하였다. 또한 국내 대학들은 입학자원 감소로 인한 재정 부족을 타개하기 위한 방편으로 외국인 유학생 특히 중국 유학생 유치에 많은 자원을 투자하였다. 유학생의 경우 대학 정원에 포함되지 않기 때문에 대학들은 외국인 유학생에게 등록금을 감면해주고 기숙사를 우선 배정하는 등의 편의를 제공했다.

더불어 중국의 대학과 자매결연 혹은 교류 협정을 체결한 후 직접 유학생을 현지에서 선발하고, 더 나아가 중국 유학생 모집을 위해 연락사무소를 중국에 직접 설치하는 등 매우 공격적 마케팅을 실시하였다. 국내 대학에 중국 유학생이 폭발적으로 늘어난 결정적 이유는 중국 고등교육 시장의 대중화와 밀접한 관련이 있다. 개혁개방 이후 중국에서는 수많은 중산층이 탄생한 것은 물론, 1가구 1자녀 정책으로 자녀에 대한 교육투자가 크게 증가하였다. 그러나 고등교육 수요에 비해서 대학 인프라가 턱없이 부족한 상황이다(임석준, 2010).

이와 더불어 중국 학생들이 외국인 유학생의 대부분을 차지하고 있는 이유는 한국과 중국의 지리적 근접성, 역사적 문화적 교류, 한류의 영향, 정부의 유학생 유치정책, 국내 대학들의 적극적인 유치 활동, 그리고 중국 고등교육 시장의 수급 문제 등이 맞물린 결과라고 할 수 있다(임석준, 2010). 국내 대학들에도 중국인 유학생들에 대한 보다 적극적인 관심과 지원이 필요함을 짐작할 수 있다.

정부와 특히 지방대학은 최근 학령인구 감소에 대한 고민을 깊이 하기 시작하였다. 이 결과 외국인 유학생의 한국 입국 및 선발 제한을 많이 완화하는 방향으로 발전해 왔다. 세계화에 맞추어 법무부와 교육부, 연구재단은 상충관계와 보완관계를 반복하며 유학생 모집의 제한과 확대를 병행하였고, 이에 맞추어 각 대학은 모집정책을 수립하고 보완하여 외국인 특별전형을 지원함으로써 대학 재정에 도움이 되는 방향으로 정책을 이끌어 왔다. 이 결과 유학생의 확대는 대학의 등록금 수입 재정에 기여하게 되었으나, 동시에 부작용도 같이 수반되었다. 유학생 유치를 목적으로 하는 과도한 장학금 지급, 기숙사 부족으로 인한 자취, 한국어 능력 시험 미보유자의 학부 진학으로 인한 수업의 질적 저하, 한국 학생들과의 심리적 갈등, 유학생들의 중도 탈락 및 불법체류 취업 등이 바로 그것이다.

다양한 연구를 통해 나타난 중국 유학생의 특징 중 하나는 학업과 노동을 병행하는 경우가 다른 나라에 비해 높은 편이라는 점이다. 대다수의 중국 유학생들이 학업과 병행하여 경제활동을 하고 있으며, 심지어 학생 신분으로 한국에 입국하지만 학교를 이탈하여 주변 지역에 노동력으로 고용되는 경우도 발생한다. 이렇게 학생 신분으로 한국에 입국하고 대학에 등록했지만 중소공장에 불법 취업하는 학생의 숫자는 의외로 많음에도 불구하고, 대학 당국의 무관심과 저렴한 노동력을 원하는 기업가의 이익 추구로 유학생들의 노동 문제는 표면적으로 드러나지 않는 사각지대를 이루고 있다. 학교에서는 유학생 신분이면서 노동에 종사하고 있는 점, 노동 현장에서는 외국인 유학생이라는 신분적 취약함, 이들의 유학생-노동자로서의 이중적 위치에 있다.

3) 유학생의 학업이탈 대안

일반적으로 유학생은 학업을 목적으로 외국생활을 하는 사람이므로 이들의 노동은 합법적인 절차에 의해 허용된 행위가 아니며 정상적인 유학생활의 일부가 아니다. 그러나 많은 유학생들이 노동활동을 다양한 경로를 통해 경험하고 있는 것이 현실이다. 유학생들이 학생-노동자라는 이중적 생활을 하고 있음에도 불구하고, 선행연구의 중심은 학업, 언어 문제 등 대학생의 연구에만 집중한 경향이 있다. 즉, 기존 연구는 유학생들의 언어문제, 학비 및 기타 재정문제, 사회적 적응문제, 고국에 대한 향수, 나아가 일상생활에서 일과를 수행하는데 있어서의 어려움 등에 이르기까지 한국 사회에 적응하는 과정을 연구하지만, 이들이 노동자로서 살아가는 삶에 대해서는 소홀히 여기고 있다.

이러한 현실을 감안할 때, 지역사회는 일정한 노동을 해야 하는 중국 유학생의 현실을 인정하고 이를 개선할 수 있는 방안이 다음과 같이 제시되었다(임석준, 2010). 첫째, 중국 유학생들이 학교를 이탈하여 주변 지역에 노동력으로 고용되는 것을 최대한 방지하기 위한 대학들의 철저한 학사관리와 교내에서 학습하며 파트 타임으로 일할 수 있는 다양한 일자리를 개발해야 한다. 예를 들어, 중국 유학생을 대학의 중국어 회화 수업의 수업 조교로 활용하거나 중국어를 배우려는 한국 학생들과 연결해주는 방법이 있을 것이다. 둘째, 유학생의 재정적 부담을 줄일 수 있도록 정책이 마련되어야 한다. 한국은 외국인 유학생을 유치하는 데 적극적이었지만, 이들을 위한 재정지원, 기숙사 시설, 행정지원제도 등이 상대적으로 열악함을 지적했다. 이에 따라 외국인 유학생을 위한 장학금을 증액뿐만 아니라 지방정부와 협력하여 대규모의 국제기숙사를 설립함으로써 유학생들의 생활 조건을 개선할 필요가 있다. 끝으로, 외국인 유학생이 부득이하게 노동에 종사하게 된다면 이들이 노동현장에서 부당한 대우를 받지 않도록 기업이 사회적 책임을 다해야 한다. 유학생이 주로 노동하는 영세 사업장에도 적용 가능한 사회적 책임 가이드라인이 마련되어야 한다.

3. 노동시장에서 유학생

유학으로 한국 대학에 입학한 후 취업하거나 체류 자격상 허용된 취업 시간을 초과하여 비합법 노동을 하는 외국인 수는 급증하고 있다. 한국에서 학위프로그램을 이수한 후 전문 분야로 취업한 외국인 학생 수는 적지만, 언어연수나 학사, 석사 과정으로 입학해 일자리나 취업을 위해 학교를 그만두는 유학생의 비율은 높아지고 있다. 이들은 고질적인 인력 부족에 시달리는 저임금 서비스 노동 분야, 농수산업 부문이나 영세 제조업 등에 취업한다.

1) 임시/계절 노동자로서 유학생

법무부에 따르면, 어학 연수생 등 외국 유학생 '불법체류자'의 10여 년 누계 규모는 2019년 전국 대학에서 1만 1,177명으로, 이 수치는 전년 동기 6,601명보다 69.3%가 증가한 것이다. 2018년도 4,576명이 잠적한 상태다 (법무부 출입국 외국인정책본부, 2019). 그러나 여전히 많은 유학생은 학적을 유지한 채, 허용되는 범위 안에서 밤과 주말 시간을 활용하여 취업한다. 이들은 합법과 비합법의 경계를 넘나들며 노동 시간을 조절하기도 한다.

한국 노동시장에서 유학생의 위치는 이처럼 양극화되고 있다. 전문인력의 낮은 취업률과 유학생 비자로 한국에 입국한 외국인의 높은 비합법 노동 참여율이다. 이러한 현상은 현재 한국 정부의 유학생 유치 사업의 목적과 방식이 제대로 실행되지 않고 있거나, 아니면 이런 형태의 유학생 관리를 통해 외국인 청년의 글로벌 노동 유연화를 활용하고 있다. 고용허가제나 방문취업제 등 외국인인력 도입 정책으로 해소될 수 없는 인력부족은 다양한 산업에 나타나고 있다.

인력 부족이 심한 사업장은 대부분 노동조건이 열악하고 시장경제의 불확실한 상황에 크게 영향을 받는 업체이다. 이런 사업장은 정규직 인력보다는 '임시'나 '시간제' 혹은 '계절노동' 형태의 유연 노동력을 고용한다. 이미 외국인 인력도입 이전부터 내국인을 대상으로 한 유연화가 이뤄진 분야가 대부분이다. 급증하는 도시의 서비스 산업이나 농수산업 등은 예측할 수 없는 경기 변동이나 시장의 수요에 영향을 받지만, 이런 위기를 유연 노동력과 낮은 임금 단가로 해결하고 있다.

중소업체나 영세사업장은 언제든지 해고할 수 있고, 노동력 재생산을 위한 사회복지 비용을 제공할 필요가 없는 노동자를 선호한다. 이 때문에 관광비자나 무비자로 한국에 입국하거나, 혹은 합법과 불법의 경계를 유연하게 조절하며 장기체류가 가능한 유학생을 고용하는 경향이 있다. 그러나 외국인 고용은 시장경제의 보이지 않는 손에 맡겨진 것이 아니다. 한국의 노동시장과 외국인을 연결하여 수익을 창출하는 중개구조가 존재한다.

불법 취업 알선을 하는 중개인력업체, 그리고 대학과 국제 학생을 연결해주는 유학 알선업체 등이 있다. 또한, 인터넷이나 SNS 정보 유통망을 통해 홍보되는 구직이나 취업 정보는 제도나 법의 테두리를 넘어선 비제도적 방식으로 외국인 유입을 촉진한다. 고용허가제와 같은 외국인 인력 제도는 아시아 16개국의 국민에게만 기회가 제공되고 있고, 선발 및 입국 등에 시간이 걸리며, 이미 대기자가 많다. 또한, 직장 이동의 제한 등으로 노동자보다는 고용주의 관점을 반영한다. 이런 상황에서 교육 채널을 통한 이주는 언어연수, 정규 과정, 비학위 과정 등 입국 방식이 다양하고, 교육 소비자로서 수업료 등의 초기 비용은 들지만, 장기체류가 가능하다. 무엇보다 학생 신분은 외국인노동자가 흔히 겪은 문화적 비하나 차별에 덜 노출될 수 있는 자격을 갖추는 것을 의미한다.

영구 이민자들에게 들어가는 복지비용을 쓰지 않기 위해서는 단기 이주 노동자가 유리하다. 이에 따라 난민이나 정착형 이주자는 엄격히 제한하고, 단기 이주자를 받아들여야 한다. 단기 이주노동자의 예로 연수생, 계약 노동자, 워킹홀리데이 학생, 전문직 기술자, 계절 노동자, 교사, 연구자 등이 있다. 이들의 공통점은 젊고, 경제활동이 활발한 부류로서, 능동적 사회의 이미지에 부합한다. 이들은 이주지에서의 임금이나 노동조건을 크게 문제 삼지 않는 부류이다. 자신의 한시적 이주를 신기술을 얻는 기회, 자신의 미래에 도움이 되는 일 경험으로 여기거나 최소한 다른 나라의 문화를 경험하는 기회였다고 생각하기 때문이다. 이 때문에 이런 청년 이주자는 유연화에 최적화된 범주이다(Dreher & Poutvaara, 2011). 이주 정책은 이후 신자유주의적인 논리에 따라 단기 혹은 임시이주 중심으로 재편된다.

2) 선진국 유학생 유치정책

선진국의 유학생 유치정책도 전통적인 유학과는 다른, 학업과 노동을 결합한 학생-노동자의 형태를 갖춘 이주자가 증폭하게 된다. 미국, 캐나다, 영국, 호주 등의 유학생 유치에도 이런 변화를 받아들여 이중적인 모습을 유학생에서 볼 수 있다. 즉, 많은 경제선진국이 도입한 워킹홀리데이 프로그램이나, 언어연수, 단기 교환학생, 직업 지향적인 전문학교 등으로의 유학은 교육분야의 소비자임과 동시에 학생의 신분으로 이주한 청년들을 저임금 노동자로 변화시켰다. 유럽, 북미, 호주 등의 선진국의 유희정책은 전통적인 유학생과 더불어 '교육 통로를 통한 국제노동이주(educationally channeled international labor mobility)'를 가능하게 했다(Liu-Farrer, 2009).

유학생 정책은 한편으로는 고급 인력을 유치하는 것이지만, 다른 한편으로는 조기 유학이나 영어 교육을 위한 외국인의 유입을 적극적으로 장려하면서, 교육을 시장화하는 것이다. 해외 청년은 교육 시장의 소비자로, 동시에 저임금의 임시노동자로 유입된다.

호주는 현재 전 세계에서 가장 많은 유학생을 받아들이는 나라로 교육을 시장화하는 정책을 추진하고 있다. 호주에 입국한 유학생 중에는 임시 이주자의 성격을 지닌 청년 유학생이 많다. 예를 들어, 1995년 호주와 한국 간의 워킹홀리데이 비자협정이 체결된 후, 전통적인 의미의 유학생만 받아들이던 호주유학의 성격은 변화하기 시작하였다. 즉, 경제력은 없지만 일하면서 공부할 의지를 가진 한국 유학생의 대규모 입국이 가능하게 되었다. 입국 후 이들은 다양한 저임금, 서비스 업종이나 농업, 축산 가공 분야 등 노동집약적 일터에 취직되었다. 유학생은 교육 시장의 소비자와 노동권을 보장받지 못하는 임시 노동이주자라는 이중적 지위를 가지게 되었다.

선진국의 유학생 정책과 실행은 여러 가치가 혼합되어 있다. 유학생은 고급전문인력이라는 의미에서 교육은 장기적인 사회투자라는 인식과 동시에 유학이라는 통로를 이용한 노동이주라는 인식이 존재하고 있다. 즉 유학생을 노동시장에 적극 참여시켜 부족한 고급 인력을 외국인 유학생으로 보완하려는 의도이다.

세계화는 경제, 정치, 문화적 측면에서 국가 간의 교류와 상호의존이 양적으로 증대되어 국가간의 장벽이 낮아지게 만들고 있다. 이러한 세계화의 확산은 교육 분야에도 지대한 영향을 미치게 되어 교육 시스템 강화 및 고급인력양성에 대한 각국의 유학생 유치 경쟁 또한 빠른 속도로 일어나고 있는 상황이다. 이러한 변화의 흐름에 대응하기 위하여 점차 많은 대학들이 변화와 혁신을 추구하고 있으며, 정부는 자국 대학의 국제화와 경쟁력 강화를 이루기 위해 다양한 정책을 실행하고 있다.

외국인 유학생의 규모는 유치국의 국제적 개방의 표현이자 장·단기적으로 경제적·정치적·학술적 이점을 자국에 가져다주는 것으로 인식되어가고 있다. 따라서 기존의 선진국의 주요 유학 선택 국가뿐만 아니라 주변부 아시아 국가에 해당하는 나라들까지도 전에 없던 유학생 유치경쟁을 앞 다투어 해야 하는 환경이 조성되었고, 한국 역시 그러한 글로벌 경쟁의 대열에 있다. 유학생 유치를 통해 자국 대학의 역량 강화와 이를 통한 국제화 지표 발전에 더 초점을 맞추고 있고, 이를 이루기 위해 정부와 대학 주도의 적극적인 유학생 유치정책이 전개되고 있는 것이 특징이다.

참고문헌

김나윤(2021). **국내 대학의 국제화 전략 방안 분석.**

김선아(2010). 재한 중국인 유학생의 대학생활 적응. 용인대학교 학생생활연구 제17집, 57-68.

김성수, 김현상, 한봉환, 도경선, & 유성은(2014). 유학생을 위한 기초 · 교양 강좌의 운영 현황과 과제: 연세대학교의 경우. **교양교육연구, 8**(6), 197-231.

김지혜(2017). 외국인 유학생 대상 비교과 프로그램 개발 방안 연구. **교양교육연구, 11**(2), 537-562.

김현미(2020). 글로벌 노동 유연화와 유학생-노동자의 사례: 수도권 물류서비스업을 중심으로. **노동리뷰,** 63-78.

김현상(2012). 국내 대학의 국제화 교육 실태 분석: 국내 대학의 쌍방향 국제화 환경 분석. **교양교육연구, 6**(1), 211-240.

박은경(2011). 외국인 유학생의 국제이주와 지역사회 적응에 관한 연구: 대구 · 경북지역 대학을 중심으로. **현대사회와 다문화, 1**(2), 113-139.

박진욱 & 박은영(2017). 국내 유학생을 위한 학업 생활 적응 진단도구 개발 연구. **민족연구,** 69, 4-19.

박소진 (2013). 한국 대학과 중국인 유학생의 동상이몽: 서울과 지방 소재 사립대학 비교. **한국문화인류학, 46**(1), 191-234.

오정은(2014). 대한민국 정부초청 외국인 유학생 실태 분석. **고양:** IOM 이민정책연구원.

이민경(2012). 지방대학 외국인 유학생들의 유학동기: A 대학 아시아 유학생들의 한국유학 선택과 그 의미를 중심으로. **한국교육학연구(구 안암교육학연구), 18**(2), 177-201.

이보경, 유광수, & 장수철(2013). 국제화 시대에서 외국유학생을 위한 대학 교양교육과정 연구. **교양교육연구, 7**(2), 221-248.

이선영 & 나윤주 (2018). 외국인 유학생의 학업적응 실태조사: 교양교과목 개발을 위한 기초 연구. **교양교육연구, 12**(6), 167-193.

이용균(2012). 호주의 외국인 유학생 정책에서 자유시장 원리와 조절 메커니즘의 접합. **한국도시지리학회지**, 15(1), 33-45.

이은화, 조용개, & 김난희(2014). 한국 대학에서 유학생이 겪는 학습의 어려움 분석: 중국인 유학생을 중심으로. **수산해양 교육연구**, 26(6), 1261-1277.

이주영 & 양갑용(2014). 중국 유학생의 한국 유학 선택 행위 연구: 근거이론에 기초하여. **중국학연구**, 69, 355-387.

이주헌, 하연섭, & 신가희 (2015), 국제교육 서비스 산업으로서 유학생 연구, 교육부 임석준 (2010). 외국인 노동자인가 유학생인가?: 부산지역 중국유학생의 노동실태와 사회적 책임. **21 세기정치학회보**, 20(3), 55-77.

이천운 & 이일용(2014). 중국과 한국의 외국인 유학생 유치 · 관리 정책에 대한 비교 분 석-중국 외국인 유학생 정책에 주는 시사점. **비교교육연구**, 24(1), 31-52.

임석준(2010). 외국인노동자인가 유학생인가?: 부산지역 중국유학생의 노동실태와 사회적 책임. **21 세기정치학회보**, 20(3), 55-77.

임희진, 김제희, 정소현, 정하영, &김현성(2015). 캠퍼스 국제화에 대한 국내 학생들의 인식 연구. **아시아교육연구**, 16.

전재은 & 장나영 (2012). 니하오? 국내 중국인 유학생의 한국 학생과의 교우관계: 중국인 유학생의 경험과 인식. **한국교육학연구 (구 안암교육학연구)**, 18(1), 303-326.

최성호 & 장경원 (2018). 외국인유학생의 교육과정에 대한 요구분석. **교육문화연구**, 24(2), 615-639.

하연섭, 이주헌, & 신가희 (2015). 외국인 유학생 유치의 경제적 효과 추정. **교육재정경제연구**, 24, 89-112.

홍효정, 현승환, 정순여, & 정찬원 (2013). "외국인 유학생의 대학생활 적응을 위한 학습전략 프로그램 개발 및 적용 사례 연구", **교양교육연구**, 7(6), 561-587.

황정미, 문경희, & 신미나(2011). **교육이주의 추이와 미래 정책과제**, 한국여성정책연구원 연구보고서 15-6.

Alemu, A. M., & Cordier, J. (2017). Factors influencing international student satisfaction in Korean universities. *International Journal of Educational Development,* *57,* 54-64.

Dreher, A., & Poutvaara, P. (2011). Foreign students and migration to the United States. *World Development, 39*(8), 1294-1307.

Liu-Farrer, G. (2009). Educationally channeled international labor mobility: Contemporary student migration from China to Japan. *International Migration Review, 43*(1), 178-204.

저자 소개

장미야 (Chang, Miya)

효성여자대학교(현. 대구가톨릭대학교) 사회학과에서 학부, 이화여자대학교에서 사회학 석사, San Francisco Theological Seminary에서 목회학 석사, California State University, Los Angeles에서 사회복지학 석사, University of California, Los Angeles(UCLA)에서 사회복지학 박사학위를 받고, 현재 대구가톨릭대학교 다문화연구원에 연구교수로 재직 중에 있다. 연구 관심 분야는 노인 정신건강, 노인학대, 자원봉사, 여가, 그리고 다문화가족 복지 등이다. 저자는 노인복지 분야에서 미국과 한국의 비교연구에 관심이 많으며, 주요 논문은 단독 저자로서 여러 편의 국제 저명 학술지 (SSCI) 논문과 국내 저명 학술지(KCI) 논문이 있다.

이주와 글로벌 가족
Migration and Global Family

초판인쇄 2022년 8월 31일
초판발행 2022년 8월 31일

지은이 장미야
펴낸이 채종준
펴 낸 곳 한국학술정보(주)
주   소 경기도 파주시 회동길 230(문발동)
전   화 031-908-3181(대표)
팩   스 031-908-3189
홈페이지 http://ebook.kstudy.com
E-mail 출판사업부 publish@kstudy.com
등   록 제일산-115호(2000. 6. 19)

ISBN   979-11-6801-522-7 93330